पाकिस्तान में उर्दू क़लम

समकालीन साहित्य का दस्तावेज़

वाणी प्रकाशन से प्रकाशित 'पहल' शृंखला की पुस्तकें

1. नवजागरण की इतिहास चेतना (आलोचना)
2. हमें बहुत सारे फूल चाहिए (कविता)
3. मार्क्सवादी सौन्दर्यशास्त्र (आलोचना)
4. पाश : तूफ़ान कभी मात नहीं खाते (आलोचना)
5. कहानी : आज की कहानी (नामवर सिंह से साक्षात्कार)
6. ख़ामोशी का अर्थ पराजय नहीं होता (बांग्लादेश जनमुखी कविताएँ)
7. बाज़ार में खड़ा दार्शनिक (वाल्टर बेंजामिन)
8. पाकिस्तान में उर्दू क़लम (समकालीन साहित्य का दस्तावेज़)

पाकिस्तान में उर्दू क़लम

समकालीन साहित्य का दस्तावेज़

सम्पादक

ज्ञानरंजन । कमला प्रसाद

वाणी प्रकाशन

प्रकाशन के उत्कृष्टतम 62 वर्ष

पेपरबैक पहला संस्करण : 2025

vaniprakashan.com

वाणी प्रकाशन
4695, 21-ए, दरियागंज, नयी दिल्ली-110 002
फ़ोन : + 91 11 23273167, 23275710
शाखाएँ
अशोक राजपथ, पटना-800 004, बिहार
कॉफ़ी हाउस कैम्पस, महात्मा गांधी मार्ग, प्रयागराज-211 001, उत्तर प्रदेश
महात्मा गांधी अन्तरराष्ट्रीय हिन्दी विश्वविद्यालय, वर्धा-442 001, महाराष्ट्र
sales@vaniprakashan.in
vaniprakashan@gmail.com

Pakistan Mein Urdu Kalam
Edited by Gyanranjan, Kamla Prasad

ISBN : 978-93-6944-559-2

Ghazal/Nazm/Stories/Criticism

मूल्य : ₹ 350

सिटी प्रेस, दिल्ली-110 095 में मुद्रित

वाणी प्रकाशन का लोगो मक़बूल फ़िदा हुसैन की कूची से

यह अंक उर्दू की शीर्षस्थ भारतीय प्रतिभाओं
फिराक गोरखपुरी/कैफी आज़मी/सरदार जाफ़री/
ख़्वाजा अहमद अब्बास/रामलाल/ग़ुलाम रब्बानी ताबाँ
और इस्मत चुग़ताई के नाम।

कृतज्ञता

पाकिस्तान की साहित्यिक और लघु पत्रिकाओं : 'नुकूश', 'फुनून', 'औराक', 'सबेरा', 'अल्फाज', 'एहतिसाब', 'अदबी दुनिया', 'नया दौर', 'सीप', 'उर्दू', 'नयी नस्लें', 'अफकार', 'तब्दीली अदब' और 'उर्दू ज़बान' के प्रति 'पहल' का आभार।

प्रस्तुत अंक को सही शक्ल देने में सर्वश्री शकील सिद्दीक़ी, मोहम्मद शीश ख़ान, परवेज अहमद, परवीन ख़ान, फज़्ल ताबिश, राजा अब्बास जाफ़री, रामलाल, जावेद इकबाल, बादशाह हुसैन रिजवी, राजेन्द्र शर्मा, डॉ. सादिक, सिद्दीक़ी सानी, प्रमोद पाण्डे (सिरोंज) के प्रति आभार सहित।

जहाँ भूचाल फसील-ओ-दर में
रहते हैं
हमारा हौसला देखो हम ऐसे
घर में रहते हैं
लहू से जो उठी थीं वह
दीवारें नहीं अपनी
यही महसूस होता है
पराये घर में रहते हैं

-इक़बाल साजिद

अनुक्रम

लेख

दस्तावेज़

नज़्म, दोहे और ग़ज़लें

शब्द चित्र

सफ़र

कहानी

ऐ अहले क़लम तुम किसके साथ हो

•

फ़ैज़ अहमद फ़ैज़

"चन्द बरस हुये जब मैं करांची में था, मैंने चन्द लिखने वालों को आमादा किया कि वे दूसरे लिखने वालों को एक पैग़ाम दें (यह पैग़ाम मैंने तैयार किया था)। उस वक़्त उस पैग़ाम का खातिरख़्वाह नतीजा बरामद न हुआ। अब मैं वही पैग़ाम इस उम्मीद के साथ दोबारा शाया कर रहा हूँ कि शायद चन्द लिखने वालों को इसमें तहरीक़ हो और वो मिलकर काम करने पर आमादा हों।"

वह इस अहद में दुनिया भर के अवाम का वफ़ादार है। उसका काम है कि वह अवाम के दुश्मनों और दोस्तों में फ़र्क़ करे और अवाम को उसकी पहचान कराये, उन्हें बताये कि कौन उन्हें आज़ादी दिलाने, उनकी ज़िन्दगी में हुस्न और पाकीज़गी लाने, हर क़िस्म के शोषण को ख़त्म करने में लगे हुए हैं। और कौन उन्हें ग़ुलाम बनाने, उन्हें लूटने, उन्हें करप्ट करने और उनकी कमज़ोरी से फ़ायदा उठाने में मसरूफ़ हैं और मक्र व फ़रेब और जुल व जब्र से अपने इकतदार की उम्र बढ़ाने में लगे हुए हैं।

पाकिस्तान में संजीदा लिखने वालों को बिना ख़ौफ़ और ख़तर साफ़ सच्ची बातें करनी चाहिए और इजहारे राय की आज़ादी पर अमल करना चाहिए। उन्हें जब और जुल्म को बेनकाब करना चाहिए और जो नाइंसाफ़ियाँ हो रही हैं, उन्हें नंगा करना चाहिए। समाजी, आर्थिक और बौद्धिक मुनाफकत को बेनक़ाब करना चाहिए।

आज लिखने वालों का काम यह है कि वे साम्राज्यवाद, नस्ल परस्ती और नव उपनिवेशवादी निजाम की मुखालिफत करें और मशरिक तथा मगरिब के अवाम से मुहब्बत करें। आज़ादी, जम्हूरियत और इन्सानी हक़ूक के लिए जद्दो ज़हद करने वालों की पुरज़ोर हिमायत करें।

उन्हें साम्राज्य की मदाखलत साजिश और गारतगरी और जंगी तैयारियों की मुखालफत करनी चाहिए तथा आज़ादी और अमन की हिमायत करनी चाहिए।

हमारे नज़दीक लिखने वालों को आज़ादी मिलनी चाहिए कि वे अपनी निजात का रास्ता ख़ुद तलाश करें और उन पर किसी ख़ास सियासी प्रोग्राम को मानने की पाबन्दी नहीं होनी चाहिए।

लेकिन हमें यह कहने में डर नहीं है कि ऊपर लिखी बातों को आज कम-अज-कम सब लिखने वालों को क़बूल करना चाहिए।

हम चाहते हैं कि पाकिस्तान के तमाम लिखने वाले, जो ऊपर लिखी बातों को जेरे बहस लाने के लिए तैयार हैं, मिल बैठें और अपने तखलीकी कामों के लिए एक नया घोषणा-पत्र तैयार करें जो आज के लिखने वालों की रहनुमाई करे। और नयी नस्ल के फिक्री धारों और तखलीकी कामों में मशअले राह का काम दे और अवाम शउर की रोशनी से मुनव्वर होकर अपने दोस्त और दुश्मन में तमीज कर सके।

हमारे समकालीन लिखने वालो! हम आपसे गुज़ारिश करते हैं कि क्या आप पाकिस्तान में होने वाले तखलीक़ी काम से मुतमईन हैं? क्या आज के लिखने वालों के यहाँ वही सरख़ुशी, वही व्याकुलता मौजूद है जो आज़ादी से पहले के इस महाद्वीप के लिखने वालों के यहाँ थी?

क्या उनके अल्फ़ाज़ में वही हुस्ने तरतीब और कल्पनाओं में वही बलन्दी और सफ़ाई मौजूद है—क्या उनके यहाँ तजुर्बे और शखसियत में वही हम-आहंगी, वही जुरअत, वही सदाकत, वही मुहब्बत, वही तरहम और ख़ुश आयन्द भविष्य में वही पुर उम्मीद विश्वास मौजूद है?

क्या आप महसूस करते हैं कि जो कुछ आज लिखा जा रहा है, उसका बड़ा हिस्सा बेमकसद और सतही है और नज़रियाती उलझनों से भरा हुआ है। उसमें जिन जज़्बातें का इजहार होता है वह अखलाक से ख़ाली है। उसमें लालच और हवस झलकती है। उसमें ख़ौफ़ पाया जाता है। हमारे अदब में यकीन और एतमाद की कमी है और यह कमी रोज-बरोज बढ़ती जा रही है। हमारे अदब में पाखण्ड और ज़िन्दगी से बेजारी की भरमार है। अगर पहले सवाल का जवाब नहीं में है और दूसरे सवाल का जवाब हाँ में है तो क्या अब वक़्त नहीं आ गया है कि हम सब सर जोड़कर बैठें और इसके बारे में कुछ करें। ग़ौर का मकाम यह है कि क्या किया जाये? हमारे ख़याल से हम लिखने वालों के लिए बुनियादी उसूलों को जाहिर करें, ताकि वे अपनी जात को दरियाफ्त कर सकें और अपनी सामूहिक ज़िम्मेदारियों को निभा सकें।

एक तरह की सोच रखने वालों के बीच फिर से ताल्लुक जोड़ा जाये और उनमें रफाकत कायम की जाये, ताकि लिखने वाले तनहाई और बेगानगी के खोल से बाहर निकलें। हमारा यकीन है कि हर संजीदा लिखने वाला कमिटमेंट रखता है और उसकी अपनी जात से बावस्तगी होती है और अपने फन से होती है। उसे क़िस्म-क़िस्म के ख़ौफ़ से अपनी वफ़ादारी और अपनी राय तर्क नहीं करना चाहिए। मौक़ापरस्ती का मुजाहिरा नहीं करना चाहिए और चन्द टकों के पीछे अपना फननज़रिया नहीं बेचना चाहिए।

उसे अपने तजुर्बात और पहचान से बेवफाई नहीं करनी चाहिए और न स्वार्थ-पूर्ण रवैया अख्तियार करना चाहिए और न बाह्य दबाव कबूल करना चाहिए। लिखने वाला अपने मुल्क और अवाम का वफ़ादार होता है। वह अवाम का दोस्त उसका दानिशवर और रहनुमा होता है। उसका काम है, अवाम को जहालत, तोहमत, रवायत और पक्षपात के अँधेरों से निकालना और इल्म ओ दानिश की रोशनी की तरफ़ ले जाना। और उसका काम है अवाम को जब्र से आज़ादी की तरफ़ और मायूसी से उम्मीद की तरफ़ ले जाना।

अनुवाद : **प्रेमचन्द श्रीवास्तव 'मजहर'**

ज़ालिम बादशाहों के लिए एक नज्म

•

मुहम्मद सलीमुर्रहमान

कुश्तगां[1] से पुर कुओं
और मसलखों[2] के सामने इतरा के चलते
तुम किसी ढाई हुई लंका में मैले नाख़ूनों तक
पत्थर और बारूद के जौहर में ढलते

चाकुओं की जिस शफक[3] में
तुम किसी चकमाक की मानिन्द चटखे
वह तुम्हारी आस्तीनों और खेतियों में
आग बनकर लहलहाई

कटखने काबूस[4] वाली रात में बूगीर कुत्ते
साथ लेकर हर किसी नींद में काँटे बिछाते
तुम कहत[5] और कातिलों के हाथ
दीवारों पर कुजलाये नोश्ते[6]

इस तुम्हारे ईंधनों और फांसियों के
शहर ना पुरसां में नौ मोलूद चेहरे
जिनके कानों में अजानों के बजाय
कोल्हुओं की चरमराहट

मकतलों में किस अघोरी देवता का रूप धारे
अपनी मिमियाती रअय्यत को मुसलसल
करगसी[7] आँखों से बैठे घूरते हो
एक पथराये हुए इंजाल की हालत में अलकत[8]

मसूख[9] लाशों और जल्लादों पे सारा
रोगनी जोरे खिताबत सर्फ करके[10]
रात को सोने से पहले नीम बालिग
नाजनीनाने हरम पर खूंचका[11] चाबुक सवारी

आये दिन तुमको सलामी देने वाली
खारिशी[12] सह सुर्खियों में नश्तरों की नेक नामी
सायरन और सीटियाँ
दरसी कुतुब[13] के हर सफे पर
रोज दागी नींद में तुम ख्वाब की असलियतों में
अपनी माँ के मुख्तलत[14] होने पे जुज बुज[15]
या गुसलखाने में फव्वारे की टोंटी खोलते ही
जूए खूँ[16] पानी के बदले

तुम जो अपनी खर्समू[17] छाती फुलाये
रात दिन मुर्दा शुमारी पे उतारू
गर जमाने की हवा उलटी चली तो
उसमें घुस जायेगी ये सारी तुम्हारी बुस पनाही[18] पायगाही[19]

आज जेबे दास्तां हम
इस्तखवां दर इस्तखवां[20] तारीख़ के पहियों के नीचे
और मरफूआ[21] अलकलम तुम
कल को तुम भी चील और कब्जों[22] का रातिब[23]

अनुवाद : **शकील सिद्दीक़ी**

---

1. मृतकों। 2. बूचड़खानों। 3. अरुणिमा। 4. एक भयानक रोग जिसमें सोते हुए जान पड़े कि भूत ने दबोच लिया है। 5. अकाल। 6. लेख पत्र। 7. गिद्ध। 8. अन्त। 9. विकृत। 10. पूरी ताक़त नष्ट करके। 11. खूँखार, हिंसक। 12. खुजाल। 13. पाठ्य पुस्तकें। 14. मैथुन रत। 15. खीझ। 16. ख़ून की नहर। 17. कुम्भ कच। 18. यौन पिपासा। 19. ड्योढ़ी। 20. हड्डियों पर हड्डियाँ। 21. ऊँचा किये हुआ। 22. कउवे। 23. भोजन।

तहज़ीबी शिनाख़्त का मसला

•

डॉ. मुहम्मद हसन

1947 ई. में भारतीय उपमहाद्वीप के विभाजन की बदौलत पाकिस्तान वजूद में आया। पाकिस्तान भारतीय उपमहाद्वीप के मुस्लिम बाहुल्य और दो खण्डित प्रान्तों पर आधारित था। विभाजन मज़हब की बुनियाद पर साम्प्रदायिक सिद्धान्तों पर हुआ था।

नये राष्ट्र के सामने सबसे बड़ी समस्या अपनी अलग पहचान क़ायम करने की। कल तक ये पूर्ण प्रान्त थे, जो अचानक पाकिस्तान कहे जाने लगे थे। इनकी समस्त विशेषताएँ क्षेत्रीय सभ्यता की बुनियाद पर क़ायम थीं, जिनमें इन क्षेत्रीय प्रान्तों के रहने वाले ग़ैर-मुस्लिम भी बड़ी हद तक शरीक थे। फिर विभाजन के साथ ही साम्प्रदायिक दंगों की ज़बरदस्त लहर ने पाकिस्तान के नये राष्ट्र से ग़ैर-मुस्लिम नागरिकों को भारत का रुख करने पर मजबूर किया और हिस्दुस्तान के विभिन्न क्षेत्रों से, विशेषकर पूर्वी पंजाब, उत्तर प्रदेश, बिहार, मध्य प्रदेश और आन्ध्र प्रदेश से बड़ी संख्या में मुस्लिम शरणार्थी पाकिस्तान आ बसे। इस प्रकार पाकिस्तान की सांस्कृतिक विभिन्नता तीन स्पष्ट भागों में बिखर गयी।

1. उन मुस्लिम निवासियों की क्षेत्रीय सभ्यता, जो पाकिस्तान कहे जाने वाले प्रान्तों में 1944 से पूर्व से ही बसते आये थे और इनमें से अधिकांश यहीं पैदा हुए, पले और बड़े हुए थे।
2. उन मुस्लिम मुहाजरीन की तहज़ीब जो हिन्दुस्तान के विभिन्न क्षेत्रों से अपनी क्षेत्रीय सभ्यता की विशेषताओं के साथ पाकिस्तान में आकर बस गये थे, जिनकी जड़ें पाकिस्तान के विभिन्न क्षेत्रों में फैली क्षेत्रीय सभ्यता में पैवस्त नहीं थीं। पुराने निवासियों और इनके बीच धर्म समानता और

जुड़ाव का आधार था या फिर तहज़ीब का वह हिस्सा समान था, जिसे धार्मिक समानता ने जन्म दिया था।

3. वह ग़ैर-मुस्लिम निवासी, जो पाकिस्तान कहे जाने वाले क्षेत्र में ही पैदा हुए, पले और बढ़े थे या साम्प्रदायिक दंगों या इनके आतंक के कारण पाकिस्तान से पलायन करके हिन्दुस्तान आ बसे थे और यहाँ अपनी क्षेत्रीय सभ्यता साथ लाये थे। उनकी जड़ें पाकिस्तान के क्षेत्रों की क्षेत्रीय सभ्यता में पैवस्त थीं हालाँकि वह पाकिस्तान से दूर ज़िन्दगी गुज़ार रहे थे।

तीसरे गिरोह को छोड़कर, पाकिस्तानी समाज के सम्मुख प्रथम दो भागों (तत्त्वों) की एकता क़ायम करने तथा इस एकता को अलग विशिष्टता प्रदान करने का अभियान उपस्थित था। इस अभियान को दो रूपों में सफल बनाने की कोशिश की गयी। एक गिरोह ने इस एकता की धुरी मज़हब को क़रार दिया और इस्लामी समाज व इस्लामी अदब का नारा दिया कि इनके निकट इस्लाम ही विशिष्टता का कारण उपलब्ध करा सकता था। इस क्रम में मुहम्मद हसन अस्करी के निबन्धों का बड़ा महत्त्व है जिनमें संस्कृति में धार्मिकता के तत्त्वों को बुनियादी क़रार देकर उसे अदब का जौहर बनाने पर ज़ोर दिया गया है।

दूसरा रूप पाकिस्तानी संस्कृति या पाकिस्तानी अदब का था, जिसमें पाकिस्तान की परिभाषा क्षेत्रीय विशेषताओं के आधार पर की गयी थी और यह सिद्धान्त निर्धारित किया गया कि भारत-पाक उपमहाद्वीप में दो बड़ी नदियों के किनारे दो महान् सभ्यताओं का विकास हुआ। एक सिन्ध नदी, जिसने मोहन जोदड़ों और सिन्धु घाटी की सभ्यता को जन्म दिया। दूसरी गंगा-यमुना के दोआबे की सभ्यता, जिसने आरयाई (समुदाय) समाज को जन्म दिया। पाकिस्तानी समाज इनके निकट पाँच हज़ार वर्ष या इससे भी ज़्यादा पुराना समाज है और इसकी परम्पराएँ इससे पूर्व सिन्धु घाटी की सभ्यता के इतिहास में पैठी हुई हैं। यही कल्चर पश्तो, बिल्लौची, पंजाबी और सिन्धी सभ्यताओं में प्रकट हुआ और क्षेत्रीय विशेषताओं का स्वरूप धारण कर गया और इसी कल्चर को पाकिस्तानी कल्चर कहा जा सकता है और पाकिस्तान के उर्दू अदब में इसी कल्चर की नुमाइन्दगी होनी चाहिए। इसीलिए उर्दू में क्षेत्रीय भाषाओं के शब्द खपाने और उर्दू में पंजाबी लहजे की पैबन्दकारी की कोशिशें होती रहीं, जिसकी नुमायाँ मिसालें ज़फ़र इक़बाल की शायरी में मिलती हैं।

ये दोनों रूप कठिनाइयों से मुक्त नहीं थे। यदि अदब की बुनियाद इस्लाम को क़रार दिया जाये तो प्रथम, इस्लामी देशों के साहित्य और पाकिस्तान के इस्लामी

अदब में अन्तर का या पहचान का आधार और क्या हो, दूसरे इस्लाम की किस परिकल्पना को सम्मुख रखा जाये और उसे मोलवियाना सोच से किस तरह अलग किया जाये, जिसकी वजह से शायद हसन अस्करी को भी अन्त में 'इस्लामी अदब' जैसे लेख लिखने के बाद 'डान और क़ुरान' लिखने की आवश्यकता अनुभव हुई। दूसरी तरफ़ अगर क्षेत्रीयता को बुनियाद बनाया जाये तो इस्लाम की हैसियत केन्द्रीय सोच के रूप में बहुत कम रह जाती है। इतिहास की जो कल्पना सामने आती है, उससे हिन्दुस्तान में मुसलमान तहज़ीब के सभी कारनामे खारिज क़रार पाते हैं और इस दृष्टिकोण को उग्रता की सीमा तक स्वीकार करने वालों के निकट अन्ततः सिन्ध के राजा दाहर और पंजाब के महाराजा रणजीत सिंह इन इलाक़ाई तहज़ीबो के हीरो करार पाते हैं, जो आम पाकिस्तानी ज़हन के लिए क़ाबिले क़बूल नहीं। इन दोनों धाराओं का द्वन्द्व पाकिस्तानी कल्चर और अदब में आम तौर से और पाकिस्तान के उर्दू अदब में विशेष रूप से प्रकट होता रहा है।

पाकिस्तानी अदब का यह द्वन्द्व काफ़ी गहरा और पेचीदा है, जो तहज़ीवी पैबन्द कारी की प्रक्रिया से पैदा हुआ है। आर्य हिन्दुस्तान आये तो आर्य सभ्यता के पूर्व की कुछ परम्पराओं व चिह्नों को अपनाकर उस पर छा गये। अरब ईरान पहुँचे तो इस्लामी युग के पूर्व की ईरानी सभ्यता और साहित्य पर इस तरह प्रभुत्व हासिल कर लिया कि उसका अस्तित्व ही नाम मात्र को रह गया। देहली वालों का काफ़िला लखनऊ पहुँचा तो अपने से पहले की तहज़ीब को मिटाकर एक नये दौर का आग़ाज़ कर दिया। कुछ इसी तरह के हालात पाकिस्तान में भी उपस्थित थे, फ़र्क़ यह था कि प्रथम तो आने वाले मुहाजरीन की संख्या इतनी अधिक या ऐसी प्रभुत्वपूर्ण न थी कि अपने से पहले की तहज़ीब और अदब की विरासत पर हावी हो सकती। दूसरे 1947 से पहले ही से इन क्षेत्रों में विकसित तहज़ीबी व अदबी परम्पराएँ मोजूद थीं। जहाँ ये परम्पराएँ कमज़ोर थीं, वहाँ नये आने वाले मुहाजरीन ने इस इलाक़े को अपने रंग में रंग दिया। जैसे सिन्ध, विशेषकर कराची में जहाँ पहले की सिन्धी आबादी में मुसलमान धनपतियों की कमी थी। मगर पंजाब में स्थिति इससे भिन्न थी। इस कारण से मुहाजिर प्रभाव देश के स्तर पर सभ्यता का कोई नया स्वरूप प्रदान करने में कामयाब नहीं हो सका और उसे क्षेत्रीय सभ्यताओं का प्रभाव भी स्वीकार करना पड़ा।

भाषा के स्तर पर इस इलाक़े की ज़बानों में लिपि के सन्दर्भ में समानता का बिन्दु मौजूद था। पंजाबी गुरुमुखी लिपि में लिखी जाती थी मगर इसी के साथ-साथ उसने अरबी-फ़ारसी लिपि को भी प्रचलित रखा था। पश्तो और सिन्धी तो इसी लिपि

से पहचानी जाती थीं। अरबी-फ़ारसी शब्दों की संख्या भी इन भाषाओं में महाद्वीप की अन्य भाषाओं की अपेक्षा अधिक थी और अदबी रिवायात के एतबार से भी इनका रिश्ता अरब-ईरानी रिवायात से ज़्यादा क़रीबी था। वास्तव में जिन परम्पराओं को इस्लामी क़रार दिया जा रहा था, वे तुर्क ईरानी तहज़ीब के तत्त्वों व प्रभाव से निर्मित थीं। पाकिस्तान उन इलाक़ों से बना था, जहाँ यह तुर्क-ईरानी प्रभाव महाद्वीप में सबसे पहले और ज़्यादा गहरे जड़ जमाये थे। इन प्रभावों को प्रदान करने वाली सम्मिलित बुनियाद पर ज़ोर देकर पाकिस्तानी चिन्तकों का एक ग्रुप नयी सांस्कृतिक पहचान प्रस्तुत करना चाहता है। लेकिन इन प्रभावों को उनके नस्ली और भौगोलिक या क्षेत्रीय नाम से याद करने के बजाय उसे इस्लामी कहना पसन्द करता है। हालाँकि शब्द 'इस्लाम' का तर्क उन्हें एक तरफ़ दूसरे इस्लामी देशों से मुमताज़ करने में नाकाम होता था और दूसरी तरफ़ इस्लाम की विभिन्न परिकल्पनाएँ उन्हें शदीयती व मौलवियाना बन्धनों में उलझाने के ख़तरों से ख़ाली न थे।

पाकिस्तान में उर्दू साहित्य तीन केन्द्रीय बिन्दुओं के बीच था–

1. इस्लामी धुरी (बिन्दु) : यह पाकिस्तानी अदब का रिश्ता पश्चिमी एशिया की तहज़ीबों से मिलाता था और अदब में कठिन फ़ारसी और अरबी के शब्दों के हस्तक्षेप का क़ायल था। इसकी मिसाल अब्दुल अज़ीज़ 'खालिद' की लम्बी नज़्मों के शिल्प में मिलती है।

2. क्षेत्रीय धुरी : यह पाकिस्तानी अदब का रिश्ता पंजाबी, सिन्धी और पश्तो अदब से मिलाता था और अदबी शिल्प में इलाक़ाई ज़बानों के शब्द शामिल करके एक नये लहजे की दाग़बेल डालना चाहता था, जिसकी मिसाल ज़फ़र इक़बाल और शेर अफ़ज़ल ख़ाँ की शायरी में मिलती है।

3. ऐतिहासिक धुरी : यह अपना रिश्ता महाद्वीप के सांस्कृतिक इतिहास से मिलाता था और हिन्दुस्तान के मध्यकालीन सांस्कृतिक मिश्रण को अपनी बिरासत में शामिल करता था जिसकी मिसालें नासिर काज़मी की मीर पसन्द शायरी, इन्तिज़ार हुसैन के शिल्प और विषयों में और जमील उद्दीन आली के दोहों में मिलती हैं।

यह याद रखना लाभप्रद होगा कि पाकिस्तान का उपमहाद्वीप से कटकर एक अलग मुल्क की शक्ल धारण करना भी दरअसल एक घटना न थी। एक विशाल उपमहाद्वीप में पाकिस्तान निर्माण की आवाज़ उस वक़्त उभरी जब भारतीय उपमहाद्वीप का बुर्जुआ तबक़ा जागीरदारी दौर से सरमायदारी के दौर में क़दम

रखने के लिए व्याकुल हुआ और उस तब्दीली के अमल में लाज़मी तौर पर उस मज़हबी या तहज़ीबी अल्पसंख्यक को अपना अस्तित्व ख़तरे में नज़र आने लगा जिसकी माशियत की बुनियाद जागीरदारी और उसके हासोन्मुख तहज़ीब पर थी। हिन्दुस्तानी मुसलमानों के मध्यम वर्ग पर इसका प्रभाव अन्य की अपेक्षा ज़्यादा गहरा था। इसलिए पाकिस्तान की स्थापना के पीछे यह मसलहत भी पोशीदा थी कि जागीरदारी और उसकी विरासत को एक पनाहगाह मिल गयी थी। इसलिए यह न भूलना चाहिए कि हिन्दुस्तानी तहज़ीब के जिन तत्त्वों ने यहाँ शरण पायी वे ज़ागीरदाराना तहज़ीब की विरासत का हिस्सा थे और इस तहज़ीबी विरासत को पाकिस्तान में एहतराम देकर उसे बुर्जुआ ज़िन्दगी के टकराव से बचाने की कोशिश की। हिन्दुस्तान में अखाबे इक़्तिदार ज़ागीरदारी विरासत की पैवन्दकारी औद्योगिक सभ्यता से करते रहे। पाकिस्तान के सत्ताधारी और उनके सामन्ती समर्थक दलाली पर ही सन्तुष्ट हो गये और दलाल बुर्जुआ समाज ही से लाभान्वित होने को जरिया-ए-कमाल जानने लगे। इससे एक तरफ़ ऊपरी सतह पर आयात किये गये प्रसाधनों और धन का लाभ उच्च वर्ग में आम हुआ। दूसरी ओर निचले तबक़े औद्योगिक युग के अवदानों से वंचित रह गये।

तहज़ीबी पसमान्दगी का यह वजूद और इससे ज़हनी वाबस्तगी की हक़ीक़त को पाकिस्तानी अदब का अध्ययन करते वक़्त भुलाया नहीं जा सकता।

अनुवाद : **शकील सिद्दीक़ी**

पाकिस्तान में उर्दू साहित्य के हालात पर फ़ैज़ अहमद फ़ैज़ का 'पहल' को विशेष बयान

हमारे यहाँ मग़रिब के तआस्सुर से ही ज़दीदियत आई और काफी जोश के साथ आई। थोड़ी देर इधर उधर घूमने के बाद, बिलाशक, ज़िंदगी के जो असरात हैं उनको तस्लीम करना पड़ता है। चुनांचे हमारे यहाँ यही हुआ कि बीच में जो जदीदियत की एक तहरीक पैदा हुई थी वह बहुत जल्द ही अपनी मौत आप मर गई। इसलिए कि हालात ने अदीबों को मजबूर किया कि वो ज़िंदगी की तल्ख़ियों को देखें और अपने अदब में उनका इज़हार करें। दूसरी बात जो हमारे यहाँ नई पैदा हुई कि जो इलाकाई ज़ुबानें हैं – पश्तो है, बलोची है, सिंधी है, पंजाबी है – उनपर काफी तवज्जो हुई है और बहुत से नए अदीब हैं जो इन्हीं ज़बानों में लिखते हैं। अवाम से वास्ता पैदा करने का सबसे मुनासिब तरीका यही है कि उन्हीं के लहजे में, उन्हीं की बोली में

गुफ़्तगू की मांग।

इसकी वजह तो यह है वो ये कि हमारे यहाँ शायरी में भी और नस्र में भी ख़्वातीन ने क़दम रखा है और उन्होंने बहुत उम्दा चीज़ें लिखी हैं। लेकिन पहले इसका वजूद नहीं था। आज ख़्वातीन का मुक़ाम बहुत ऊँचा है। हमारे शेर में भी, अफ़सानों और नाविलों में भी।

हमारे यहाँ ड्रामे का भी वजूद नहीं था। कुछ ड्रामे लिखे ज़रूर गये पर वो रेडियो के लिये ही थे। रेडियो ड्रामे से स्टेज ड्रामा मुख़्तलिफ़ होता है। इस दौरान सबसे ज़्यादा ड्रामे लिखे गए हैं। यूँ प्रोफ़ेशनल स्टेज तो अभी कहीं नहीं है लेकिन लाहौर, कराची और दूसरे शहरों में शौक़िया थियेटर पैदा हो गया है। लाहौर में तो एक वक़्त में सात ड्रामे हर रोज़ खेले जाते हैं। इस शौक़िया स्टेज और टेलीविज़न की वजह से ड्रामे काफ़ी लिखे गए हैं। कुछ तो हँसी मज़ाक़ के ड्रामे हैं जो महज़ कारोबारी ज़रूरत से लिखे जाते हैं लेकिन काफ़ी ड्रामे ऐसे भी लिखे गए हैं जिनमें समाजी हालात का अच्छा ज़िक्र पाया जाता है।

बंदिशें यहां पर हैं, सेंसरशिप है लेकिन इनके बावजूद जो बेआरामी का एक दौर यहां आ

गया था, जिसमें लिखने वालों ने ज़्यादातर लिखने से ही मुँह मोड़ लिया था या जो वो लिखते थे उसमें ज़िंदगी से मुँह मोड़ लिया था, ये रुझान बहुत जल्दी ही ख़त्म हो गया। आज जो बेहतर अच्छे लिखने वाले हैं, वो काफ़ी हस्सास हैं, अपने हालात के बारे में, अपने समाज के बारे में, मसाइल के बारे में और काफ़ी जोरों से, काफ़ी सदाक़त से, शायरी में भी और नस्र में भी लिख रहे हैं।

पाकिस्तान में अदब में तंज़ीमी तौर पर तरक़्क़ीपसंद तहरीक की कोई तंज़ीम तो नहीं है इस वक़्त। हलक़े हैं, अलग अलग मुख़्तलिफ़ तौर पर कोई तंज़ीम नहीं है। तंज़ीम नहीं है लेकिन तहरीक मौजूद है। और ज़ाहिरा तौर सब अच्छी तहरीकें हैं। रास्ते में चंद एक लोग कारवां छोड़कर तो जाते ही जाते हैं पर कारवां आज भी वैसा ही है। अब भी सबसे ज़्यादा पुरअसर तहरीक यही है।

भोपाल
अप्रैल : 1981 राजेन्द्र शर्मा द्वारा प्रस्तुत

तराना

•

फ़ैज़ अहमद फ़ैज़

दरबारे वतन में जब इक दिन सब जाने वाले जायेंगे
कुछ अपनी सज़ा को पहुँचेंगे कुछ अपनी जज़ा[1] ले जायेंगे
ऐ ख़ाक नशीनों, उठ बैठो, वह वक़्त क़रीब आ पहुँचा है
जब तख़्त गिराये जायेंगे, जब ताज उछाले जायेंगे
अब टूट गिरेंगी जंज़ीरें, अब ज़िन्दानों[2] की खैर नहीं
जो दरिया झूम के उट्ठे हैं, तिनकों से न टाले जायेंगे
कटते भी चलो, बढ़ते भी चलो, बाज़ू भी बहुत हैं, सर भी बहुत
चलते भी चलो कि अब डेरे मंज़िल ही पे डाले जायेंगे
ऐ ज़ुल्म के मातो लब खोलो, चुप रहने वालो, चुप कब तक
कुछ हश्र तो उनसे उट्ठेगा, कुछ दूर तो नाले जायेंगे!

दिले मन, मुसाफ़िरे मन

मेरे दिल, मेरे मुसाफ़िर
हुआ फिर से हुक्म सादिर
कि वतन बदर हों हम तुम
करें रुख़ नगर-नगर का

दें गली-गली सदाएँ
कि सुराग़ कोई पायं
किसी यार नामाबर का
किसी अजनबी से पूछें
जो पता था अपने घर का
सिर कूये ना आशनायां
हमें दिन से रात करना
कभी इससे बात करना
कभी उस से बात करना
जो मिले न कोई पुरसां
बहम इल्तिफ़ात करना
तुम्हें क्या कहूँ कि क्या है
शबे ग़म बुरी बला है
हमें यह भी था ग़नीमत
जो कोई शुमार होता
हमें क्या बुरा था मरना
अगर एक बार होता।

'तख़्लोक़ी अदब' कराची से

ग़ज़ल

हम मुसाफिर यूँ ही मसरूफ़े सफ़र जायेंगे
बेनिशां होगा जब शहर तो घर जायेंगे

किस क़दर होगा यहाँ मेहरो वफ़ा का मातम
हम तिरी याद से जिस रोज़ उतर जायेंगे

---

1. पुरस्कार
2. जेलखानों

जौहरी बन्द किये जाते हैं बाज़ारे सुखन
हम किसे बेचने अलमाशो गुहर जायेंगे

रहमते ज़ीस्त का ये क़र्ज़ चुकेगा कैसे
लाख घबरा के ये कहते रहें मर जायेंगे

फ़ैज़ आते हैं रहे इश्क़ में जो सख़्त मुकाम
आने वालों से कहो हम तो गुज़र जायेंगे

पाकिस्तान में उर्दू अदब के पच्चीस साल

•

डॉ. वज़ीर आग़ा

वज़ीर आग़ा की प्रतिभा बहुमुखी है। वे एक ही समय में नज़्म के शायर भी हैं, समालोचक भी, निबन्ध लेखक और ग़ज़ल गो शायर भी। धरती की गन्ध और उसका रचाव आपकी नज़्मों में मिलेगा। जीवन का यह स्वाभाविक लगाव उनके साहित्य को सामाजिक आयाम प्रदान करता है। उनकी यह सामाजिकता प्राकृतिक दृश्यों, सांस्कृतिक रूपाकारों और दार्शनिक बिम्बों के तहत अपने आप को तलाशती है। यहाँ हम उनका एक महत्त्वपूर्ण लेख छाप रहे हैं जिसमें उर्दू अदब के पिछले सृजन की व्याख्या की गयी है। यह लेख हाल में पाकिस्तान की पत्रिका 'औराक' में प्रकाशित हुआ था।

•

साहित्य के इतिहास में पच्चीस वर्ष की अवधि एक क्षण की हैसियत रखती है और इसलिए मुश्किल से ही चर्चा का विषय बन सकती है। किन्तु पाकिस्तान में उर्दू साहित्य के पच्चीस साल की अवधि एक क्रान्तिकारी दौर है जो विभिन्न रुझानों के महाभारत का दृश्य प्रस्तुत करती है। मगर यह एक अजीब क़िस्म की जंग थी कि इसमें रचा जाने वाला उर्दू अदब असंख्य रुझानों और प्रवृत्तियों की सृष्टि भी था और उनका स्रष्टा भी। वर्तमान अध्ययन के लिए मैं सिर्फ दो बुनियादी रुझानों की चर्चा करूँगा जो यद्यपि ऊपरी दृष्टि में भिन्न और परस्पर विरोधी हैं, परन्तु आन्तरिक रूप से समान-सामाजिक माहौल की पैदावार होने के कारण अनेक सतहों पर परस्पर जुड़े हुए भी हैं। इनमें से पहले की लामिस : (स्पर्श शक्ति) के अन्तर्गत गणना कर लीजिए और दूसरे की बासिर : (चक्षु शक्ति) के अन्तर्गत। तात्पर्य यह कि प्रथम ने धरती और उसके किरदारों, धरती के मसलों, वस्तुओं और उनके सांस्कृतिक

परिप्रेक्ष्यों से स्वयं को संलग्न किया और द्वितीय ने बाह्य पदार्थों और दृश्यों के पीछे झाँककर देखने का प्रयास किया। निष्कर्ष यह है कि एक तरफ़ तो वर्तमान को स्पर्श करने का रवैया परवान चढ़ा है और दूसरी ओर एक प्रतीकात्मक और तुलनात्मक या काल्पनिक अन्दाज़ ने हृदय के पर्यटन के लिए रास्ता चौरस कर दिया है।

वर्तमान को स्पर्श करने के रवैये के असंख्य प्रेरक हैं। किन्तु बुनियादी प्रेरक सामूहिक स्तर के उस स्थानान्तरण को करार देना चाहिए जो उपमहाद्वीप के विभाजन के कारण अभिमूर्त हुआ है और जिसके नतीजे में लाखों व्यक्ति बेघर हो गये। हर शख़्स अपने मूरिसे-आला (आदि पुरुष) अर्थात् दरख़्त की तरह ज़मीन के किसी-न-किसी टुकड़े से जुड़ा होता है। लेकिन वह जब उस टुकड़े से सम्बन्ध विच्छेद करता है तब फ़िजा और माहौल की तरफ़ उसके रवैये में एक बुनियादी तबदीली आ जाती है। उपमहाद्वीप की तक़सीम ने लाखों व्यक्तियों को गोया एक तहज़ीबी और सामाजिक नींद से झिझोंड़ कर जगा दिया और वे अपने माहौल को यों देखने लगे जैसे उसे पहली बार देख रहे हों। पाकिस्तान में इस सूरते हाल ने उर्दू साहित्य पर गहरी छाप छोड़ी। मसलन यह कि पहली बार 'पाकिस्तान की धरती' को समीप से 'महसूस' करने का रुझान उभरा, जिसके फलस्वरूप समीप की वस्तुएँ, दृश्य–दरख्त, परिन्दे, शहर, पहाड़, दरिया, ज़मीन और उसके फल-फूल, मौसम और उसके अत्याचार–ये सब मानवीय अनुभूति के दायरे में सिमट आये। उर्दू शायरी–ग़ज़ल और नज़्म–ने इस सामीप्य को सबसे पहले और सबसे अधिक महसूस किया।

आज से कुछ अर्सा पहले मैंने इस नुक्ते की व्याख्या करते हुए लिखा था कि पाकिस्तान की नयी उर्दू ग़ज़ल ने बहुत से उन प्रतीकों को त्याग दिया है जो ईरान और उसके सामाजिक वातावरण से आयातित थे और जिन्हें क्लासीकी उर्दू ग़ज़ल ने जीवन सम्बल बना रखा था। अब ग़ज़ल कहने वाले शायरों ने अपनी आँखें पूरी तरह खोलकर अपने चारों तरफ़ फैली हुई धरती को ध्यान से देखा है। जहाँ उन्हें पेड़, जंगल, पत्थर, बर्फ़, घर, धूप, सूरज, धुआँ, आँधी, साँप, मुंडेर, गली, कबूतर, धूल, चाँदनी और दर्जनों दूसरे पदार्थ और वस्तुएँ अपने ताज़ा प्रतीकात्मक रंगों में नज़र आयी हैं। ये एक ऐसी धरती से सम्बन्धित पदार्थ हैं जिस पर वर्ष के अधिकांश भागों में तेज़ सूरज चमकता है, आँधियाँ आती हैं, धुआँ और गुबार छा जाता है और फिर अचानक सावन की वर्षा हर वस्तु पर सब्ज रंग उड़ेल देती है, जहाँ शहर एक ख़ास ढंग के घरों, गलियों, खिड़कियों, मुंड़ेरों और किवाड़ों की एक गड्डमड्ड-सी तस्वीर पेश करते हैं और घने जंगल पेड़ों, पत्तों, शाखों, सायों

की सूरत हर मुसाफिर का रास्ता रोक लेते हैं। यह माहौल ईरानी चमन का माहौल नहीं, बल्कि जंगलों, शहरों, देहातों और खेतों का माहौल है। इस माहौल को क़रीब से महसूस करने का रुझान पाकिस्तान में रची जाने वाली ग़ज़ल में आसानी से देखा जा सकता है। चुनांचे मजीद अमजद, नासिर काजमी, अख्तर होशियार पुरी, बाक़ी सिद्दीक़ी, शहज़ाद अहमद, जफ़र इक़बाल, शकीब जलाली, मुनीर नियाजी, जोन एलिया, कैफ़ अंसारी, रशीद कैसरानी, अफज़ल मिन्हास, जमील यूसुफ, साक़ी फ़ारूक़ी, मोहसिन एहसान, मुर्तज़ा बिरलास, रियाज़ मजीद, सहबा इकराम और पिछले चन्द सालों में जिया शबनमी, परवीन शाकिर, जमाल एहसानी, जाहिद नवेद, गुलाम हुसैन आदि, बशीर सैफी, आज़र तमन्ना, राशिद मुफ्ती, हामिद बर्गी और कतिपय अन्य ग़ज़ल गो शायरों के यहाँ निकटस्थ चीज़ों और पदार्थों को अनुभूति के दायरे में समेट लेने की कोशिश उभरी है जिसके कारण ग़ज़ल को ताज़ा ख़ून मुहैया हो गया है।

नयी ग़ज़ल के मुकाबिले में जदीद (आधुनिक) उर्दू नज़्म ने माहौल और उसकी चीज़ों से न सिर्फ़ निकट का रिश्ता स्थापित किया बल्कि वह शुरू ही से उस रवैये का प्रदर्शन करने लगी थी। चूँकि आरम्भिक दौर में तरक्की पसन्द अदीबों के नज़रियाती झुकाव के अन्तर्गत लामिस : (स्पर्श शक्ति) की प्रक्रिया कुछ अधिक स्पष्ट न हो सकी थी, लिहाजा उर्दू शायरी की एक दीर्घ परम्परा के प्रभाव के अन्तर्गत भी आधुनिक उर्दू नज़्म बने-बनाये चिन्तन और शैली से रिहाई हासिल न कर सकी थी, इसलिए धरती का लम्स (स्पर्श) शायर की संवेदनात्मक अनुभूति का प्रधान अंग न बन सका। दूसरी तरफ़ पाकिस्तान के अस्तित्व में आने के पश्चात् जब शायरों ने अपने वैचारिक ढाँचे में धरती के तत्त्व को शामिल किया और वे पाकिस्तानी धरती से एक क़रीबी भावनात्मक लगाव के कारण वतन के पदार्थों, दृश्यों को महसूस करने लगे तो लामिस : की प्रक्रिया पूरी तरह स्पष्ट हो गयी। फिर यूँ हुआ कि व्यक्तित्व (ज़ात) के अन्दर जो भी तूफ़ान उठे या व्यक्तित्व के बाहर जो भी राजनीतिक या सामाजिक इंकलाब आये वह सब पाकिस्तान की धरती और उसके दृश्यों के हवाले से ही अभिव्यक्त हुए। तात्पर्य यह है कि नज़्म-निगार शायरों ने अपनी संवेदनात्मक अनुभूति के दायरे में आने वाली वस्तुओं, पदार्थों, दृश्यों को अभिव्यक्ति का माध्यम बनाया और सफल रहे। इस सिलसिले का सबसे महत्त्वपूर्ण शायर मजीद अमजद था जिसने सामने की वस्तुओं और घटनाओं को काव्यात्मकता से ओत-प्रोत करने में सफलता प्राप्त की। मगर यह बात मजीद अमजद तक ही सीमित न रही बल्कि पाकिस्तान में रची जाने वाली समस्त

आधुनिक उर्दू नज़्म में आत्मसात् हो गयी। चुनांचे यूसुफ ज़फ़र, कैयूम नज़र, मुख्तार सिद्दीक़ी, अदा जाफ़री, जिया जालंधरी, किश्वर नाहीद, जीलानी कामरान, एहसन ज़ैदी, अनवर महमूद खालिद, खातिर गज़नवी आदि शायरों के यहाँ इस प्रवृत्ति के प्रमाण मिल जाते हैं। दिलचस्प बात यह है कि उर्दू नज़्म जो पहले बादलों, वादियों और सितारों और निर्झरों, सलमा, रेहाना, सुबोही को विषय वस्तु बनाया करती थी, अब उसकी कार्य-परिधि में मशीनी शहर उभर आये जिनमें लिफटें, बसें, बुलडोज़र, टैक्सियाँ, गगनचुम्बी यन्त्र नुमा इमारतें, लोहे के जाल और जगमगाती दुकानें थीं। शहरियों का वह यन्त्रवत् जीवन भी था, जो माहौल की यान्त्रिकता का परिणाम था। शहर से बाहर फासलों का एहसास उभरता है जिसमें उड़ान और उछाल का रवैया जन्म लेता है और इन्सान की नज़र में खाक और दारिद्रय की कठिनाइयाँ तय करती हैं। मगर शहर की दीवारें नज़रों को फैलने से रोकतीं और वस्तुओं पर केन्द्रित करती हैं। पाकिस्तान के अस्तित्व में आने के बाद देहात से शहर की तरफ़ आबादी के स्थानान्तरण से शहरों के आकार में वृद्धि हुई तथा माहौल और नज़रियों की यन्त्रवत्ता का प्रभुत्व भी बढ़ा। इससे नयी उर्दू नज़्म बहुत प्रभावित हुई। जब तक व्यक्ति खेतों और वादियों में बिखरी हुई हालत में रहें उनकी समस्याएँ अधिक शिद्दत अखितयार नहीं करतीं। लेकिन जब वह शहर की दीवारों के अन्दर और बड़ी-बड़ी इमारतों की छतों के नीचे एकत्रित हो जायें तो न केवल भीड़ की प्रवृत्ति व्यक्ति की निजी हैसियत पर प्रभावशाली हो जाती है बल्कि उसी सन्दर्भ से सामूहिक समस्याएँ व्यक्तिगत मामलों की तुलना में अधिक महत्त्वपूर्ण बन जाती हैं। चुनांचे पाकिस्तान में शहरों की आबादी में वृद्धि के कारण सामूहिक स्तर की समस्याएँ उभर कर सामने आ गयीं। प्रगतिशील आन्दोलन के लिए यह वातावरण बहुत उपयुक्त था। लिहाजा शुरू-शुरू में इसे न केवल बढ़ावा मिला, बल्कि इसने अपनी नयी-नवेली शक्ति को महसूस करके एक उग्र रूप धारण कर लिया। तरक्की पसन्द आन्दोलन से प्रभावित शायरी ने सामूहिक समस्याओं की मौजूदगी का एहसास दिलाया जो निस्सन्देह एक महत्त्वपूर्ण उपलब्धि थी। गोया जिस तरह आधुनिक उर्दू नज्म ने समीप की वस्तुओं को महसूस किया, बिल्कुल इसी तरह तरक्की पसन्द नज़्म ने क़रीबी समस्याओं को महसूस करके उनके बारे में अपनी प्रतिक्रिया की अभिव्यक्ति की।

धरती के दृश्यों से सामीप्य का एहसास नज़्म के अतिरिक्त अफसाने में भी प्रकट हुआ। विभाजन से पूर्व अफसाने पर कृष्ण चन्दर की शैली का प्रभुत्व था जिसके अन्तर्गत कथाकार होटल की बालकनी और रेल और बस की खिड़की

में से भीड़ पर एक नज़र डालता था। चुनांचे इस प्रकार के प्रतीक उभरते थे जैसे 'रहट' जो समाज के दायरे में गर्दिश करने की प्रक्रिया का सूचक था और दो फर्लांग लम्बी सड़क जो एक तरह की सामाजिक जड़ता को सामने लाती थी। यों समाज के किरदारों के बजाय आमतौर से आदर्श नमूने यानी टाइप प्रकट होते थे। मगर पाकिस्तान के अस्तित्व में आने के बाद जब जीवन में धरती का तत्त्व सम्मिलित हुआ और एक सामूहिक स्थानान्तरण के फलस्वरूप किरदार जाहिर हुए तो स्वाभाविक रूप से उर्दू कहानी ने भी इससे स्पष्ट प्रभाव ग्रहण किया। चुनांचे पाकिस्तान बनने के फ़ौरन बाद किरदार के अफ़साने (अर्थात् चरित्र प्रधान अफसाने) सामने आये। इस सिलसिले में मंटो के 'टोबा टेक सिंह' की चर्चा अनिवार्य है। मगर मंटो के अलावा दूसरे कथाकारों मसलन ग़ुलाम अब्बास, मुमताज़ मुफ्ती, कुदरत उल्लाह शहाब, मीरजा अदीब, आग़ा बाबर, अशफ़ाक़ अहमद, ग़ुलामुस्सक़लैन रिज़वी, अमजद अल्ताफ, कुर्रुतुलऐन हैदर, हाजरा मसरुर, हमीद काश्मीरी, ख़दीजा मस्तूर, इन्तिज़ार हुसैन, फरखन्दा लोधी और अनेक दूसरे कथाकारों के यहाँ भी किरदार के बहुत अच्छे अफ़साने लिखे गये। हद यह कि अहमद नदीम क़ासिमी, जो विभाजन के पूर्व अधिकतर टाइप के अफ़साने लिखा करते थे, उनके यहाँ भी न सिर्फ़ शहरी माहौल उभर आया बल्कि कतिपय सजीव चरित्र भी सृजित हुए। किरदार (चरित्र) के अलावा विद्यमान को छू लेने का वह रवैया भी इस दौरान में ही बर्धित हुआ जो ऊपरी दृष्टि में तो नज़रिये-मौजूदियत (अस्तित्ववादी विचार धारा) के अन्तर्गत लिखे जाने वाले पाश्चात्य अफ़सानों से उधार लेने की प्रक्रिया थी, लेकिन जो वास्तव में धरती से सम्बन्धित रुझान का ही बदला हुआ रूप था। तात्पर्य यह है कि जौहर (सत्व) की तुलना में विद्यमान को महत्त्व देना ऐसे ही था जैसे आदर्श की तुलना में चरित्र को। अफ़साने में मौजूदी (विद्यमान होने के) रवैये को प्रचलित करने में अनवर सज्जाद और अन्य कथाकारों का नाम लिया जा सकता है।

1857 के स्वतन्त्रता संग्राम के बाद उपमहाद्वीप के मुसलमान अपने को उखड़ा हुआ महसूस करने लगे थे। उन्हें ऐसा लगता था जैसे ज़मीन में उनकी जड़ें नहीं हैं। बाद में इस एहसास ने राजनीतिक स्तर पर उस प्रतीकात्मक स्थानान्तरण या प्रवास का रूप धारण किया जो ख़िलाफ़त आन्दोलन के रूप में सामने आया और काव्यात्मक स्तर पर यही एहसास 'घर मेरा न दिल्ली, न सफाहां, न समरकन्द' ऐसे मिसरों में उजागर हुआ। मगर प्रथम स्वातन्त्र्य संग्राम के पूरे नब्बे साल बाद पाकिस्तान अस्तित्व में आया तो हिन्दुस्तानी मुसलमानों ने शायद पहली बार स्वयं को धरती से पूरी तरह जुड़ा हुआ महसूस किया। लिहाज़ा न सिर्फ़ हमारे अदब

में पाकिस्तान की धरती को महसूस करने का रुझान उभरा बल्कि इस बात की आवश्यकता भी महसूस हुई कि अपनी सांस्कृतिक जड़ों की तलाश की जाये। चुनांचे पाकिस्तान में लिखे जाने वाले उर्दू साहित्य के वैचारिक स्तर पर विशेषतया समालोचना में जड़ों की तलाश का मसला एक प्रमुख प्रवृत्ति का रूप धारण कर गया...। अधिकांशतः बहसें इस प्रश्न के गिर्द चक्कर लगाती हैं कि "क्या पाकिस्तानी सक़ाफ़त (संस्कृति) का आरम्भ उपमहाद्वीप में मुसलमानों के आगमन से हुआ या दक्षिणी भारत में अरबों के आगमन से या फिर उसकी जड़ें अतीत तक फैली हुई हैं या नहीं" इस सिलसिले में डॉ.जमील जालबी ने तो एक पूरी किताब 'पाकिस्तानी कल्चर' लिख डाली। फ़ैज़ और प्रो. करार हुसैन, डॉ. अजमल और डॉ. इबादत बरेलवी, डॉ. वहीद कुरैशी, सलीम अहमद, फतेह मुहम्मद मलिक, मौलाना सलाहुद्दीन अहमद, सैयद मुहम्मद तकी, सैयद अब्दुल्ला आदि विचारकों ने इस सम्बन्ध में अपने विचारों को अभिव्यक्त किया।

सांस्कृतिक जड़ों की तलाश का यह रुझान केवल वैचारिक स्तर ही का ईंधन न बना अपितु शायरी और अफ़साना को भी प्रेरणा देता रहा। मसलन सबसे पहले तो पाकिस्तानी धरती से लगाव और आबद्धता के प्रमाण दृष्टिगोचर हुए। "ग़ज़ल में ईरानी बुलबुल के नग्में की जगह पाकिस्तानी परिन्दों की चहकार ने ले ली : जैसे नासिर क़ाज़िमी और मजीद अमजद के यहाँ और ईरानी चमन की जगह प्रार्थना गृहों, जंगलों और खेतों ने ले ली जैसे नासिर शहजाद के यहाँ। जमीलुद्दीन आली और इब्ने-ईशा ने शायरी को ज़मीन से और भी क़रीब कर दिया।" उसके बाद वह रुझान दृष्टिगत हुआ जिसने पाकिस्तानी धरती के सांस्कृतिक इतिहास और उस इतिहास के प्रतीकों को शायरी का अभिन्न अंग बना दिया। इस सन्दर्भ में मुख्तार सिद्दीक़ी, जाफ़र ताहिर और कतिपय अन्य कवियों के नाम बहुत महत्त्वपूर्ण हैं। फिर इस मज्जनारिता की प्रवृत्ति के अन्तर्गत कतिपय कवियों ने पाकिस्तान के इतिहास के अन्दर उतर कर मनुष्य की सांस्कृतिक बुनियादों से उन प्रतीकों को उद्धृत किया, जो देवमालाओं से सम्बन्धित थे या जो उन तत्त्वों पर आधारित थे, जिनसे ये देवमालाएँ सृजित हुई थीं। मजीद अमजद, शाद अमृतसरी, फारिग बुखारी, एज़ाज फारुकी, निसार नासिक, ताज सईद, परतव रुहेला, सरमद सहबाई और कतिपय अन्य कवियों को इस सन्दर्भ में पेश किया जा सकता है कि इन्होंने शायरी में सांस्कृतिक गहराई पैदा की।" सांस्कृतिक पार्श्वभूमि में रंगारंगी और नवीनता पैदा करने के सिलसिले में मुनीर का योगदान भी प्रशंसनीय है कि उसने जंगल के प्रदीर्घ दौर की बर्बरता को बड़ी कुशलता से अपनी शायरी में समाविष्ट कर उसे एक नया

रस प्रदान किया है। प्रत्यागमन की यह स्थिति अत्यन्त रोचक थी जिसके अन्तर्गत पाकिस्तान में लिखी जाने वाली नज़्म पीछे हट कर प्राचीन बग़दाद की फ़िज़ा में साँस लेने लगी। पुरअसरार गलियाँ, खंजर, भारी परदे, काली जश्नें बासी हार और खिड़कियों की चिकों के पीछे काँपते साये उभर आये। यह व्यक्ति की औद्योगिक सभ्यता से पलायन की एक कोशिश भी थी किन्तु यह कोशिश प्राचीन बगदाद की फिजा तक ही सीमित न रही बल्कि उसने कुछ और पीछे हटकर तहजीबुल अरवाह (भूत-प्रेतवाद) के प्रभावों को भी स्वीकार किया और नज़्म में डाइनें, चुड़ैलें, भूत, गुफाएँ और जंगल की सारी निष्ठुर फ़ज़ा उभर आयी। इसे दु:स्वप्न का नाम भी दिया जा सकता है। सच बात सम्भवत: यह है कि इस दौर के कवि ने अपने चारों तरफ़ फैली हुई फ़ज़ा को तहज़ीबुल अरवाह (भूत-प्रेतवाद) के प्रतीकों में पेश किया। अस्तु उसके यहाँ जिस भय को अभिव्यक्ति मिली वह एक बड़ी हद तक मशीनी राक्षसों का भी भय था।

प्रत्यागमन की यह स्थिति पाकिस्तान में रचे जाने वाले उपन्यासों और कहानियों में भी देखी जा सकती है। इस सिलसिले में सबसे श्रेष्ठ कार्य कुर्रतुलऐन हैदर का था जिसने 'आग का दरिया' लिखते हुए दूर अतीत में पीछे हटकर उन चरित्रों को पहचाना, जो हमें आज के समाज में भी स्थान-स्थान पर नज़र आते हैं। यही नहीं बल्कि उसके उपन्यास का कुल निष्कर्ष ही यह था कि आज का सांस्कृतिक वातावरण, प्राचीन सांस्कृतिक वातावरण का विस्तार है। 'आज' को गुज़रे हुए 'कल' का विस्तारण करार देने का रवैया कुर्रतुलऐन हैदर के अतिरिक्त अब्दुल्ला हुसैन के उपन्यास 'उदास नस्लें' और सैयद अमजद और जमीला हाशिमी की अनेक रचनाओं में देखा जा सकता है। उसमें कुछ तत्त्व 'यादों' का भी है। विशेषतया उन कथाकारों के यहाँ, जिन्होंने हिजरत (देशान्तरण) तो की किन्तु अपनी यादों में अपने पूर्वजों की जन्मभूमि को सदैव जीवित रखा, एक प्रकार का नास्टेल्जिया (Nostalgia) अवश्य मिलता है। इन्तिज़ार हुसैन के अधिकांश अफ़सानों में यादों का तत्त्व बहुत मुखर है तथापि इन्तिज़ार हुसैन चन्द व्यक्तिगत स्तर की यादों तक ही सीमित नहीं रहे, बल्कि पीछे हटकर जातीय यादों तक पहुँच गये तथा प्राचीन गाथाओं के दर्पण में वर्तमान वातावरण और उसके चरित्रों को चलते-फिरते देखा। चुनांचे जिस तरह शायरी में मुनीर नियाजी के यहाँ प्राचीन बगदाद का माहौल उभरा है, उसी तरह इन्तिज़ार हुसैन के यहाँ अधिकांश प्रतीक प्राचीन भारतीय सांस्कृतिक माहौल से ही उद्धृत हैं। यह सारा रवैया प्रत्यागमन के रुझान के अन्तर्गत ही आकलित किया जाना चाहिए।

दर्शन और साहित्य के इतिहास साक्षी हैं कि जब कभी वर्तमान अस्तित्व के दुःख का एहसास शिद्दत अख्तियार कर गया तो मनुष्य ने पदार्थ के खोल के पार झाँकने और सत्व को तलाश करने की कोशिश की। मसलन यूनानी दार्शनिक प्लेटो का नज़रिया किसी-न-किसी रूप में आज तक विद्यमान है। साहित्य में जब कभी क्लासिकियत का छिलका अधिक कठोर हुआ, तो उसके उदर से रूमानियत इस प्रकार बाहर आयी जैसे बीज के अन्दर से उसका सत्व अपनी वर्धन शक्ति प्रदर्शित करता है। आश्चर्य की बात यह है कि पाकिस्तान में रचे जाने वाले उर्दू साहित्य ने पच्चीस ही वर्ष की लघु अवधि में इन दोनों प्रवृत्तियों को किसी-न-किसी रूप में अवश्य प्रदर्शित किया। मसलन वर्तमान को स्वीकारने का रवैया धरती से उस लगाव के रूप में प्रकट हुआ जिसे साहित्य की समस्त विधाओं में आसानी से ढूँढा जा सकता है। किन्तु फिर उसकी प्रतिक्रिया भी हुई। पाकिस्तान की धरती प्राचीन काल ही से एक कृषि प्रधान समाज की उद्गम स्थल रही है, किन्तु जब पाकिस्तान बनने के बाद औद्योगिक प्रगति हुई, शहर बड़े हुए, आर्थिक और सामाजिक समस्याओं ने उग्रता धारण की और मशीनी ज़िन्दगी अपनी पैशाचिकता के साथ प्रकट हुई और व्यक्ति को अपनी बेड़ियों में जकड़ने लगी तो उसके यहाँ उस बन्द खोल को तोड़कर बाहर आने या कम-से-कम खोल में विवर निर्मित करने की इच्छा अवश्य बलवती होने लगी। यह मानो आत्माभिव्यक्ति की वह इच्छा थी जिसने हमारे क़लाकार को इस बात पर आमादा किया कि वह वर्तमान (पदार्थ) की दीवारों को लाँघ करके 'यथार्थ' की तलाश करे। मैंने अपने लेखों में इसे 'गोताखोरी' का नाम दिया है। आप चाहे तो इसे सैयाहत (परिभ्रमण) कह सकते हैं, जो किसी प्रकार भी पौराणिक गाथाओं के ओडीसिस, हेराविल दस या जल्जामेश आदि के परिभ्रमण से कम महत्त्वपूर्ण नहीं क्योंकि "सुनहरी ऊन, सुनहरी सेब, आबे हयात (अमृत) या ऐमब्रोसिया (सुधा) को 'अर्थ' या 'जौहर' (सत्व) का पर्याय समझ लिया जाये तो आज के कलाकार की गोताखोरी या परिभ्रमण भी पौराणिक तलाश ही का विस्तारण दिखाई पड़ेगा। फिर जिस तरह पौराणिक आख्यानों के नायकों को असंख्य कठिनाइयों का सामना करने के पश्चात् ही गन्तव्य प्राप्त होता था, बिल्कुल उसी तरह आज के कलाकार के लिए भी शब्द और विषयवस्तु की पिष्टोक्तियों (Cliches) को तोड़े बिना सत्व या अर्थ तक पहुँचना सम्भव नहीं। पाकिस्तान के उर्दू साहित्य में संघर्ष की यह प्रक्रिया कई स्तरों पर उजागर हुई है। मसलन पाकिस्तानी साहित्यकारों ने शब्द की इस पतित और दुर्दशाग्रस्त स्थिति के विरुद्ध सबसे पहले विद्रोह किया जो बने-बनाये शब्द-विन्यासों और पिटे-पिटाये

रूपकों और उपमाओं के रूप में एक बोझ या रुकावट बन गयी थी। यह मूलतः कोष की भाषा को पुनर्सजित करने का वह प्रयास था, जो नये शब्दों, प्रतीकों और कला की कड़ियों को प्रचलित करने की कोशिश में प्रकट हुआ। पाकिस्तान की उर्दू शायरी में ऊपरी सतह पर अब्दुल अज़ीज़ ख़ालिद, जाफर ताहिर, शेर अफज़ल जाफरी और अन्य शायरों ने साहित्य में नये शब्दों का पुट दिया। किन्तु मात्र नये शब्दों का पुट अपने आप में कोई अर्थ नहीं रखता, जब तक कि वह नई काव्यात्मक कड़ियाँ और प्रतीकात्मक रूपाकारों को उभारने में सहायक सिद्ध न हो। इस सिलसिले में अधिकांश शायरों, ललित निबन्धकारों और कथाकारों के यहाँ भाषा की ताज़गी का एहसास होता है, जिन्होंने प्रचलित भाषा की सीमाओं के अन्दर रहते हुए उसमें गहराई और विस्तार पैदा किया है और शैली को शब्द संरचना और पद विन्यासों के भारी बोझ से मुक्त किया है। निस्सन्देह इस प्रयास ने यत्र-तत्र विद्रोह का रूप धारण किया है यथा जब इफ्तिखार ज़ालिब और उसके समर्थकों ने डलेन टामस की उस आवाज़ में अपनी आवाज़ मिला दी, जो 1940 के लगभग इंग्लैंड में मुखर हुई थी। किन्तु यह प्रक्रिया अधिक प्रभावकारी सिद्ध न हो सकी और ये लोग शीघ्र ही 'चौंकाने की प्रक्रिया' से फारिग होकर आम क़िस्म की शिष्ट भाषा में बात करने लगे।

अर्थ या सत्व की तलाश के रास्ते में दूसरी बड़ी रुकावट शहर और उसकी व्यवस्था थी। वह जो किसी ने कहा है कि हर औरत के हृदय में जंगल मौजूद है, यह बात मर्द के सिलसिले में भी लागू हो सकती है और शहर के भी। बाह्य तौर पर तो शहर जंगल को अपने अन्दर से खारिज कर देता है लेकिन यह अपने वासियों के अन्तः से इसे खारिज नहीं कर सकता। मैं यहाँ जंगल को भय और बर्बरता का प्रतीक नहीं ठहरा रहा हूँ बल्कि इसे समस्त प्रकृति का पर्याय मान रहा है। बात यह है कि इन्सान लाखों बरसों तक प्रकृति का अविच्छिन्न अंग रहा किन्तु शहरों के निर्माण के बाद शनैः-शनैः प्रकृति से अलग होता चला गया। प्रकृति सृजन के सिलसिले में एक प्रमुख माध्यम का स्थान रखती है। इसलिए प्रकृति से अलग होकर मनुष्य पर कभी-न-कभी कृत्रिमता का मोटा सा गिलाफ चढ़ने लगता है और सृजनात्मकता के सिलसिले में उसकी रफ़्तार मद्धिम पड़ जाती है। चूँकि सृजन करना मनुष्य की जैविक मजबूरी है अतः जब ऐसी वस्तुस्थिति पैदा होती है तब मनुष्य के अन्दर विद्रोह की अग्नि भड़कने लगती है और वह 'शहर' की दीवारों को ध्वस्त करने का प्रयास करता है। उसका एक रूप तो यह है कि 'शहर' के बाहर चारों ओर फैली हुई विस्तृत व असीम प्रकृति से पुनः एक सम्बन्ध स्थापित

किया जाये। इसे बाहरी सतह की ऑडिसी (Odyssey भ्रमण) कह लीजिए। दूसरा यह कि अपने अन्तः में झाँका जाये जहाँ प्रकृति एक सदाबहार मौसम की तरह सदैव विद्यमान है। पाकिस्तान के उर्दू साहित्य में ये दोनों स्थितियाँ पैदा हुईं। प्रथम ने सफरनामे की परम्परा को जन्म दिया और दूसरी ने इंशाइया-निगारी (ललित निबन्ध) की परम्परा को।

सफरनामे में लेखक ने अपने शहर (मुल्क) से बाहर निकलकर एक विस्तृत परिप्रेक्ष्य में स्वयं को नये-नये अनुभवों से दो-चार किया और उस मोरचे को उतारा, जो एक से माहौल में दीर्घकाल तक रहने से मनुष्य के सम्पूर्ण व्यक्तित्व को अपनी लपेट में ले लेता है। उर्दू साहित्य में महमूद निज़ामी और अख्तर रियाजुद्दीन से लेकर इब्ने-इंशा, मुहम्मद काज़िम, मुस्तंसिर हुसैन तारड़, अताउलहक़ क़ासिमी और जुल्फिकार अहमद ताबिश तक सफ़रनामा लेखन का एक पूरा सिलसिला उभरा है जिसने उर्दू साहित्य में गहराई और वृहत्ता पैदा की है और व्यक्ति को एक ऐसी खिड़की प्रदान की है जिसमें से वह शहर के मशीनी कारागार से बाहर की दुनिया पर एक नज़र डालने योग्य हुआ है।

दूसरी स्थिति ने इंशाइयानिगारी (ललित निबन्ध लेखन) को विकास प्रदान किया और मैं इस प्रक्रिया को एक दाखिली (आन्तरिक) ऑडिसी (भ्रमण) का नाम देता हूँ। शहरी ज़िन्दगी मूलतः एक मेकैनिकी ज़िन्दगी है। शहर स्वयं एक मशीन है जिसमें शहर के निवासी पुर्जों की हैसियत रखते हैं। ये पुर्जे स्वचालित मशीन की निश्चित गतियों यानी एक मेकैनिकी पुनरावृत्ति के अधीन होते हैं। ऐसी स्थिति में एक शहरी अपने माहौल की एकरसता का स्वयं भी एक हिस्सा बन जाता है और वस्तु में निहित गुप्तार्थ को समझने की क्षमता उसमें समाप्त हो जाती है। इंशाइया (ललित निबन्ध) जीवन की उन वस्तुओं और घटनाओं को, जो सामान्य शहरी के लिए एक स्वचालित मशीन की निश्चित गतियों का मात्र स्थान रखते हैं, एक बिलकुल नये परिप्रेक्ष्य में पेश करके उन्हें वस्तुतः जीवन्त बना देता है। यह भी कहना ग़लत नहीं कि यदि मैं किसी धूल-धूसरित दर्पण को साफ़ कर दूँ तो उसमें हर वस्तु प्रतिबिम्बित होने लगेगी। बिलकुल इसी प्रकार इंशाइयानिगार (ललित निबन्धकार) मोरचायुक्त ज़िन्दगी पर से मोरचा उतार देता है और वह लौ देने लगती है। यही दशा मनुष्य के अन्तस् की है जिस पर बाह्य की मैल जम सी जाती है और वह सर्जनात्मक तौर पर क्रियाशील नहीं रहता। एक ललित निबन्धकार जब सामान्य जीवन की मामूली घटनाओं और वस्तुओं को एक नयी अर्थवत्ता प्रदान करता है, तो वास्तव में वह आन्तरिक जीवन (अन्तस्) के पट खोल कर अन्दर झाँकता है और

अन्दर के महाद्वीप का पर्यटन करता है। इसलिए मैंने ललित निबन्ध को 'अन्तस्-पर्यटन' का नाम दिया है। पाकिस्तान के उर्दू साहित्य में ललित निबन्ध रचना एक अत्यन्त समृद्ध परम्परा के रूप में चिरस्थायी हुई है जिसके फलस्वरूप एक बहुत बड़ी संख्या में अत्यन्त रोचक एवं उत्कृष्ट ललित निबन्धों का सृजन हुआ। ग़ुलाम जिलानी असग़र, मुश्ताक़ क़मर, ज़मील आज़र, अनवर सदीद, कामिलुल क़ादरी, तारिक जामी, परवेज़ आलम और अनेक दूसरे ललित निबन्धकार इस सिलसिले में प्रशंसनीय क्षमताओं का प्रमाण दे चुके हैं।

ललित निबन्ध के अतिरिक्त पाकिस्तान की नयी उर्दू शायरी (नज़्म और ग़ज़ल) में भी एक अनदेखे, अनछुए संसार से परिचित होने की प्रवृत्ति, जो प्राचीन शायरी की परम्परा से बिलकुल भिन्न प्रक्रिया है, उत्पन्न हुई है। नयी कविता का यह विद्रोह उसकी प्रतीक योजना में देखा जा सकता है। पाकिस्तान में उभरने वाली नयी कविता मुख्यतया प्रतीकात्मक है और जब में कहता हूँ कि प्रतीकात्मक है तो उससे मेरा तात्पर्य यह नहीं कि वह सलीब और दराँती सदृश प्रतीकों का बुरी तरह प्रचार करती है, क्योंकि इनके साथ तो एक अर्थ विशेष पहले से ही चिपक चुका है और वह अब प्रतीक के बजाय निशान बन चुके हैं। प्राचीन नज़्म और नयी नज़्म में अन्तर है। प्राचीन (नज़्म) में विचार या अर्थ निश्चित और सुनियोजित होने के अतिरिक्त आपका परम स्वामिभक्त (दास) भी है परन्तु नयी नज़्म में वह सम्भावनाओं का पालना होने के अतिरिक्त आपका मार्ग दर्शक भी है और आप स्वयं एक दास की तरह उसका पीछा करते हुए हाँफते चले जाते हैं। वह प्रतीकात्मक आकृति आपके लिए एक अनदेखे संसार के दरवाज़े खोल देती है और आप सम्भावनाओं के एक पूरे सिलसिले से संलग्न हो जाते हैं। अतः अब नयी कविता के किसी प्रतीकात्मक स्वरूप की चर्चा हो तो उससे तात्पर्य यह है कि अब यह रूप किसी अर्थ विशेष तक सीमित नहीं प्रत्युत अर्थों में एक परत-दर-परत सिलसिले से संलग्न है। पाकिस्तान में कविता की इस प्रतीकात्मक शैली का बहुत विकास हुआ है। मजीद अमजद, यूसुफ़ ज़फ़र, जिया जलंधरी, सफ़दर मीर, अहमद ज़फ़र, मुनीर नियाज़ी, शहज़ाद अहमद, हामिद जीलानी, एजाज़ फारुक़ी, ज़ुलफिक़ार ताबिश साक़ी फारुक़ी, तबस्सुम काश्मीरी, फहमीद रियाज़, सरमद सहबाई, पर्रुख दुर्रानी, सुरुर कामरान, सुहैल अहमद, मसऊद मुनव्वर, सबा इकराम, असगर नदीम सैयद–इन सबके यहाँ किसी-न-किसी हद तक प्रतीकात्मक शैली उभरी है जिसमें नज़्म का दायरा विस्तृत होने के साथ-ही-साथ अज्ञात के साथ एक नया सम्बन्ध स्थापित हुआ है।

वर्तमान के उदर में झाँक कर 'अज्ञात' को छू लेने की प्रवृत्ति एक और अन्दाज में भी परिलक्षित होती है। हुआ यह कि पाकिस्तान में सृजित साहित्य ने आदमी के उदर से 'इन्सान' को तलाश करने का प्रयास किया अर्थात् आदमी की उस हैसियत के परोक्ष में, जो सर्वथा भौतिक है, उसकी उस हैसियत की तलाश हुई जो आध्यात्मिक या अपार्थिव थी और जिसके लिए 'इन्सान' शब्द आमतौर से प्रयुक्त हुआ। इस सिलसिले में मुहम्मद हसन अस्करी ने अपनी समालोचना में आदमी और इन्सान के अन्तर को सोच का केन्द्र भी बनाया। नितान्त सर्जनात्मक साहित्य में भी आदमी के व्यक्तित्व के अन्दर छुपे हुए इन्सान का तादात्म्य स्थापित करने की प्रवृत्ति आम तौर से उभरी। इक़बाल ने इस सन्दर्भ में ज़मीन हमवार कर दी थी और एक ऐसे 'इन्सान' की शिनाख़्त कर दी थी, जो मात्र सामाजिक गुणों का एल्बम नहीं था प्रत्युत उसमें बहुत-सी आध्यात्मिक विशेषताएँ भी विद्यमान थीं, जो एक आदर्श जीवन के लिए अपरिहार्य है। जोश ने इक़बाल के अनुकरण में इन्सान 'इन्सान' का शोर तो बुलन्द किया किन्तु उनकी 'इन्सान' की परिकल्पना अत्यन्त सतही थी। प्रगतिशील लेखकों ने भी 'इन्सान' की अवधारणा प्रस्तुत करने का प्रयास किया। किन्तु यह 'इन्सान' नैतिक स्तर के एक गुण विशेष का प्रतिनिधि था अर्थात् वह समाज में सामाजिक न्याय की माँग करता था। उसकी हैसियत एक मुंसिफ की तो अवश्य थी लेकिन किसी कोलम्बस की कदापि नहीं थी। दूसरे इस इन्सान का रूप रंग इतनी स्पष्टता के साथ वर्णित कर दिया गया था कि यदि वह हाड़-मांस की ज़िन्दगी में कहीं विद्यमान होता तो पुलिस बड़ी आसानी से उसे तलाश कर सकती थी। परन्तु पाकिस्तान में रची जाने वाली उर्दू कविता ने जिस नये इंसान (मानव) के आविर्भाव की ख़ुशख़बरी दी थी, वह मात्र एक छाया थी जिसके रूपाकार तक स्पष्ट नहीं हुए थे। अतएव कभी-कभी तो वह मात्र अपने पाँव की चाप या हाथ की दस्तक से पहचाना गया। राशिद ने तो उस इन्सान को ला (ला=लाभ+आलिफ) के तुल्य क़रार देते हुए एक प्रश्नवाचक चिह्न (?) बना दिया जिसे तलाश करने का प्रयास ही नयी उर्दू कविता की पहचान माना गया। पिछले पच्चीस बरस की उर्दू ग़ज़ल में यह नया 'इन्सान' उस दूसरे अस्तित्व (हस्ती) के वेश में उभरा है जो वर्तमान के कारागार से बाहर आने के लिए व्याकुल है। यद्यपि स्पष्ट रूपाकार से वंचित है फिर भी एक आन्तरिक शक्ति का भरपूर अवलोकन कर रही है। शहज़ाद अहमद, नासिर काज़िमी, अख़्तर होशयारपुरी, जफ़र इक़बाल, कैफ अंसारी, जमील यूसुफ़, रशीद कैसरानी, बाक़ी सिद्दीक़ी, अफ़ज़ल मिनहास, खातिर ग़ज़नवी, सलीम शाहिद, मोहसिन एहसान, रियाज़ मजीद, कश्वर नाहीद,

इक़बाल साजिद, अहसन ज़ैदी, अकबर हमीदी, इनसब के यहाँ इस 'दूसरे जीवन' के अस्तित्त्व को आसानी से महसूस किया जा सकता है।

यही दूसरी हस्ती (अस्तित्व) पाकिस्तान की नयी प्रतीकात्मक कहानी में भी उभरी है। देखने में तो यूँ महसूस होता है कि शुरू-शुरू में जब कठोर यथार्थवादी प्रवृत्ति के अन्तर्गत चरित्र (किरदार) को चुँधियाँ देने वाली रोशनी में प्रस्तुत करने की कोशिश हुई तो चरित्र से उसकी परछाईं छिन गयी थी। किन्तु जब नयी प्रतीकात्मक कहानी में एक धुँधले और स्वप्निल परिवेश का सृजन हुआ तो चरित्र अपनी परछाईं समेत सामने आया और अधिकतर कथाकारों ने चरित्र के बजाय उसकी परछाईं में दिलचस्पी लेनी शुरू कर दी जिसके फलस्वरूप यही परछाईं 'दूसरी हस्ती' (अस्तित्व) के रूप में प्रकट हुई। अर्थात् उसका वजूद (अस्तित्व) केवल मूल की प्रतिलिपि न रहा प्रत्युत वह एक स्वतन्त्र अस्तित्व की तरह मूल के उदर में हुमकने लगा। चूँकि अफ़साना किसी-न-किसी रूप में कहानी और चरित्र की भाषा ही में स्वयं को प्रस्तुत करता है। अतः कहानी के चिह्नों के मद्धिम पड़ जाने के बावजूद एक स्वप्निल-सी नैन-नक्श वाली कहानी पार्श्वभूमि के रूप में अफ़साने में सदा विद्यमान रही। इसी प्रकार चरित्र पूर्णातया लुप्त न हुआ प्रत्युत ऐसे अस्तित्व में ढल गया जिसके रूपाकार स्पष्ट नहीं थे। यह अच्छी बात थी अन्यथा अफ़साना अफ़साना न रहता कुछ और बन जाता। फिर भी दिलचस्प बात यह है कि कहानी में एक स्वप्निल परिवेश की सृष्टि और 'दूसरे अस्तित्व' से परिचित होने का प्रयास मूलतः वही प्रतीकात्मक रवैया था, जो कविता में विकसित हुआ था और जिसके माध्यम से कवि ने एक अनदेखे और अनछुए संसार को तलाश करने का प्रयत्न किया था। अतः पाकिस्तान की प्रतीकात्मक कहानी प्रतीकवाद की विस्तृत परम्परा ही का अंग बनी तथा उसने दूसरी विधाओं जैसे नज़्म, ग़ज़ल, ललित निबन्ध आदि की भाँति व्यक्तित्व के विस्तृत द्वन्द्वों (dia-1 ctices) का पर्यटन किया जिसके फलस्वरूप कुछ ऐसे कहानीकार भी जो कहानी के दूसरे क्षेत्रों में ख्याति अर्जित कर चुके थे, प्रतीकवाद के प्रति आकर्षित हुए तथा इस विद्या में भी कुछ अविस्मरणीय कहानियों की रचना की– उदाहरणार्थ– गुलामुस्सकलैन नक़वी और एक पूरी पीढ़ी ऐसे कहानीकारों की सामने आयी जिसने प्रतीकात्मक रवैये को ही सबसे अधिक महत्त्व दिया। इन्तिज़ार हुसैन ने जिनकी ऊपर चर्चा हो चुकी है प्राचीन पौराणिक परिवेश के दर्पण में 'वर्तमान' के परिवेश और चरित्र की परछाईं देखी। इसी प्रकार अनवर सज्जाद और खालिद असग़र के यहाँ भी प्रतीकात्मक अन्दाज़ प्रस्फुटित हुआ। किन्तु सही अर्थों में प्रतीकात्मक कहानी लेखन के सिलसिले में

सबसे महत्त्वपूर्ण नाम रशीद अमजद का है। रशीद अमजद ने न केवल एक विशिष्ट वैयक्तिक शैली अंगीकृत की प्रत्युत कहानी और उसके चरित्रों के अनुकरण में एक बिलकुल नये और अनछुए द्वन्द्व का चित्रण किया। इसी प्रकार मुश्ताक क़मर ने भी कतिपय सुन्दर और विचारोत्तेजक कहानियाँ लिखीं। बाद में इस प्रवृत्ति में काफी वृद्धि हुई और पाकिस्तान के प्रतीकात्मक कथाकारों की संख्या में क्रमशः वृद्धि होती चली गयी। मुहम्मद मंशा याद, शम्म नौमान, मिर्जा हामिद बेग, अहमद दाऊद, समी आहूजा, एजाज़ राही, ए. खय्याम और अनेक दूसरे कथाकारों की उपलब्धि इस सिलसिले में उल्लेखनीय है।

प्रतीकात्मक कहानी की इस प्रवृत्ति ने एकाकीपन की कहानी को भी करवट दी। जैसे–प्रतीकात्मक कविता ने गद्य काव्य (स्त्री नज़्म) को प्रेरणा दी थी। यह उल्लेखनीय है कि एकाकीपन की कहानी और गद्य नज़्म (स्त्री नज़्म) एक ही वस्तु के दो नाम थे। अन्तर यही था कि गद्य नज़्म को नज़्म की शैली में और एकाकीपन की कहानी को कहानी की शैली में लिखा जाता था अन्यथा दोनों मूलतः गद्य में कविता की सतह पर पहुँचने हो के प्रयास थे। तथापि अधिकतर समालोचकों का विचार था कि चूँकि कहानी, चरित्र और कथा से पूर्णातया कटकर और कविता वृत्त, छन्द से सर्वथा च्युत होकर जीवित नहीं रह सकती, इसलिए एकाकीपन की कहानी को कहानी की कोटि में और गद्य नज़्म की कविता के अन्तर्गत गणना नहीं करना चाहिए। इन लोगों का यह भी विचार था कि एकाकीपन की कहानी और गद्य नज़्म न तो कहानी है और न कविता प्रत्युत एक ऐसी यायावरी विधा है जिसने ज़मीन में अपनी जड़ें अभी नहीं उतारीं। जिस दिन ऐसा हो गया, इस विधा के रूपाकार भी स्पष्ट हो जायेंगे। कहना न होगा पाकिस्तान में रचे जाने वाले उर्दू साहित्य में जहाँ इस यायावरी विधा में रचना करने के प्रयास हुए, वहीं उसके बारे में कटु और तल्ख विचारों का आदान-प्रदान भी हुआ। किन्तु अब तूफ़ान के पश्चात् आच्छादित हो जाने वाली ख़ामोशी का युग है।

अनुवाद : **शीश ख़ान**

एक कम्युनिस्ट का कत्ल

•

इसहाक़ मोहम्मद

पाकिस्तान में सत्ता विरोधियों का दमन, उनकी हत्या अब एक प्रचलित बात है। विशेष रूप से वामपन्थी सियासतदानों और रचनाकारों को पाकिस्तान में कभी बर्दाश्त नहीं किया जा सका। हसन नासिर जो पाकिस्तान के एक उभरते हुए साम्यवादी कार्यकर्ता और अदीब थे, लगभग डेढ़ दशक पूर्व लाहौर के क़िले में पाकिस्तान की जालिम सरकार के भ्रष्ट और क्रूर नौकरशाहों के हाथों कत्ल कर दिये गये।

इसहाक़ मोहम्मद नाम के उनके एक वामपन्थी व उत्साही मित्र हसन नासिर से सम्बन्धित मुकदमे और उनके सम्बन्ध में किये गये प्रयासों की कहानी अपनी मार्मिक शैली में मुस्तब की है। इस मुकदमे की कार्यवाही ने, जो वहाँ के समाचारपत्रों में बराबर छपती रही पाकिस्तान के नागरिकों को झिंझोड़ कर रख दिया।

डॉ. मोहम्मद हसन अपनी पाकिस्तान यात्रा के दौरान इसहाक़ मोहम्मद से मिले थे और उनसे ही उन्हें यह परचा मिला था, जिसे उन्होंने अपनी पत्रिका 'असरी अदब' में प्रकाशित किया था। 'असरी अदब' के प्रति आभार के साथ हम उस परचे के कुछ महत्त्वपूर्ण अंश प्रस्तुत कर रहे हैं। शहीद हसन नासिर की दो नज़्में भी छापी जा रही हैं। इन नज़्मों से सामान्यजन के प्रति उनकी प्रतिबद्धता व सहानुभूति का अन्दाजा लगाया जा सकता है।

—सम्पादक

लाहौर की सदियों की धूप बड़ी लतीफ़ शय है। लाहौर में जब रहता था तो अक्सर अपराह्न को माल रोड पर चहलक़दमी को निकल जाता था। नवम्बर 1960 के मध्य में मैं जब माल रोड की तरफ़ गया तब वहाँ बड़ी रौनक़ थी। खाते-पीते

पंजाबियों का यह ठिकाना है जो अनाज की अधिकता और चिन्ता की कमी के कारण अपनी ज़िन्दादिली के लिए प्रसिद्ध हैं। मैं ख़ुश था, मेरी दुनिया भी ख़ुश थी। आर्ट्स काउंसिल के गेट पर पहुँचा तो उसमें घूम गया। फ़ैज़ साहब के कमरे में पहुँचा तो एक धक्का-सा लगा। फ़ैज़ के चेहरे पर गहरा दुःख छाया हुआ था। मुझे देखते ही उठ खड़े हुए और बोले, चलो कहीं चाय पियें। मैं परेशान हो गया। बिलकुल लड़खड़ा-सा गया। फ़ैज़ को ग़म में डूबे अक्सर देख चुका था। चार साल की क़ैद के दौरान पीड़ा के कई अवसर आये थे। मसलन मुक़दमे की कार्यवाही जारी थी कि अचानक उनके भाई के निधन का समाचार आया था। यह भाई लाहौर से हैदराबाद आये थे और नमाज पढ़ते वक़्त, जो सिजदे में गये तो फिर न उठे। जेल की बेवसी ने इस दुःख को बहुत गहरा कर दिया था लेकिन उस दिन भी मैंने उनको ऐसी हालत में न देखा था।

रेस्तोराँ में सन्नाटा था। उसे आबाद करने वाले आफ़िसों में बन्द थे। लेकिन फ़ैज़ ने उस वक़्त तक मुँह न खोला, जब तक वैरा चाय का सेट रखकर दूर न हट गया।

"तुम्हें मालूम है क़िले में हमारा कौन आदमी बन्द है?" फ़ैज़ ने सहमे हुए लहजे में पूछा।

"नहीं तो, हसन नासिर?"

"हाँ।"

"पिछले माह मैं वहीं बन्द था, तो मुझे शक था कि वह वहीं है या वहाँ होकर गया है। मैंने एक सी.आई.डी. वाले से पूछा था तो उसने इनकार किया था। कहता था वह कराची से सम्बद्ध है। एक साहब ने अलबत्ता कुछ दिन हुए मुझे बताया था कि क़िले में वह नज़रबन्द है। उसे यातना दी जा रही है बेपनाह यातना।" फ़ैज़ ने चाय से भरी प्याली को हाथ नहीं लगाया था। अलबत्ता सिगरेट के तेज़-तेज़ कश लगा रहा था। मेरे हाथ में थमी हुई प्याली तश्तरी पर से गिर-सी पड़ी। वैरा चौंककर क़रीब आ गया, फ़ेज़ ने हाथ के इशारे से उसे परे हटा दिया।

"बे पनाह यातना?" मैंने आह भरी।

"हाँ हमीद अख़्तर ने बताया है। दूसरे माध्यमों से भी यह बात मुझ तक पहुँची है। तुम्हें ख़बर नहीं? मैं तो समझता था कि सारा शहर जानता है।"

"आपके तो ज़िन्दगी के हर शोबे में अक़ीदत मन्द मौजूद हैं ...।"

"हमीद अख़्तर के मोहल्ले की एक औरत का पति क़िले में बन्द है। हमीद अख़्तर की इंटेलिजेंस के एजाज़ हुसैन शाह से याद अल्लाह है। उसकी सिफ़ारिश

पर उस औरत को अपने पति तक खाना ले जाने की इजाज़त मिली हुई है। उसका कहना है कि क़िले में एक सियासी क़ैदी को यातना दी जा रही है। उसकी तकलीफ़ज़दा दहाड़ों से क़िले के दूसरे वासी सहम गये हैं। औरत ने कहा है कि तीन दिन तक क़िले को बन्द रखा गया है और वह अपने पति तक नहीं पहुँच सकी है।"

"कब की बात है?"

"पूरी ख़बर नहीं, यही तीन चार दिन हुए हमीद अख़्तर मिला था। ताज्जुब है तुम्हें ख़बर नहीं हुई। मैं तुम्हारे पास आने की सोच रहा था। हसन नासिर हैदराबाद दक्षिण के एक दौलत मन्द घराने के फ़र्द हैं। उसके रिश्तेदार पाकिस्तान में मजूद होने चाहिए।"

"कराची में होंगे। आपने किसी को टेलीफ़ोन कर लिया होता।"

"मैं किसी को जानता नहीं हूँ।"

"अता को टेलीफ़ोन करता हूँ, शायद वह किसी को खोज निकाले। ज़्यादा वक़्त गँवाने की गुंजाइश नहीं थी इसलिए हम लोग वहाँ से निकल आये। फ़ैज़ आर्ट्स काउंसिल वापस हो गये। मैं अपने दफ़्तर रवाना हो गया। माल रोड बदस्तूर ज़िन्दा दिल बनी हुई थी। लेकिन यह सीन मुझे एक आँख नहीं भा रहा था। मैं ग़मज़दा भी था और बहुत ग़ुस्से में भी।

एक ग़ुस्सा तो मुझे फ़ैज़ पर आ रहा था कि महज़ काहिली की वजह से इतना बड़ा पत्थर सीने पर रखे फिरता था। ज़िक्र तक न किया। साथ ही ख़ुद पर ग़ुस्सा आ रहा था कि फ़ैज़ बता भी देते तो मैं क्या कर लेता। अब क्या कर लूँगा। क़िले की सी.आई.डी. वालों को कोस रहा था कि एक ग़रीब शहरी पर दरिन्दों की तरह झपट रहे थे। शासकों पर लानत भेज रहा था कि हसन नासिर जैसा इन्सानियत का शाहकार उनकी हवस और खौफ़ के हाथों यातना का निशाना बना हुआ था।

लुढ़कता-फुड़कता किसी तरह दीवानगी के आलम में दफ़्तर पहुँचा। कराची के लिए काल बुक करायी। कराची का टेलीफ़ोन मिला तो मालूम हुआ कि अता शाम को मिलेंगे। उनके लिए पैग़ाम दिया कि ज्यों ही आयें मुझे अर्जेंट टेलीफ़ोन करें। ख़ुद इन्तजार में वहीं बेठ गया।

दफ़्तर ख़ाली था। कई घण्टे आशंकाओं में बीत गये। कल्पना की आँख मुझे तरह-तरह के भयानक सीन दिखा रही थी। जंग के दिनों में मैं वर्मा और मलाया रहा था। वहाँ जापानियों के त्रास और यातना देने के तरीक़ों की विस्तृत जानकारी प्राप्त की थी। शाही क़िले के बारे में भी बहुत-सी दास्तानें सुन रखी थीं। ख़ुद मुझे दो दफ़ा वहाँ रखा गया था। अन्धा हो जाने की बात अपने तजुर्बे से हासिल की

थी। कोई महीना-भर पहले मैं एक माह की क़ैद काट कर क़िले से रिहा हुआ था।

मुझे जिस कोठरी में रखा गया था, उसमें एक ही सुराख था जो उसका दरवाज़ा था या पाखाने की मोरी थी, जो दरवाज़े के बग़ल में थी। दरवाज़ा उत्तर में खुलता था इसलिए सूरज की किरणें कमरे में दाख़िल नहीं होती थीं। महीना भर मैं सूरज नहीं देख सका था। इसलिए जिस दिन रिहा हुआ हूँ उस दिन सूरज देखा था।

हसन नासिर के किसी रिश्तेदार की तलाश इसलिए थी, क्योंकि क़िले में सिर्फ़ क़ैदी के रिश्तेदार मिल सकते थे। मैं चाहता था कि उसका कोई रिश्तेदार आकर मुलाक़ात का सिलसिला बनाये, जिससे हमें सही-सही हालात की आगाही हो और हम उसकी मदद के लिए अफ़सरों के दरवाज़े खटखटायें। मुमकिन है, ज़ुल्म के लिए उठते हुए हाथ सिमट जायें। अँधेरे की अलाएँ–बलाएँ रोशनी की किरन को बढ़ते हुए देखकर इधर-उधर टल जायें या कम-से-कम हमारे दोस्त को ढाढ़स बँधे और वह मुश्किलात की घड़ियाँ ज़्यादा मज़बूती से बर्दाश्त कर सकें और बक़ौल फ़ैज़ उसमें यह अहसास पैदा हो सके कि—

हो न हो कि अपने क़बीले का भी कोई लश्कर
मुतंज़र होगा अँधेरे की फ़सीलों के उधर

लाहौर के शाही क़िले के बन्दी गृह का सरकारी दर्जा एक छोटी जेल का है जो डिप्टी इंस्पेक्टर जनरल सी.आई.डी. की तहवील में है। पिछले दरवाज़े से क़िले में दाख़िल होकर सड़क पर चढ़ते जायें और दीवाने-आम के सामने वाले मैदान की सतह पर पहुँचते ही दायें को घूमें तो सामने उसी बन्दीगृह का फाटक है। फाटक के अन्दर साथ ही बायें को नयी बनी हुई कोठरियों की एक क़तार है। सुना जाता है, यह स्मगलरों तथा दूसरे और सियासी मुजरिमों के लिए है। उसके ज़रा-सा आगे बायीं तरफ़ को ही मुग़लों की एक दीवार है, जिसमें एक मामूली-सा दरवाज़ा है। उस अहाते में छह के क़रीब अलग-अलग कोठरियाँ हैं। इनको इस ढंग से बनाया गया है कि एक कोठरी से दूसरी कोठरी में नहीं झाँका जा सकता। फाटक के अन्दर दायें को एक रास्ता दीवार के साथ-साथ नीचे उतर जाता है। वहाँ भी क़ैदियों के लिए तहखाने हैं। फाटक के ऐन सामने दो मंज़िला इमारत है जिसकी निचली मंज़िल हक़ीक़त में आधी ज़मीन के अन्दर है। दूसरी मंज़िल में दफ़्तर है। उससे लगी हुई दो कोठरियाँ हैं। यह क़ैदखाना दरअस्ल सी.आई.डी. का जाँच केन्द्र है। एक वक़्त में यहाँ बीस के क़रीब क़ैदी रखे जाते हैं। जिनको पूछ गूछ मुकम्मल होने पर आम

जेल भेज दिया जाता है। इस केन्द्र को अंग्रेज़ों ने तरतीब दिया था और उनके ज़माने में बाज़ सिपाही नेता यहाँ रखे जा चुके थे।

इस जगह को जेल कहना जेल की हँसी उड़ाना है। यह तो वह खौफ़नाक कोल्हू है जिसमें शासकों वर्ग के विरोधियों को शारीरिक और मानसिक तौर पर पेला जाता है। हर कोठरी में दो तरह के दरवाज़े होते हैं। लोहे का जंगला और लकड़ी के किवाड़। आमतौर पर लोहे के जंगले पर ताला लगा रहता है। सामने राइफ़ल पर संगीन चढ़ाये सन्तरी टहलता रहता है। लकड़ी के किवाड़ उस वक़्त बन्द कर दिये जाते हैं जब क़ैदी को बाहर न झाँकने देना हो। सोने के लिए सीमेंट का चबूतरा होता है। दो मिट्टी के घड़े होते हैं जिनमें भिश्ती अक्सर बाहर से ही पानी भर जाते हैं। रोटी भी बाहर के जंगले से ही दे दी जाती है। कोठरी की एक दीवार में सूराख़ करके पाखाना बनाया होता है जिसको भंगी बाहर से आकर साफ़ कर जाता है।

मुझे दो दफ़ा क़िले ले जाया गया। मार्च 1959 में कोई दस दिन के लिए। जब मुझे जेल गये कोई पाँच माह हो चुके थे। और 22 दिसम्बर, 1960 को मुझे घर से पकड़ के सीधे क़िले में ले जाया गया और एक मास बाद छोड़ दिया गया। दोनों बार दफ़्तर में बुलाकर मुझसे सरसरी पूछ-गूछ की गयी। मैं एक खुली हुई ज़िन्दगी गुज़ारता हूँ। ज़ाहिर है मेरे बारे में कोई खुफ़िया बात नहीं थी। हसन नासिर का मामला कुछ और था। वह लगभग दो वर्ष भूमिगत रहा था। उसके सम्पर्क जानना ही बड़ी पूछ गूछ का काम था।

1959 में मेरे साथ काफ़ी नर्मी बरती गयी। उसकी बड़ी वजह शायद यह थी कि मेरी गिरफ़्तारी 15 अक्तूबर, 1958 को शेख मंजूर क़ादिर के दफ़्तर से हुई थी जहाँ मैं उनसे वकालत सीख रहा था। शेख़ साहब ने इस पर सरकारी क्षेत्र में बड़ा विरोध किया था। उस वक़्त नया-नया मार्शल ला लगा था। मुल्क में आतंक फैला हुआ था। शेख़ साहब की इस हरकत पर लोगों को बहुत आश्चर्य हुआ। अतः कहा जाता है कि जल्द ही इनका कराची से सरकारी बुलावा आया तो उनके घर वाले घबरा गये कि उनके ख़िलाफ़ कार्रवाई होगी। लेकिन हुआ उल्टा, उन्हें विदेश मन्त्रालय सौंप दिया गया। हाल में प्रधानमन्त्री जुल्फिक़ार अली भुट्टो ने मुझे बताया कि मंजूर क़ादिर ने मन्त्रालय में भी मेरी गिरफ़्तारी का सवाल उठाया था तो फ़ील्ड मार्शल अय्यूब खाँ उन पर बरस पड़ा था—

"Oh, that bloody communist. He should be executed. If I were you, I should keep away from him."

पुलिस वालों को अय्यूब ख़ाँ की इस बात की ख़बर शायद नहीं हुई। बहरहाल मेरे साथ सम्भावित सुलूक नहीं किया गया, बल्कि शाम की टहलाई के वक़्त वहाँ

का इंचार्ज इंस्पेक्टर शेख़ इकराम भी मेरे साथ टहलने लगा था और विभिन्न विषयों पर बात करता था। मुमकिन है यह भी पूछ-गूछ का तरीक़ा हो, वह अक्सर कहा करता था कि देखिए मेजर साहब और हम कौमी मामलात में मतभेद रख सकते हैं लेकिन हम पाकिस्तान के वफ़ादार हैं। (एक कोठरी की तरफ़ इशारा करके) लेकिन आप इस हिन्दू के बारे में यह नहीं कह सकते। मैं कहता हूँ, भाई आदमी पर निर्भर है और उसके हितों पर। हिन्दू से मुराद उसकी कामरेड सौभाग्य नौचन्दानी से है, जो सिन्ध के मशहूर तरक्की पसन्द हैं। इस मौक़े पर मुझे न सिर्फ़ दफ़्तर से टेलीफ़ोन करने दिया गया, बल्कि सौभाग्य से मिलने भी दिया गया जिनसे ज़रूरी काग़ज़ात हासिल करके मैंने उनकी रिहाई के लिए हाईकोर्ट में रिट दायर की थी।

हसन नासिर के मुक़दमे के दौरान मेरा ध्यान बार-बार क़िले के उस डरावने और रहस्यमय माहौल की तरफ़ जाता था। हसन नासिर के मुक़दमे के खात्मे के कुछ दिनों के बाद मुझे रावलपिण्डी जाना पड़ा। मेरे दोस्त रज़ा काज़िम मुझे खींचकर शेख़ मंजूर क़ादिर के पास ले गये। बातों-बातों में हसन नासिर के मुक़दमे का ज़िक्र आया। शेख़ साहब ने मुझसे मुखातिब होकर कहा, “तुम्हें शहीद बनने का शौक़ है, अब तो ग़ैर-मुल्कों में इस घटना से पाकिस्तान की बदनामी हो रही है। शायद हुआ यह है कि तफ़शीश (जाँच) के दौरान किसी पुलिस वाले ने हसन नासिर के पेट में ठड्डा मार दिया होगा, वह लाग़र आदमी था। शायद तिल्ली फट गयी हो।” गोया जब तिल्ली फट गयी तो खुफ़िया इलाज कराने की कोशिश की गयी हो। जब यह कामयाब न हुआ हो तो ख़ुदकुशी का ढोंग रचाया गया हो या गला घोंटने को ख़ुदकुशी का नाम दिया गया हो। बदनामी के डर से लोग अपनी बेटियों का गला घोंट देते हैं। एक ग़रीब बेचारा मददगार किस खेत की मूली है।

क़िले का सबसे बड़ा त्रास यह है कि क़ैदी को इस बात का शिद्दत से अहसास दिलाया जाता है कि वह बेयारोमददगार है। संगीन चढ़ी बन्दूक़ वाला सिपाही हर वक़्त उसके सर पर सवार रहता है। लेकिन बिल्कुल ख़ामोश। आदमी को आदमी के साथ इससे बढ़कर और क्या तकलीफ़-देह स्थिति हो सकती है। हफ़्तों गुज़र जाते हैं और किसी परिचित चेहरे के दीदार नहीं होते। कभी-कभी आधी रात के वक़्त एक तरफ़ से एक दर्दनाक हूक फ़िजा को चीरती हुई उठती है और क़ैदी का कलेजा मुँह को आ जाता है। विश्वासपूर्वक यह नहीं कहा जा सकता कि पुलिस वाले स्वयं ही एक विशेष प्रकार का भयावह वातावरण बनाने के लिए यह नाटक खेलते हैं या सचमुच यातना झेल रहा कोई क़ैदी अपनी सहनशक्ति खो बैठता है और दुहाई दे उठता है, जिसका सुनने वाला कोई होता भी है तो उसकी जान सूख जाती

है। जिस समाज में इस क़िस्म के नासूर हों, जिस क़ौम को इस क़िस्म की संस्थाओं की आवश्यकता हो, उसकी सारी शक्ति धोखा और उसका भविष्य अन्धकारपूर्ण है।

अता के टेलीफ़ोन का इन्तज़ार मुझे रात गये तक करना पड़ा। जब वह आया तब मैंने बड़े मोहतात अन्दाज़ में उसके साथ बात की क्योंकि मैं जानता था कि मेरा और शायद उसका भी टेलीफ़ोन टेप हो रहा था। मैंने उससे कहा कि हसन नासिर क़िले में नज़रबन्द है और बड़ा बीमार है। वह उसके किसी क़रीबी रिश्तेदार को ढूँढ़ निकाले और उससे कहे कि हसन नासिर से मुलाक़ात करे। उसने बताया कि कुछ साल गुज़रे वह उसके एक मामू के बारे में जानता था कि डॉक्टर है और कराची में रहता है। वह उसका पता चलाने की कोशिश करेगा। अता ने अगले दिन शाम को टेलीफ़ोन करने का वायदा किया।

20 नवम्बर, 1960

अगले चौबीस घण्टे मैं गोया दहकते अंगारों पर लोटता रहा। इस सारी कार्रवाई का खुफ़िया रखना ज़रूरी था क्योंकि पंजाब पुलिस के हाथ बहुत लम्बे हैं। मैं चाहता था हसन नासिर का कोई-न-कोई रिश्तेदार लाहौर पहुँच जाये, ताकि एकदम बचाव के अभियान को शुरू किया जा सके।

रात गये अता का टेलीफ़ोन आया, उसने एक अजीब-सी हालत का नक्शा खींचा। उसने बताया कि वह जब डॉ. मेंहदी हसन के घर पहुँचा तब उन्हें बहुत परेशान पाया। उन्होंने अता को खुफ़िया पुलिस का आदमी समझा और उसकी बड़ी खातिर मदारात की और बड़ी नर्मी से बातें करते रहे। कहने लगे मैं दिल का मरीज़ हूँ। आपकी इच्छानुसार आपको मेरा इजाज़तनामा मिल गया होगा। अता ने इससे लाइल्मी का इजहार किया और मेरा पैग़ाम पहुँचाया। वह और भी दुखी हो गये और अब कुछ नहीं हो सकता, कुछ नहीं हो सकता, कहते हुए अन्दर चले गये। अन्दर से थोड़ी देर के बाद उनकी बेगम दीवाना वार बाहर आयीं और चीख़-चीख़ कर अता को घर से निकाल दिया। अता विस्मित से, अपमानित से बाहर निकल आये और इधर-उधर लोगों से दरयाफ़त करने लगे कि क्या डॉक्टर साहब को कोई सदमा तो नहीं पहुँचा। उनको सिर्फ़ इतना पता चला कि हफ़्ता भर से डॉक्टर साहब ने अपने काम पर जाना छोड़ दिया है और घर से बाहर नहीं निकलते, जबकि कई बार पुलिस की गाड़ियाँ आयी-गयीं। मुहल्ले वाले ख़ुद परेशान थे। अता से मैंने पूछा कि क्या मामला हो सकता है। उसने बताया कि डाक्टर साहब के पास कोई बहुत बुरी ख़बर आयी-सी लगती है। उनकी बेगम की घबराहट से ज़ाहिर होता है कि

उनको कोई बड़ा ख़तरा दरपेश है। शायद पुलिस ने धमकाया हो। अता का ख़याल था कि हसन नासिर मरहूम हो गये हैं। वह टेलीफ़ोन पर ज़्यादा बात न कर सका। सिर्फ़ इतना कहा कि मैं जो कुछ भी करूँ वह मेरा पूरा-पूरा साथ देगा।

हसन नासिर के मुक़दमे में जिस चीज़ ने मेरा हौसला बनाये रखा, वह देश-वासियों की बेनज़ीर उल्फ़त थी, जिसका इज़हार उन्होंने मुक़दमे के हर मोड़ पर मेरी पूरी-पूरी मदद करके किया। मार्शल ला के दिन थे। अय्यूबशाही चरम पर थी। मुल्क में कोई दम नहीं मार रहा था, फिर भी लाहौर ऐसे लोगों से भरा पड़ा था जिन्होंने हसन नासिर का नाम तक न सुना था लेकिन जब मुक़दमा शुरू हुआ तब उनके ठठ-के-ठठ अदालत का कमरा खचाखच भर देते थे, बल्कि भीड़ बरामदे तक फैल जाती थी। खुफ़िया पुलिस वाले अपने लाव-लश्कर समेत मौजूद रहते थे। लेकिन शाबाशी है लाहौर वालों को कि सीना ताने उन्हें कोसते रहे। मेरे दफ़्तर में छात्रों और सियासी कार्यकर्ताओं का हर शाम को जमघट होता था। वकीलों में मियां महमूद अली कसूरी, मियां मंज़र बशर, आबिद हुसैन मंटो, चौधरी फ़ज़ल हुसैन, मिस नुदरत अल्ताफ़, सैफ़ खालिद और दूसरे कई वकीलों ने मदद की। हाईकोर्ट के भूतपूर्व जज मियां खलाक़ हुसैन, उनकी बेगम हुमा, उनके साहबजादे मदहत काज़िम ने इस मामले को इस तरह उठाया कि गोया यह मुक़दमा उनका है और मैं उनका वकील हूँ। सियासी कारकुनों में कॉमरेड लाल ख़ाँ (मरहूम), असलम आवान बड़े चौकस रहे। मेरे भाई अनवर चौधरी उन दिनों तालिब इल्म लीडर थे, जो तालिब इल्मों (छात्रों) का एक बहुत बड़ा समूह लिये अदालत में मौजूद रहते थे। 'पाकिस्तान टाइम्स', 'इमरोज़', 'सिविल एंड मिलेट्री गजट' और दूसरे अख़बार विस्तार से मुक़दमे की कार्यवाही प्रकाशित करते रहे। इस मंज़र से घबड़ाकर एडवोकेट जनरल एम. अनवर अदालत में बिलबिला उठा था, "अराजक तत्त्वों को जब अपनी सियासत चलाने की कोई सूरत नज़र न आयी तब उन्होंने हसन नासिर का शोशा छोड़ा है।" कुछ अर्सा पहले अता और हसन नासिर की अनबन हो गयी थी। हसन नासिर ने उसका ज़िक्र मेरे पास आकर किया था। अता ने कुछ नहीं कहा था और न मैंने ही कुछ बताया था। हसन नासिर 6 अगस्त, 1960 को गिरफ़्तार हुए। इसके थोड़े ही दिनों के बाद मेरा कराची जाना हुआ। वहाँ मेरी अता से मुलाक़ात हुई। हसन नासिर का ज़िक्र करते हुए अता ने कहा कि उसे सूचना मिली है कि हसन नासिर ने जाँच के दौरान बड़ा ग़लत रवैया अख्तियार किया है। पुलिस के पूछने पर उसे जो बात मालूम होती है, कह देता है मालूम है। लेकिन बताने से इनकार कर देता है। यह तो क्रूरता और दमन को दावत देना है।

अता ने कहा था कि वह हसन नासिर को एक अर्से से जानता है और उसे मालूम है कि हसन नासिर जानबूझ कर ऐसा नहीं कर रहा, बल्कि वह झूठ बोल ही नहीं सकता। कुछ दिनों के बाद जब मुझे पकड़कर क़िले ले जाया गया तब एक दिन एक पुलिस वाले ने मुझसे पूछा कि मेजर साहब, आप झूठ बोल लेते हैं तो मैंने जवाब दिया कि यह इस पर निर्भर है कि कौन सम्बोधित है। उसके सवाल से मेरी याददाश्त में एक घण्टी-सी बजी थी और मैंने पुलिस वाले से पूछा कि क्या हसन नासिर भी क़िले में है। उसने झूठ बोला था कि वह कराची का आदमी है, वहीं होगा।

21 नवम्बर, 1960

रात भर मैं पसोपेश में रहा। यह बात तो अब तय थी, इस मामले का बोझ मुझे ही उठाना है। अलबत्ता यह नहीं समझ आ रहा था कि क्या करूँ और कैसे करूँ? अब मैं कई दफ़ा सोचता हूँ कि पुलिस ने सितम्बर में लाहौर में मेरे समेत पाँच गिरफ़्तारियाँ इसलिए तो नहीं की थीं कि हम डर जायें और हसन नासिर का जो हश्र होने वाला था, उस बारे में कोई हलचल न करें। सुबह मैं हाईकोर्ट में एक मुक़दमे की पैरवी करके वापस अपने दफ़्तर आ रहा था कि दो साइकिल सवार क़रीब से गुज़रे। मुझे सुनाते हुए एक ने दूसरे से कहा कि हसन नासिर की ख़ूब गत बनी। मेरे लिए यह भाँपना मुश्किल न था कि ये खुफिया पुलिस के आदमी हैं। जो यूँ भी मेरे साथ साये की तरह लगे रहते थे। पिछले दो दिनों के कराची को किये गये टेलीफ़ोन का रिकॉर्ड ज़रूर खुफ़िया पुलिस के पास होगा और यह फ़िकरा इसलिए कसा गया होगा, ताकि मैं डर जाऊँ और किसी प्रकार की अराजकता न करूँ। मुझ पर इसका उलटा असर हुआ। जो बात मैं छिपा रहा था, वह उन तक पहुँच गयी थी। अत: मैं सीधा मियां महमूद अली क़सूरी के दफ़्तर में चला गया और उनसे बिना किसी संकोच के सारा माजरा कह सुनाया।

मियां क़सूरी से सम्पर्क करने के तीन कारण थे। पहला, शहरी आज़ादी के मुक़दमे लड़ने में उन्हें बड़ी महारत और शोहरत हासिल थी और दायें-बायें बाजू की तमीज़ किये बिना वह बेशुमार सियासी कारकुनों के लिए अदालती चाराहजुई कर चुके थे। दूसरे हसन नासिर, वह और मैं तीनों एक ही पार्टी यानी नेशनल अवामी पार्टी से सम्बद्ध थे। अपने एक साथी की मुसीबत के वक़्त मदद करना उनका भी उतना ही फ़र्ज़ था, जितना मेरा। तीसरे मैं वकालत के मैदान में नया-नया आया था। 1955 में जेल से रिहा होने के बाद ला कॉलेज में दाख़िला लिया था, 1957 में वहाँ से क़ानून की डिग्री ले तो ली थी लेकिन उस वक़्त तक मैं सियासत में गुम

हो चुका था। अक्तूबर, 1958 में मार्शल ला ने सियासत की मशग़ूलियत ठपकर दी और मैं जेल चला गया। मार्च, 1959 में रिहा होकर फिर वकालत की तरफ़ ध्यान दिया था। गोया नवम्बर, 1960 तक यही डेढ़-पौने दो साल वकालत से वास्ता रहा था। इस दौरान भी एक महीना क़िला बन्द रहा था इसके ख़िलाफ़ जिन पर मुक़दमा करना चाहता था, वह अय्यूब शाही के चौकीदार थे और शाही क़िले का बन्दीखाना अय्यूबशाही का महत्त्वपूर्ण आधार था। इसलिए ज़रूरी था कि इतनी बड़ी बात का आग़ाज़ एक बड़े मुँह से हो। कीचड़ में धँसी हुई गाड़ी को धक्का देने की बात थी। एक बार गाड़ी चल पड़े फिर तो मुमकिन है कि इसको धकेलना आसान हो।

क़सूरी साहब ने अदालत की तरफ़ भागने के बजाय एक सही वकालती तरीक़ा अपनाया और लोगों से सम्पर्क किया। जिनकी देख-रेख में हसन नासिर थे, उनकी सूची मैंने उनको दे दी थी। सबसे पहले उन्होंने शहज़ादा हबीब अहमद एस.पी. को टेलीफ़ोन किया, इस एस.पी. ने मियाँ साहब को बताया कि हसन नासिर का वास्ता कराची से था इसलिए उसके बारे में उनके पास कोई जानकारी नहीं। मिस्टर क़सूरी ने मुझे बताया कि हबीब अहमद ने यह भी कहा कि वह इसका बन्दोबस्त करेगा कि अफ़वाह फैलाने वालों के ख़िलाफ़ ज़रूरी कार्रवाई की जाये। इस बात से मेरी तसल्ली न हुई। मैंने अपने तौर सय्यद एजाज़ हुसैन डिप्टी सेंट्रल इंटेलिजेंस आफ़िसर को टेलीफ़ोन किया। उसने मुझे बताया कि उसने क़िला उन्हीं तारीख़ों में छोड़ दिया था, जब मुझे रिहा किया गया था यानी 22 अक्तूबर। इसलिए वह क़िले के बारे में ताज-तरीन सूचनाएँ दे पाने में असमर्थ था। उसने वायदा किया शहजादा हबीब अहमद से मशूरा करके तक़रीबन एक घण्टे के बाद मुझे ज़रूरी इत्तला दे सकेगा। एक घण्टा बाद मैंने उसे फिर टेलीफ़ोन किया तो उसने मुझे बताया कि एस.पी. ने उससे कहा है कि वह कराची से सम्पर्क स्थापित कर रहा है और अगले दिन इस बारे में कुछ कह सकेगा। मैंने उसे दफ़्तर में आकर बात करने का प्रस्ताव किया लेकिन उसने मेरी हौसला अफ़ज़ाई नहीं की और मामले को अगले दिन के लिए मुलतवी करने पर इसरार किया। इस तरह एक क़ीमती दिन गुज़र गया। अपनी बेचारगी पर मुझे अब भी ग़ुस्सा था। मैं बार-बार उद्वेलित हो उठता था, मेरे एक भाई की ज़िन्दगी का सवाल था और इधर एक पूरा दिन व्यर्थ जा रहा था। लेकिन हाईकोर्ट जाने से पहले प्रशासन से तसल्ली कर लेना ज़रूरी था। बहरहाल क़सूरी साहब का यही इरादा मालूम होता था, क़ानूनी मामलों में उनकी राय को मेरी राय पर प्रमुखता प्राप्त थी। इतना हुआ था कि हसन नासिर के सियाहखाने में एक छोटी-सी खिड़की खुल गयी थी, जिससे उम्मीद थी कि उसे अब और यातना नहीं दी जायेगी।

22 नवम्बर 1960

22 नवम्बर की सुबह थी, मैंने सीधे हबीब अहमद एस.पी. को टेलीफ़ोन किया। उसने कहा क्योंकि हसन नासिर कराची से सम्बद्ध था, इसलिए वह इस मामले में किसी प्रकार की सूचना दे पाने में असमर्थ है। साथ ही कहा कि दो-चार दिन में वह इस बारे में बता सकेगा।

मैं पुन: क़सूरी साहब के पास गया और उनसे हाईकोर्ट में हैबियस कार्पस की दरख़्वास्त दायर करने को कहा। अत: उसी वक़्त आवेदन टाइप कराकर हाईकोर्ट में दायर कर दिया गया। क़सूरी साहब स्वयं इस आवेदन पत्र को लेकर चीफ़ जस्टिस एम.आर. क्यानी मरहूम के पास ले गये। उन्होंने फ़ौरन हुक्म जारी कर दिया।

अत: हाईकोर्ट के एक सुपरिंटेंडेंट को लेकर मैं सिविल सिक्रेट्रीएट पहुँचा। मेरा दिल बल्लियों उछल रहा था। हँसने को भी जी चाहता था और रोने को भी। हँसने को बहरहाल इसलिए कि मामले पर जो रहस्यमयी और ख़तरनाक पर्दा पड़ा हुआ था, वह उठ गया है। अब अगर पुलिस वाले मुझे धर भी लेंगे तो क़ानून की गाड़ी किसी-न-किसी तरह चलती रहेगी। दिल डूब इसलिए रहा था कि फ़ैज़ और अता से जो मेरी बातचीत हुई थी और जिसका मैंने अदालत में या अदालत से बाहर किसी से ज़िक्र नहीं किया था, वह बड़ी डरा देने वाली बात थी। हकीम के आने से पहले कहीं मरीज़ का काम तमाम न हो जाये। सचिवालय में पहुँचे तो हमें गृह विभाग के उप सचिव के पास भेज दिया गया। उन साहब को हमने हाईकोर्ट का हुक्म दिया। उन्होंने किसी प्रकार की प्रतिक्रिया व्यक्त नहीं की।आराम से उठकर दूसरे कमरे में चले गये। वहाँ शायद किसी को टेलीफ़ोन किया या मशविरा लिया और वापस आकर हाईकोर्ट के आदेश का दो पंक्तियों में उत्तर लिख दिया कि सी.आई.डी. ने सूचना दी है कि हसन नासिर को कराची में 8 अगस्त, 1960 को पाकिस्तान सुरक्षा क़ानून के तहत एक साल के लिए नज़रबन्द कर दिया गया था। सूचना के अनुसार उसने 13 नवम्बर को आत्महत्या कर ली।

मुझ पर मनो पानी पड़ गया। उस दिन सुबह ही से मेरे ज़हन में अमरीका रोज़नबर्ग जोड़ा इथेल और उसके पति जूलियस आ रहे थे जिनको उनके सियासी अक़ीदे की बिना पर फाँसी मिली थी। ऊपरी तौर से देखने पर उन पर आरोप यह था कि उन्होंने अमरीका के ऐटमीराज़ चुराकर सोवियत यूनियन को दिये थे। जेल में था तो उनके ख़त पढ़ने को मिले थे, जिनको एक किताबी शक्ल दे दी गयी है। मैं उनकी इन्सानियत से मोहब्बत, हक़ परस्ती और आत्मविश्वास का बड़ा कायल

हूँ। फ़ैज़ ने जेल में उनके बारे में एक नज़्म भी लिखी है जिसका शीर्षक है 'हम जो तारीक राहों में मारे गये'। नज़्म का यह अंश बहुत लोकप्रिय हुआ है—

तेरे कूचे से चुनकर हमारे अलम
और निकलेंगे अश्शाक़ के काफ़ले
जिनकी राहे तलब से हमारे क़दम
मुख्तसर कर चले दर्द के फ़ासले।

मेरा ध्यान बार-बार उनकी तरफ़ जाता था कि किस तरह अमरीका का अटारनी जनरल अन्तिम समय तक फाँसी घर में उपस्थित रहा कि शायद उनमें से किसी का पाँव लड़खड़ा जाये, ईमान डगमगा जाये और वह जानबख्शी के काग़ज़ पर दस्तख़त कर सके। लेकिन ये दोनों मियाँ बीबी अपने बच्चों की यादें अपने सीनों से लगाये 'अमन, रोटी और गुलाब' की आवाज़ बुलन्द करते हुए बिजली की कुर्सी पर जा बैठे थे और इस तरह अमरीकी साम्राज्य के हाथों बर्बाद होने वाले लाखों बदनसीबों का अज़ीम निशान बन गये और अपना जिस्म गँवाकर अमरीकी साम्राज्य की आत्मा की दरिन्दगी को उजागर कर गये। मैं भी हसन नासिर को पंजाब के छोटे-मोटे थानेदारों में घिरा हुआ देख रहा था कि किस तरह अंग्रेज़ों के सधाये हुए लोग हसन नासिर को एक ख़ूबसूरत और तवाना शिकार समझकर उसके जिस्म को तकलीफ़ दे रहे होंगे। उसके स्वाभिमान को, उसके पौरुष को पाश-पाश करने के लिए कैसी-कैसी ज़लील हरकतें कर रहे होंगे। उसका विश्वास जीतने के लिए कैसे-कैसे छल कर रहे होंगे और वह स्टंट फ़िल्मों के हीरों की तरह इन घामड़ों को निहायत चातुर्य के साथ धत्ते बता रहा होगा। लेकिन मेरा ध्यान जब रिपोर्ट में दर्ज उसकी अकड़ की तरफ़ जाता था, "मालूम है लेकिन बताऊँगा नहीं" तो पुलिस का यातना चक्र और थाने-दारी मानसिकता की कठोरता और ग़ैर-मानवीयता आँखों में आ जाती थी और मेरे जिस्म में झुरझुरी आ जाती थी। इस पर भी मेरी कल्पना की आँखों ने हसन नासिर को कमज़ोर न देखा। 'अमन, रोटी और गुलाब' पर उसके ईमान को डगमगाते नहीं देखा। अन्तिम विजय पर उसके विश्वास को खण्डित होते नहीं पाया। जिस आदमी ने अपनी ज़िन्दगी के बेहतरीन साल उस वर्ग की सत्ता के लिए समर्पित कर दिये हों जो कारखानों, खेतों, गलियों और बाज़ारों में अमानवीय परिश्रम में पिस रही है। जिनके पास पहनने को चीथड़े और रहने को तारीक गन्दी गलियों की बस्तियाँ हैं।

ऐसा समर्पित व्यक्ति भला अपनी जात पर कैसे विश्वास खो सकता है। अत: डिप्टी सिक्रेटरी ने जब कहा कि हसन नासिर ने आत्महत्या कर ली है तब मैं भड़क उठा और कड़क कर बोला, 'बिल्कुल बकवास है। हरामज़ादों ने फाँसी पहले दी है और अब बाद में बदनाम कर रहे हैं।' उसने चौंककर मेरी तरफ़ देखा और फिर अपनी फ़ाइलों में खो गया, जैसे कुछ हुआ ही नहीं। मेरे अन्दर का शोला भी भड़ककर फ़ौरन ही ठण्डा हो गया था और अब मायूसी के वेग में मेरे घुटने काँप रहे थे।

अनुवाद : **शकील सिद्दीक़ी**

इसी स्नेह के सन्दर्भ में पाकिस्तान के शायर सय्यद हसन नासिर की नज़्म देखें—

बेटे
मैंने नाम तेरा
जुगनू रखा तो सोचा था
जगमग करता जुगनू रात की तन्हाई में
अपने होने का अहसास दिलाता है
ज़िन्दा रहने की तहरीक दिलाता है

लेकिन नाम में क्या रखा है
मैं तो अपने ख्वाबों की तसकीन की खातिर
ख़ुद अपनी पहचान की खातिर
तुझको जुगनू कहता हूँ।

X X X

तमाशे वाला

छुरी घोंप कर जब वह उठा
तो उसने ज़मीन पे गिरे सारे सिक्के उठाये
गिने और कहा :
साहिबो!
यह मालूम है और मैं आमिल[1] हूँ इसका

1. अमल करने वाला।

मगर इस भरे शहर में मेरी क़ीमत ही क्या है
यही चन्द सिक्के मेरी औलाद के ख़ून से महँगे,
जो मेरे भी आमिल[1] हैं

छुरी खींच कर ज़र्द पड़ने लगा
और बोला
चलो बेटा! उठो, चलें दूसरे चौक में
आज के वास्ते हमको एक और मजमा लगाना पड़ेगा।

[प्रस्तुति : **शक़ील सिद्दीक़ी**]

नासिर काज़िमी की ग़ज़लें

नासिर काज़िमी महज एक अच्छा ग़ज़लगो ही नहीं एक अज़ीम ग़ज़ल था। ऐन उस दौर में जब सिंफे ग़ज़ल अपनी बाज़ पाबन्दियों और हृदबन्दियों के बाअस दूसरी विधाओं के मुकाबले दबने लगी थी। नासिर ग़ज़ल का ही अलम बुलन्द करके उठा और अपनी जीती-जागती शायरी से ग़ज़ल के वक़ार को बहास कर गया। ग़ज़ल में समकालीन समस्याओं का प्रतिपादन तो अल्लामा इक़बाल के साथ ही शुरू हो गया था और तरक्की पसन्द अदब की तहरीक़ ने भी ग़ज़ल को नयी क्षमताओं से परिचित कराया। मगर नासिर के पास अभिव्यक्ति का जो दिल आवेज़ सलीका था, वह आधुनिक होते हुए भी ग़ज़ल की फिज़ा से हम आहंग था। नासिर की आधुनिकता ग़ज़ल की रिवायत ही से फूटी थी। इसलिए नासिर और उसके कारी के दरम्यान वह फ़ासला कभी हायल नहीं हुआ जो आज कितने ही ज़हीद शोअरा और उनके कारी के दरम्यान हायल है। नासिर काज़िमी की ग़ज़ल इस हक़ीक़त की एक जीवन्त मिसाल है कि फ़न बज़ाहिर सादगी के बावजूद सम्प्रेषणीयता और परिपक्वता से भरा-पूरा हो सकता है। ग़ज़ल को इतना सादा रखकर इतनी दूर की गहराई की बातें कह जाना उर्दू के ज़दीद ग़ज़लगो शोअरा में सिर्फ़ नासिर काज़मी का काम था।

कुछ जो आया है तेरे शेर में ढंग।
यह भी नासिर से ही सीखा होगा।

अहमद नदीम क़ासिमी

एक

रात ढल रही है
नाव चल रही है

बर्फ़ के नगर में
आग जल रही है
लोग सो रहे हैं
ऋतु बदल रही है
आज तो यह धरती
ख़ून उगल रही है
ख़्वाहिशों की डाली
हाथ मल रही है
जाहिलों की खेती
फूल फल रही है

दो

चन्द घरानों ने मिल-जुलकर
कितने घरों का हक छीना है
बाहर की मिट्टी के बदले
घर का सोना बेच दिया
सबका बोझ उठाने वाले
तो इस दुनिया में तन्हा है
मैली चादर ओढ़ने वाले
तेरे पाँव तले सोना है
गहरी नींद से जागो नासिर
वह देखो सूरज निकला है

तीन

देश सब्ज़ झीलों का
यह सफ़र है मीलों का
राह में जंजारों की
सिलसिला है टीलों का

किश्तियों की लाशों पर
जमघट है चीलों का

रंग उड़ता जाता है
शहर की फसीलों का
देख कर चलो नासिर
दश्त है यह फीलों का

चार

एक नगर में ऐसा देखा दिन भी जहाँ अँधेर
पिछले पहर यूँ चले अँधेरी जैसे गरजे शेर

हवा चली तो पंख-पखेरू बस्ती छोड़ गये
सूनी रह गयी कँगनी, ख़ाली हुई मुँडेर

बचपन में भी वही खिलाड़ी बना है अपना मीत
जिसने ऊँची डाल से तोड़े ज़र्द सुनहरे बेर

यारों तुम तो एक डगर पर हार के बैठ गये
हमने तपती धूप में काटे कड़े कोस के फेर

अब के तो इस देश में यूँ आया है सैलाब
कब की खड़ी हवेलियाँ पल में हो गयीं ढेर

मुझे विदा करो

•

नून.मीम. राशिद

उर्दू में आज़ाद नज़्म की परम्परा को प्रतिष्ठित व सम्पन्न करने में नून.मीम. राशिद का योगदान सर्वाधिक महत्त्वपूर्ण है। हालांकि उनकी नज़्मों में नकारात्मक प्रवृत्तियाँ अधिक प्रभावी हैं, लड़ने की अपेक्षा पलायन उनका प्रिय विषय है, बावजूद इसके उनकी नज़्मों की संगीतात्मकता और कलात्मकता उन्हें एक विशिष्ट कवि की प्रतिष्ठा देती है। आधुनिक युग में नज़्म पर फ़ैज़ के बाद सबसे गहरा असर उन्हीं का है। उनकी नज़्मों में जटिलता है और वातावरण का अजनबीपन भी। उन पर अस्ष्टवादी तथा रहस्यवादी होने का आरोप भी लगाया जाता है।

पाकिस्तान जाने के बाद उनकी ज़िन्दगी का बड़ा हिस्सा ईरान और लन्दन में गुज़रा। यही वजह है कि उनकी ज़्यादातर नज़्मों की पृष्ठ-भूमि ईरान है। लगभग सात वर्ष पूर्व उनका निधन लन्दन में हुआ। उन्होंने अपनी देह को नज्रे आतिश करने की वसीयत की थी। 'मावरा', 'ईरान में अजनबी' और 'ला इन्सान' नाम से उनके तीन संकलन प्रकाशित हुए।

निस्सन्देह वे उर्दू साहित्य जगत के विवादास्पद व्यक्तित्व थे।

–सम्पादक

मुझे विदा कर
ऐ मेरी जात, फिर मुझे विदा कर
वह लोग क्या कहेंगे, मेरी ज़ात
लोग जो हज़ार साल से मेरे कलाम को तरस गये?
मुझे विदा कर

मैं तेरे साथ अपने आप के स्याह ग़ार में
बहुत पनाह ले चुका
मैं अपने हाथ पाँव अपने दिल की आग में तपा चुका
मुझे विदा कर
कि आब-ओ-गुल के आँसुओं के आईनों
की बे सदाई सुन सकूँ
हयात-ओ-बर्ग का सलामे रोस्ताई सुन सकूँ
मैं रोज़ो शब के दस्तोपा की नारसाई सुन सकूँ
मुझे विदा कर
बहुत ही देर, देर जैसी देर हो गयी
कि अब घड़ी में बीसवीं सदी की रात बज चुकी
शजर हजर, वह जानवर, वह तायराने खस्ता पर
हज़ार साल से, जो नीचे हाल में, ज़मीन पर
मकालमे में जमा हैं
वह क्या कहेंगे– मैं ख़ुदाओं की तरह
अज़ल के बेवफ़ाओं की तरह
फिर अपने अहदे मनसबी से फिर गया
मुझे विदा कर, ऐ मेरी जात
तू अपने रौज़नों के पास आके देख ले
कि मशरिकी उफ़क़ पे आरिफ़ों के ख़्वाब-ख़्वाब क़हवा रंग में
उमीद का गुज़र नहीं
कि मग़रिबी उफ़क़ पर मर्गे रंग-ओ-नूर पर
किसी की आँख तर नहीं
मुझे विदा कर, मगर न अपने जीनों से उत्तर
कि जीने जल रहे हैं बेहिसी की आग में
मुझे विदा कर
मगर न साँस ले
कि शायराने-नो तेरी सदा के सहम से दुबक न जायं
कि तू सदा रिसालतों का बार उनपे डालती रही
यह बार उनका होल है—
वह देख रोशनी की दूसरी तरफ़

ख़्याल, काग़ज़ों की बालियाँ बने हुए,
हुरूफ़ भागते हुए
तमाम अपने आप ही को चाटते हुए
जहाँ ज़माना तेज़-तेज़ गाम जन
वहीं ज़माना बाज़ अपने खेल में मगन
जहाँ यह बाम ओ दर लपक रहे हैं बारिशों की सम्त
आरज़ू की तरानगी लिये
वहीं गुमां के फ़ासले हैं राहजन
मुझे विदा कर
कि शहर की फ़सील के तमाम दर हैं वा अभी
कहीं वह लोग सो न जायं बोरियों में रेत की तरह
मुझे ऐ मेरी ज़ात अपने आप से
निकल के जाने दे
कि ज़बान बरीदा की पुकार, उसकी हा ओह्
गली-गली सुनायी दे
कि शहरे नौ के लोग जानते हैं कासायेगर संगी लिये
कि उनके आब-ओ-नान की झलक हूँ मैं
मैं उनके तिशना बाग़ीचों में, अपने वक़्त के धुलाय हाथ से
नये दरख़्त उगाऊँगा
मैं उनके सीम-ओ-ज़र से, उनके जिस्म-ओ-जां से
कोलतार की तहें हटाऊँगा
तमाम संग पाराहाय बर्फ़, उनकी आस्तां से
मैं उठाऊँगा
कि उनसे शहरे नौ के रास्ते तमाम बन्द हैं
मुझे विदा कर कि अपने आप में मैं इतने ख़्वाब जी चुका
कि हौसला नहीं,
मैं इतनी बार अपने ज़ख़्म आप सी चुका
कि हौसला नहीं—

['बंजारा' अगस्त 76 से]

इब्ने इंशा की रचनाएँ

इंशा साहब सुबह हुई है उठो भी अब कूच करो
इस मंज़िल पर क़ाफ़िले वाले रुकते हैं बस रात की रात

जन्म : 1927 के किसी दिन जालन्धर में।

मृत्यु : 11 जनवरी, 1978 को लन्दन में।

इब्ने इंशा अपनी अदबी ज़िन्दगी के शुरू के दिनों में लाहौर में लकड़ी के बने एक मकान में रहते थे और चीनी कविताओं का उर्दू अनुवाद किया करते थे। बाद में करांची आये और सरकारी मुलाज़िम हुए। वे पाकिस्तान की विदेश सेवा के अन्तर्गत लन्दन गये और दूतावास में एक ऊँचे पद से सम्बद्ध रहे। अपनी जीवन यात्रा में वे एक बेचैन इन्सान रहे।

मीर नज़ीर, कबीर और इंशा, सारा एक घराना हो

उनका असली नाम शेर मोहम्मद था। 'बगदाद की एक रात' उनकी पहली नज़्म थी। 'चाँद नगर' उनका पहला कविता संग्रह था, जो 1955 में छपा। उनके यात्रा विवरण 'इब्ने बतूता के ताक़ब में' और 'उर्दू की आख़िरी किताब' को बहुत ख्याति मिली।

लाहौर से प्रकाशित "सवेरा" 1954 में अपने एक लेख में इंशा ने साहित्य और जीवन में पक्षधरता का समर्थन किया था और कहा था कि "जंग और अमन, ग़रीबी और ख़ुशबाशी, क़ैद और आज़ादी, बराबरी और नाबराबरी के सन्दर्भ में अनिश्चय, अविश्वास और ग़ैर-जानिबदारी को मैं बेईमानी समझता हूँ!"

इंशा जी अब कूच करो इस शहर में दिल का लगना क्या
वहशी को सुकूँ से क्या मतलब, जोगी का नगर में ठिकाना क्या

—सम्पादक

बरकाते हुकूमते ग़ैर-इंग्लिशिया

अज़ीज़ो! बहुत दिन पहले इस मुल्क में अंग्रेज़ों की हुकूमत होती थी और दरसी किताबों में एक मज़मून 'बरकाते हुकूमते इंग्लिशिया' के उनवान से शामिल रहता था। अब हम आज़ाद हैं। उस ज़माने के मुसंनिफ़ हुकूमते इंग्लिशिया की तारीफ़ किया करते थे, क्योंकि उसके सिवा चारा न था। हम अपने जमाने की आज़ाद और कौमी हुकूमतों की तारीफ़ करेंगे। इसकी वजह भी जाहिर है।

अज़ीजो! अंग्रेज़ों ने कुछ अच्छे काम भी किये लेकिन उनके ज़माने में खराबियाँ बहुत थीं, कोई हुकूमत के ख़िलाफ़ बोलता था या लिखता था, तो उसको जेल भेज देते थे—अब नहीं भेजते। रिश्वत सतानी आम थी, आजकल नहीं है। दुकानदार चीज़े महँगी बेचते थे और मिलावट भी करते थे। आजकल कोई चीज़ महँगी नहीं बेचता, मिलावट भी नहीं करता। अंग्रेज़ों के ज़माने में अमीर और जागीरदार ऐश करते थे, ग़रीबों को कोई पूछता भी नहीं था। अब अमीर लोग ऐश नहीं करते और ग़रीबों को हर कोई इतना पूछता है कि वे तंग आ जाते हैं। खुसूसन चुनाव से पहले।

अंग्रेज़ शुरू-शुरू में हमारे दस्तकारों के अँगूठे काट देते थे। अब कारखानों के मालिक हमारे अपने लोग हैं, दस्तकारों के अँगूठे नहीं काटते, हाँ कभी-कभी पूरे दस्तकार को काट देते हैं। आज़ादी से पहले हिन्दू बनिये और सरमायादार हमें लूटा करते थे। हमारी ख़्वाहिश थी कि यह सिलसिला ख़त्म हो और हमें मुसलमान बनिये और सेठ लूटें। ख़ुदा का शुक्र है कि यह आरज़ू पूरी हुई।

एक सबक़ जुग़राफ़िये का

जुग़राफ़िया में सबसे पहले यह बताया जाता है कि दुनिया गोल है। एक ज़माने में बेशक यह चपटी होती थी, फिर गोल क़रार पायी। गोल होने का फ़ायदा यह है कि लोग मशरिक़ की तरफ़ जाते हैं, मग़रिब की तरफ़ जा निकलते हैं। कोई उनको पकड़ नहीं सकता। स्मगलरों, मुजरिमों और सियासतदानों के लिए बड़ी आसानी हो गयी। हिटलर ने ज़मीन को दुबारा चपटा करने की कोशिश की थी, लेकिन कामयाब नहीं हुआ।

पुराने ज़माने में ज़मीन गुलमुहम्मद की तरह साकिन होती थी। सूरज और आसमान वग़ैरह इसके गिर्द घूमा करते थे। फिर गैलीलियो नामी एक शख़्स आया और उसने ज़मीन को सूरज के गिर्द घुमाना शुरू कर दिया। पादरी बहुत नाराज़

हुए कि इसने हमको किस चक्कर में डाल दिया है। गैलीलियो को तो उन्होंने क़रार वाक़ई सजा देकर आइन्दा इस क़िस्म की हरकात से रोक दिया। ज़मीन को अलबत्ता नहीं रोक सके, बराबर हरकत किये जा रही है।

शुरू में दुनिया में थोड़े ही मुल्क थे। लोग खासी अमनचैन की ज़िन्दगी बसर करते थे, पन्द्रहवीं सदी में कोलम्बस ने अमरीका दरयाफ्त किया। इसके बारे में दो नज़रिये हैं। कुछ लोग कहते हैं कि उसका क़सूर नहीं। वह हिन्दुस्तान को यानी हमें दरयाफ्त करना चाहता था, ग़लती से अमरीका को दरयाफ्त कर बैठा। इस नज़रिये को इस बात से तक़वियत मिलती है कि हम अभी तक दरयाफ्त नहीं हो पाये।

दूसरा फ़रीक़ कहता है कि नहीं, कोलम्बस ने जानबूझकर यह हरकत की यानी अमरीका दरयाप्त किया। बहरहाल यह ग़लती भी थी तो बहुत संगीन ग़लती थी। कोलम्बस तो मर गया पर उसका ख़मियाजा हम लोग भुगत रहे हैं।

तारीख़ के चन्द दौर

राहों में पत्थर
जलसों में पत्थर
सीनों पे पत्थर
अक़्लों पे पत्थर
आस्तानों पे पत्थर
दीवानों पे पत्थर
पत्थर ही पत्थर
ये पत्थर का ज़माना कहलाता है।

वैगन ही वैगन
चम्चे ही चमचे
सिक्के ही सिक्के
पैसे ही पैसे
सोना ही सोना
चाँदी ही चाँदी
यह ज़माना धातु का ज़माना कहलाता है।

लोग सोने चाँदी की जंजीरें बनाते हैं
हमें और आपको पहनाते हैं
हम और आप पहनकर ख़ुश रहते हैं

बल्कि थैंक्यू भी कहते हैं।

यह और दौर है
लोग नंगे घूमते हैं
नंगे नाचते हैं
नंगे क्लबों में जाते हैं
एक दूसरे को जलसों में नंगा करते हैं
अव्वाम तक के कपड़े उतार लेते हैं
बल्कि खाल खींच लेते हैं
गोश्त कच्चा खा जाते हैं।
न चूल्हा है न सीख है
ये ज़माना क़ब्लअज़ तारीख़ है

मिलावट की सनअत
रिश्वत की सनअत
कोठी की सनअत
पगड़ी की सनअत
हल्वे की सनअत
मांडे की सनअत
बयानों और नारों की सनअत
तावीज़ों और गंडों की सनअत
यह हमारे यहाँ का सनअती दौर है

अब इस आख़री दौर को देखिए
पेट रोटी से ख़ाली
जेब पैसे से ख़ाली
बातें बसीरत से ख़ाली
वादे हक़ीक़त से ख़ाली
दिल दर्द से ख़ाली
दिमाग़ अक़्ल से ख़ाली
शहर फरज़ानों से ख़ाली
जंगल दीवानों से ख़ाली
ये खलाई दौर है

लिप्पान्तर–**अब्दुल मतीन**

ग़ज़ल

•

अहमद नदीम क़ासिमी

उर्दू के प्रगतिशील आन्दोलन को जिन लोगों ने सार्थकता प्रदान की है उनमें अहमद नदीम क़ासिमी का नाम पहले आता है। इस तहरीक़ से उनकी सम्बद्धता प्रारम्भिक दिनों से है। नदीम क़ासिमी ने अफ़साने भी लिखे हैं। पाकिस्तान में प्रगतिशील लेखकों के वे प्रमुख प्रेरणा स्रोत रहे हैं। सम्प्रति वे 'फुनून', लाहौर के सम्पादक हैं। उनकी रचनाओं में वर्ग चेतना, वर्ग संघर्ष तथा सामाजिक परिवर्तन की तड़प के बिम्ब सहज ही पाये जा सकते हैं।

—सम्पादक

क्यों एक ही बार आप उन्हें रुख़सत नहीं करते
मेहनत का फल जो खाते हैं मेहनत नहीं करते

जिस पर किसी हक़दार का हक़ हमसे सिवा हो
हम ऐसी किसी चीज़ की हसरत नहीं करते

ऐ दिल तुझे अंज़ाम की क्या फ़िक्र पड़ी है
हम इश्क़ की दुनिया में सियासत नहीं करते

हर जुल्म के मुँह पर हमें सच कहने की लत है
हम लोग तो ज़ालिम की भी गीबत नहीं करते

इस अहद के सहरा में गज़ालाने जवां साल
जंज़ीर भी बजती है तो वहशत नहीं करते

दीवारे गुलिस्तां पे सही ज़ब्र के पहरे
गुंचे भी तो खिलने की ज़सारत नहीं करते

बेज़ार हैं जो ज़ज्बा-ए-हुब्बे वतनी से
वह लोग किसी से मुहब्बत नहीं करते

(रजा अब्बास जाफरी द्वारा)

सरमाया

मुझे हनूत करो[1]
कि मैं वो जब्र था, जिसका कोई जवाब न था
वो ज़ुल्म, जिसकी कोई हद न थी, हिसाब न था

मुझे हनूत करो
मैं वो छुरी था जो ईमान तक उतर जाये
वो सिर्फ़ जिस्म नहीं जान तक उतर जाये

मुझे हनूत करो!
मैं अपने तौसने-वहशत[2] को जब बढ़ाता था
वो गर्द उड़ती थी, हर हुस्न डूब जाता था

मुझे हनूत करो!
लहू-लहू थे अगर लब मेरे ज़ख़ीरों[3] के
ज़मीर मैंने चुराये थे बाज़मीरों के

मुझे हनूत करो
कि मैं ख़ुद अपने तक़ाज़ों में पिस के खाक हुआ
कि मेरा दामने-ज़र्री[4] मुझी से चाक हुआ

मुझे हनूत करो
कि मेरा जिस्म अजायबघरों के काम आये
दिमाग़ चीख़ उठें, जब भी मेरा नाम आये
मुझे हनूत करो!!

1. मम-इ-फाइ करना (To Mummify) – मृतक शरीर को अक्षुण्ण बनाने के लिए उस पर सुगन्धित पदार्थ इत्यादि मलना।
2. भय का घोड़ा।
3. ख़ज़ाने।
4. सुनहरा दामन।

एक ख़त रियाज़ सिद्दीक़ी का कराची से

इस ख़त में पाकिस्तान की महिला रचनाकारों पर तेज़ टिप्पणी की गयी है। इसी सन्दर्भ में हम यहाँ पर पाठकों के लिए किश्वर नाहीद, परवीन शाकिर, फ़हमीदा रियाज़, शहनाज परवीन और शाइस्ता हबीब की रचनाएँ एक साथ दे रहे हैं।

—सम्पादक

हिन्दुस्तान के बाज़ मौसूला रसायल और अज़बारात के मुतालआ से अन्दाज़ होता है कि हमारे यहाँ से वापस जाने वाले मारुफ़ अहले क़लम हज़रात, जो यहाँ अदब के वी.आई.पी. तबक़ों के हाथों में रहे पाकिस्तान के अदब और अदीबों के बारे में न तो सही आदाद-ओ-शुमार ही फ़राहम किये हैं और न उनके बयानात यहाँ की हक़ीक़ी सूरते हाल की निशानदेही करते हैं। एक मिसाल परवीन शाकिर के बारे में इन हज़रात की राय है। परवीन शाकिर का ताल्लुक़ एक आम मिडिल क्लास घराने से है। पब्लिक ताल्लुकात के सबब इनको बेहद शोहरत मिली है और इस शोहरत ने उनके दिमाग़ में वे सारे उलझन पैदा कर दिये हैं जो ऊँचे दर्जे के लोगों में होते हैं। उनके यहाँ सतहियत के साथ भरपूर शेरियत है लेकिन किसी भी तरह वह दर्जा सोयम की शायरा से ज़्यादा अहमियत नहीं रखतीं।

पाकिस्तान की खातून शायरात में अदा जाफरी के अलावा वाक़ई अगर कोई जदीद और क़ाबिले हवाला शायरात हो सकती है, तो वह अव्वल फ़हमीदा रियाज़ और किश्वर नाहीद हैं।

तक़सीम के बाद से अब तक कई ज़मानी मराहिल गुज़र गये हैं लेकिन यहाँ फ़ैज़, जोश और अहमद नदीम क़ासिमी जैसे क़दोक़ामत रखने वाले फनकार न तो पैदा हुए हैं और न दूर-दूर इसके इमकानात ही नज़र आ रहे हैं। क़ाफिला रंगो-बू रुका हुआ है। इस पस मंज़र में जो आवाजें क़ारइने अदब को छेड़ती हैं, वह नासिर काज़िमी मरहूम, शकेब जलाली मरहूम, मुस्तफ़ा ज़ैदी और वज़ीर आगा की हैं।

टिप्पणी : इस ख़त में जिन फनकारों का ज़िक्र है, उन सभी की रचनाएँ यथा स्थान देखी जा सकती हैं।

-सम्पादक

आख़िरी फ़ैसला

•

किश्वर नाहीद

काँटों की चट्टान पर खड़ी
मैं आँखों की सूइयाँ निकाल रही हूँ
यह क्षेत्र किस राज्य का अंग है
बादशाहत मेरी जिह्वा पर काँटे
गले में फन्दा
आँखें बाहर
शाह बल्लूत के लम्बे वृक्षों के समान
लम्बे पूत, बहुत हो गये हैं
जंगल में दरख़्त कम हो जायें
तो आग लगाकर दरख़्त कम कर दिये जाते हैं
बाहर निकली हुई आँख से ज़ाफ़रान का खेत
और कटे हुए बाजुओं से गन्ने की पौरियाँ बन गयी हैं
हमने एक झूठ बोला था ना
अब सारी उम्र उसको सच साबित करने में गुज़ार देंगे
हम कि जो ज़िन्दगी-भर
अपने हिस्से की रोटी कमाने की कोशिश करते हैं
और भूखे रहते हैं
झूठी आस की छतरी तले
बुलबुले जैसे आँसू
बताशों की तरह थाल में सजाये

कब तक यह झुठलाती रहोगी
कि वह तुम्हारा क़ातिल नहीं है
क़त्ल केवल क्षण-भर में
ज़िन्दगी का रिश्ता ख़त्म करने का नाम नहीं
अस्तित्व से इनकार भी
तो क़त्ल के बराबर होता है
मेरा जी करता है
वे जो सब मेरे क़ातिल हैं
मैं उन्हें हवा की तरह निगल जाऊँ

लाओ, अपना हाथ लाओ ज़रा

•

फ़हमीदा रियाज़

लाओ, अपना हाथ लाओ ज़रा
छू के मेरा बदन
अपने बच्चे के दिल का धड़कना सुनो
नाफ़ के इस तरफ़
उसकी जुंबिश को महसूस करते हो तुम
बस–यहीं छोड़ दो
थोड़ी देर और उसके हाथ को मेरे ठण्डे बदन पर यहीं छोड़ दो
मेरे बेकल नफ़स को क़रार आ गया
मेरे ईसा! मेरे दर्द के चारा गर
मेरा हर मुचे तन
इस हथेली से तसकीन पाने लगा
इस हथेली के नीचे मेरा लाल करवट-सी लेने लगा
उँगलियों से बदन उसका पहचान लो
तुम उसे जान लो
चूमने दो मुझे अपनी ये उँगलियाँ
इनकी हर पोर को चूमने दो मुझे
नाख़ूनों को लबों से लगा लूं ज़रा
इस हथेली में मुँह तो छिपा लूँ ज़रा
फूल लाती हुई यह हरी उँगलियाँ
मेरी आँखों से आँसू उबलते हुए

इनसे सींचूँगी मैं
फूल लाती हुई उँगलियों की जड़ें—चूमने दो मुझे
अपने बाल, अपने माथे का चाँद, अपने लब
ये चमकती हुई काली आँखें
ये कुछ मुस्कुराती, ये हैरान आँखें
मेरे काँपते होंठ, मेरी छलकती हुई आँख को देखकर कितनी हैरान हैं
तुमको मालूम क्या... तुमको मालूम क्या
तुमने जाने क्या मुझे क्या से क्या कर दिया
मेरे अन्दर अँधेरे का आसेव था
या करां ता करां एक अनमिट खला
यूँ ही फिरती थी मैं
ज़ीस्त के ज़ायक़े को तरसती हुई
दिल में आँसू भरे, सब पे हँसती हुई
तुमने अन्दर मेरा इस तरह भर दिया
फूटती है मेरे जिस्म से रोशनी

सब मुक़द्दस किताबें जो नाज़िल हुईं
सब पयम्बर जो अब तक उतारे गये
सब फरिश्ते कि हैं बादलों से परे
रंग, संगीत, सुर, फूल, कलियाँ, शजर
सुबह दम पेड़ की झूमती डालियाँ
इनके मफ़हम जो भी बताये गये
खाक पर बसने वाले बश्र मसर्रत के जितने भी नग़मे सुनाये गये
सब ऋषि, सब मुनि, उंबिया, औलिया
ख़ैर के देवता, हुस्न, नेकी, ख़ुदा—
आज सब पर मुझे
ऐतबार आ गया—ऐतबार आ गया।

'बदन दरीदा' से

परवीन शाकिर की एक ग़ज़ल

परवीन शाकिर पाकिस्तान के युवा लेखकों की अग्रणी पाँक्ति में गिनी जाती हैं। पिछले वर्ष उनका एक काव्य संकलन 'खुश्बू' नाम से प्रकाशित हुआ। भारत-पाक दोनों जगहों पर जिसकी काफ़ी चर्चा रही। निरंकुश तानाशाहों और जनविरोधी सत्ताओं के विरुद्ध पाकिस्तान में जो सामान्य चेतना विकसित हो रही है और आज जिससे मुक्ति की चाह पाकिस्तानी लेखन का प्रमुख स्वर बनकर उभरी है, परवीन शाकिर की रचनाएँ कमोबेश इनकी नुमायन्दगी ज़रूर करती हैं। प्रगतिशील सोच की झलक भी उनकी अनेक नज़्मों व ग़ज़लों में मिलती है।

—सम्पादक

बारिश हुई तो फूलों के तन चाक हो गये
मौसम के हाथ भीग के सफ़्फ़ाक[1] हो गये।
बादल को क्या ख़बर है कि बारिश की चाह में
कैसे बुलन्द व बाला शजर[2] खाक हो गये।
जुगनू को दिन के वक़्त परखने की ज़िद करें
बच्चे हमारे अहद के चालाक हो गये।
लहरा रही है, बर्फ़ की चादर हटा के घास
सूरज की शह पे तिनके भी बेबाक हो गये।
बस्ती में जितने आब गज़ीदा[3] थे, सब के सब
दरिया के रुख़ बदलने पे, तैराक हो गये।
सूरज दिमाग़ लोग भी, इबलाग़[4] फ़िक्र में
जुल्फ़े शबे फिराक़ के बे चाक हो गये।

---

1. जान लेवा। 2. ऊँचे पेड़। 3. पानी से डरने वाले। 4. भेजना, पहुँचाना।

जब भी ग़रीबे शहर से कुछ गुफ़्तुगु हुई
लहजे हवाये शाम के, नमनाक हो गये।

जिन्दा रहने की ख़्वाहिश

दाने तक
जब पहुँची
चिड़िया जाल में थी
ज़िन्दा रहने की ख़्वाहिश ने मार दिया।

नज़्म

•

शहनाज परवीन

मैं सोचती हूँ
और सोचती ही चली जाती हूँ
इन सोचों का सर ना पैर
लेकिन जब काग़ज़ पर बिखरे तो
लोग हजारों नाम धरें
कुछ पागल फरज़ाना कह दें
कुछ समझें दीवाना है
जिन सोचों के सर ना पैर
उन पर भी पाबन्दी है
आवाज़ें हर सिम्त से उठीं
आवाज़ों को रोकूँ कैसे
मुझको सोच की आज़ादी है
लेकिन फिर यह बन्दिश भी है
ऐसी कोई बात न निकले
दिल पे जिससे जर्ब लगे
आवाज़ों के बोझ से आख़िर
थककर मैं भी हार चुकी हूँ
कब तक मुँह को बन्द रखूँ

कब तक आख़िर ज़ुल्म सहूँ
मेरी समाअत मुझसे ले लो
या फिर मुझको गूँगा कर दो
उस वक़्त से मुझको डर लगता है

–'सीप' त्रैमासिक, कराची से अंक तिरासी

धरती का बोझ उठाना चाहती हूँ

•

शाइस्ता हबीब

मुझे दुआओं पर विश्वास नहीं है
फिर भी दुआ करती हूँ, अपनी आँखों की रोशनी के लिए, ताकि मैं
आख़री किरण तक इस धरती को सुनहरा होते देख सकूँ
मुझे ज़िन्दगी का कोई भरोसा नहीं है
फिर भी लम्बी उम्रों तक लोगों की उमंगों के गीत गाना चाहती हूँ
मुझे खाने में कोई रुचि नहीं है
फिर भी मैं भूखों की दावतों में उम्र भर शरीक रहना चाहती हूँ
मुझे कोई शौक़ नहीं है रिहाई का
फिर भी मैं क़ैदियों के दिलों के रहस्य जानना चाहती हूँ
हत्यारों से मेरा परिचय नहीं है
फिर भी मैं उन्हें सूलियों से बचाना चाहती हूँ
मुझे स्वतन्त्रता-दर्शन का ज्ञान नहीं है
फिर भी मैं स्वतन्त्रता के आन्दोलनों में गिरफ़्तार रहना चाहती हूँ
मुझे महफ़िल जमाना पसन्द नहीं है
फिर भी में जुलूसों के लिए तैयार रहना चाहती हूँ
मुझमें मरने-मारने की क्षमता नहीं है
फिर भी मैं दुश्मनों के लिए जान का अनवरत ख़तरा रखना चाहती हूँ
मैं प्रतिशोध की क़ायल नहीं हूँ
फिर भी मैं धरती के दलितों पर हुए असीम अत्याचारों का हिसाब लेना चाहती हूँ

मुझे गहने पहनने का सलीक़ा नहीं है
फिर भी मैं गले में तलवारों के हार पहनना चाहती हूँ
मुझे लेखन के बदले किसी पुरस्कार की चाहत नहीं है
फिर भी नेरुदा की तरह में क़लम और क़दम से जंग की घोषणा करना चाहती हूँ

मुझे दुलहन बनने का कोई अरमान नहीं है
फिर भी मैं मरने के लिए श्रृंगार करना चाहती हूँ

अनुवाद–**सिद्दीक़ा सानी**

ग़ज़ल

•

एजाज गुल

काफिला उतरा सहरा में और पेश वही मंजर आये
राख उड़ी खेमा गाहों की ख़ून से लिथड़े सर आये

गलियों में घमसान का रन है मारका दस्त-ब-दस्त है यहाँ
जिसे भी ख़ुद पर नाज बहुत हो आँगन से बाहर आये

एक आसेब सा लहराता है बस्ती की शाहराओं पर
शाम ढले जो घर से निकले लौट के फिर नहीं घर आये

दिनों महीनों आँखें रोयीं नयी रुतों की ख़्वाहिश में
रुत बदली तो सूखे पत्ते दहलीजों में दर आये

एक दिया रोशन रखना दीवार पे चान्द सितारों सा
अब्र उठे बारिश बरसे या हवाओं का लश्कर आये

वरना किसने पार किया था रस्ता भरी दोपहरों का
कुछ हम से दीवाने थे जो तै या मसाफ़त कर आये

–'सीप' त्रैमासिक, कराची से अंक तिरासी

उजड़ता शहर

•

डॉ. वज़ीर आग़ा

सियह रू क़लन्दर
अजब बेनियाज़ी से लोहे का लम्बा सा चिमटा बजाये।
कभी कोई ताँगे का घोड़ा, दहकते हुए तेज़ चाबुक से डर कर
किसी गर्म चिकनी सड़क पर ज़रा लड़खड़ाये
तो एक नुक़रई[1] क़हक़हा चीख़ में डूब जाये।

कभी चहचहाते हुए नन्हे बच्चों की टोली
पुरानी सी एक बस के पिंजरे से निकले
गली के खुले मुँह में चुपके से उतरे
उधड़ती हुई इक इमारत के अन्दर पहुँच कर मअन[2] टूट जाये।

कभी कोई रेला लुढ़कते हुए साइकिलों का
किसी काले धब्बे सी मंज़िल को बढ़ता ही जाये!
कभी तेज़ रफ़्तार मोटर के यकदम ठहरने
ब्रेकों की इक कर्ब-अंग्रेज़[3] सी चीख़ के लाखों टुकड़ों
में बटने की आवाज़ आये।

कभी चौक की एक सदियों पुरानी नम-आलूद[4] खिड़की की
चौखट पे ठोड़ी टिकाये
कोई ज़र्द चेहरा–फटी सुर्ख़ आँखों के ज़िन्दान[5] में
बेक़रारी से फिरती हुयी पुतलियों का तमाशा दिखाये!

---

1. चाँदी का। 2. अकस्मात्। 3. पीड़ादायी। 4. आर्द्र। 5. कारागार।

तमाशा मगर कौन देखे?

कभी तुम जो देखो तो उन पुतलियों के समन्दर में
उस टूटे-फूटे हुए आईने में
तुम्हें अपनी बिखरी हुई, रेज़ा-रेज़ा हुई, ज़ात का एक हेवला
उभर कर बुलाये
उजड़ते हुए शह का एक मंजर[1] दिखाये!!

---

1. दृश्य।

क़तील शिफाई की ग़ज़लें

क़तील शिफाई यानी कि क़त्ल होके शिफा देने वाला। शायर की नियति पूरी समग्रता के साथ इस एक नाम में छिपी हुई है। क़तील ने कभी अपने इस नाम को रुस्वा नहीं किया। हालात की सख़्तियाँ हों, ज़िन्दानों की बेड़ियाँ हों, हाक़िमों का जब्र ज़ुल्म हो, क़तील की आवाज़ ख़ामोश नहीं हुई। क़तील प्रगतिशील शायर हैं और तरक़्क़ीपसन्द तहरीक़ से वह शुरू के दिनों से ही बाबस्ता रहे हैं। पाकिस्तान में फ़ौजी शासन के गहरे अँधेरे में उनकी आवाज़ मशाल की तरह लोगों को राह दिखाती रही।

ज़ुल्म से वह कब डरते हैं
ज़ालिम से कब हरते हैं
बसे हैं जिनके ज़हनों में
लेनिन माओ हो चि मिन्ह

—सम्पादक

अमन का है माहौल फ़क़त ज़िन्दानों में

एक ही रंग रचाऊँ सब इन्सानों में
दौड़ रहा हूँ दुनिया की शिरयानों में

नफ़रत की ताईद नहीं मैं कर सकता
नाम मेरा भी लिख लो नाफ़रमानो में

बाहर तो हर सू है राज दरिन्दों का
अमन का है माहौल फ़क़त ज़िन्दानों में

पौदा-पौदा पाल के वक़्त न जाया कर
काग़ज़ के कुछ फूल सजा गुलदानों में

इस बेकार के जीने से बेदार हूँ मैं
शामिल कर लो मुझको भी परवानों में

यारों मैं तो यूँ भी गाली खालूँगा
छोड़ो भी क्या रक्खा है यारानों में

इन्सानों का ख़ून ही तुमको पीना है
खोपड़ियों में पी लो या पैमानों में

रात की चुप में दिल की धड़कन तेज़ करो
कोई तो आवाज़ पड़ेगी कानों में।

पहले ही वह गोरा है, यह काला है
और हमें बाँटोगे कितने ख़ानों में

सिर्फ़ हवा की चुप सुनाई देती है
जज़्बों की यलग़ार नहीं तूफ़ानों में

मुझको अपने देस की मिट्टी काफ़ी है
क्या रक्खा है नस्लों और ज़बानों में

आज का सूरज उनके ज़हन पे दस्तक दे
सोये हैं जो माज़ी के अफ़सानों में

कब तक धोखा खाये अपनी प्यास कतील
ख़ाली जाम खनकते हैं मयख़ानों में

••

क्या कुछ होने वाला है, यह तुमको नहीं अन्दाज़ा
शहर के लोगों खुला न रखना कोई भी दरवाज़ा

जिसके हाथ में खंजर होगा वही बनेगा मुंसिफ़
यूँ हम अपनी फ़रियादों का भुगतेंगे ख़मियाज़ा

सौ-सौ बार यहाँ सबको मसलूब किया जायेगा
इक-इक शख़्स का निकलेगा अब सौ-सौ बार जनाज़ा

पहनायेंगे मुल्ला काज़ी सिर्फ़ उसे जंज़ीरें
जिनके तन पर ज़ख़्म नज़र आयेगा ताज़ा ताज़ा

सात समन्दर पार के आशिक़ प्यार करेंगे उनको
चेहरों पर जो मलेंगे तेरे मेरे ख़ून का गाज़ा

ढूँढ़ निकालो अब कोई ताबीर सहर से पहले
बिखर न जाये कहीं तुम्हारे ख़्वाबों का शीराज़ा

–ग़ज़लों के संग्रह 'गुफ्तगु' से साभार

हबीब जालिब की कुछ रचनाएँ

'हबीब जालिब' एक शायर का नहीं एक पूरे संघर्ष, एक पूरे आन्दोलन का नाम है। शायरी उसका हथियार है जिसे वह अपने संघर्ष के प्रचार और कामयाबी के लिए इस्तेमाल करता है। लेकिन यह कह कर हम हबीब जालिब की शायराना अज़मत से इनकार नहीं कर रहे हैं। वह शायर है और बेशक सच्चा और बड़ा है। और उसने विरोध और असहमति की शायरी में नयी राहें निकाली हैं। वह अपनी पीड़ा को पूरे समाज के दर्द से हम आईना करके नयी फ़िज़ा बनाते हैं।

पाकिस्तानी तानाशाहों के दमन चक्र का शिकार हबीब जालिब भी हुए हैं। उन्होंने अपने जीवन के कई साल जेलों में बिताये हैं। हसन नासिर और अहमद रेयाज़ के वह निकट सहयोगी रहे हैं। उनके साथ जेल में भी रहे हैं। उन्हें 'एंग्री यंगमैन' की संज्ञा भी पत्रकारों ने दी हैं।

—सम्पादक

मुस्तक़बिल

तेरे लिए मैं क्या क्या सदमें सहता हूँ
संगीनों की याद में सच कहता हूँ
मेरी राह में मसलहतों के फूल भी हैं
तेरी ख़ातिर काँटे चुनता रहता हूँ

तू आयेगा इसी आस पर झूम रहा है दिल
देख ऐ मुस्तक़बिल॥
जहल के आगे सर न झुकाया मैंने कभी
सिफ़लों को अपना न बनाया मैंने कभी
दौलत और ओहदों के बल पर जो ऐंठे

उन लोगों को मुँह न लगाया मैंने कभी
मैंने चोर कहा चोरों को खुल कर सरे महफ़िल
देख ऐ मुस्तक़बिल॥

मेरी बच्ची

उसको शायद खिलौना लगी हथकड़ी
मेरी बच्ची मुझे देखकर हँस पड़ी

यह हँसी थी शहर की बसारत मुझे
यह हँसी दे गयी कितनी ताक़त मुझे

किस क़दर ज़िन्दगी को सहारा मिला
एक ताबन्दा कल का इशारा मिला

सहाफी से

कौम की बेहतरी का छोड़ ख़्याल
फ़िक्रे तामीर मुल्के दिल से निकाल
तेरा परचम है तेरा दस्ते सवाल
बे जमीरी का और क्या हो मआल
अब क़लम से इजारबन्द ही डाल।

तंग कर दे ग़रीब पर यह ज़मीं
ख़म ही रख आस्ताने जर पर ज़बीं
ऐब का दौर है हुनर का नहीं
आज हुस्ने क़माल को है जवाल
अब क़लम से इजारबन्द ही डाल।

क्यों यहाँ सुब्हे नौ की बात चले
क्यों सितम की सियह रात ढले
सब बराबर हैं आसमां के तले
सबको रजअत पसन्द कहकर टाल
अब क़लम से इजारबन्द ही डाल।

सहाफी=पत्रकार

नाम से पेशतर लगाके अमीर
हर मुसलमान को बना के फ़क़ीर
क़सूरो दीवान में हो क़याम पज़ीर
और खुतबों में दे उमर की मिसाल
अब क़लम से इजारबन्द ही डाल।

आमीयत की हम नवाई में
तेरा हमसर नहीं ख़ुदाई में
बादशाहों की रहनुमाई में
रोज़ इस्लाम का जुलूस निकाल
अब क़लम से इजारबन्द हो डाल।

लाख होंठों पे दम हमारा हो
और दिल सुबह का सितारा हो
सामने मौत का नज़ारा हो
लिख यही ठीक है मरीज़ का हाल
अब क़लम से इजारबन्द ही डाल।

लिप्यन्तर–**परवीन ख़ान**

पहला पोस्ट्रेट

पाक टी हाउस के सामने एक फ़क़ीर औरत के लिए

●

सरमद सहबाई

तू शायद इस शहर की पागल रूह है
या फिर इक वह डायन है
जिसका साया फुटपाथों की गोद में पलती नसलों पर
पैदा होते ही मँडलाने लगता है
रोशनियों में आते जाते शहर के लोग
अपनी-अपनी तक़दीसों[1] को ओढ़े
तेरी खुली हुई रानों की रेहल पे
बची खुची ज़कातों[2] की, फहश सखावतें[3] धर जाते हैं
तेरे पेट की खोह में मुर्दा बच्चों को दफ़ना जाते हैं
और फिर रात-भर
तेरे उस मुर्दार लहू में
बासी नस्लों की हुँकार सरकती रहती है।
तू इस शहर का गूँगा-बहरा नौहा[4] है
तेरे चेहरे की दहशत में
भूखे और नंगे मुल्कों के नक़्शे हैं
तेरी आँखें दो पथरीले काले लफ़्ज़ हैं
जिन्हें कोई शायर नहीं पढ़ता
तेरी हड्डियों के ढाँचे में

---

1. पवित्रताओं। 2. दान का बहुवचन। 3. खैरातों। 4. मातमी गान।

कैसे-कैसे असलबों[1] के वर्म खिंचे हैं
दमा ज़दा साँसों में गहरे गदलाये सदमों का रंग है
अँतड़ियों को खिंची सतरों में बावली भूख की हज़मानी आहँग[2] है
तेरी ख़्वाहिशें
रोशनियों के शहर में ज़ख़्मी, घोर परिन्दों की मानिन्द
भटक रही हैं
और नंगे सीने की शाख से
वे लज़्ज़त बेरब्त मलाज़मों की,
गूँगी नज़्में लटक रही हैं!!

1. तरीक़ा या प्रकार, ढंग।
2. ग़मगीन नग़मा।

नज़्म, दोहे और ग़ज़लें

शकरपड़ियाँ की पहाड़ी पर एक नज़्म

•

मुनीर नियाजी

मुनीर नियाजी की रचनाओं में यथार्थ का आक्रामक रूप देखने को नहीं मिलता लेकिन वर्गीय समाज की बन्दिशों के विरुद्ध एक संवेदनशील हृदय की धड़कन साफ़ तौर से महसूस की जा सकती है। मुनीर ने अपनी नज़्मों में धुँधले चरित्रों का सृजन किया है और उनके इर्द-गिर्द की उदास फ़िज़ाँ में 'सभ्यता के भय' को गिरफ़्तार करने की कोशिश की है। मुनीर की 'शाम' सांस्कृतिक या दार्शनिक सन्दर्भों से दूर रहते हुए भी 'दुश्मन' की पहचान कराने में समर्थ है।

—सम्पादक

कुछ दयारे-ग़ैर के कुछ अपने क़स्बों के शजर।
कुछ शनासा[1] और कुछ अनजाने शहरों के शजर॥

दूरियों पर सिलसिले कुहसारे[2]-पुरइसरार[3] के।
और उस धुँधले जहाँ में नीले ख़्वाबों के शजर॥

इस मक़ामे-सब्ज़[4] से नीचे नशेबे[5] शह्र में।
एक पाकीज़ा सफ़ेदी और गलियों के शजर॥

मैं हूँ और सहरे-सफ़र है और रस्तों की हवा।
सर फराज़ इक़बाल है और उसकी बातों के शजर॥

---

1. परिचित। 2. उपत्यका। 3. कुतूहलपूर्ण। 4. हरियाली। 5. नीचे।

–सम्पादक

बुहरान[1]

आरिफ़ अब्दुल मतीन

आरिफ़ की गणना उन प्रगतिशील कवियों में होती है जिन्होंने अपनी पक्षधरता और प्रतिबद्धता को सपाटबयानी से दूर रखा है। उनके सम्पादन में 'अदबे-लतीफ़', 'सवेरा', 'जावेद', 'माहौल' इत्यादि पत्रिकाओं में स्वस्थ पक्षधर स्वर मुखर हुआ है। विभाजन की त्रासदी को गहराई से महसूस करते हुए आरिफ़ ने मनुष्य विरोधी शोषक शक्तियों और फासिस्ट प्रवृत्तियों के ख़िलाफ़ आक्रामक यथार्थ की वकालत की। आरिफ़ की यह आक्रामकता उनकी आन्तरिक शक्ति की प्रतिध्वनि है।

—सम्पादक

सुकूत के बेकराँ समन्दर में कोई मौजे सदा नहीं है
सफीनये-वक़्त[2] बहते-बहते अचानक इस तरह रुक गया है
सरे-मशीयत[3] भी झुक गया है।
ये रात किस दर्जा जाँगुसिल[4] है
सुलगते महताब की निगाहों का क़र्ब[5] किरनों में ढल रहा है
नुजूम[6] का दिल पिघल रहा है
बलन्द दीवारो-नाम[7] अपनी हज़ी[8] गिराँबारियों[9] के वाइस[10]
खमोश वादी के सीनये-नातबाँ का नासूर बन चुके हैं
जो एक मुद्दत से रिस रहे हैं।
पहाड़ की सर कशीदा चोटी धुएँ का मीनार बन गयी है,
हवा के झोंके में जलती गन्धक की तेज़ बू कसमसा रही है
कठिन घड़ी सर पे आ रही है!

---

1. संघर्ष। 2. समय की नौका। 3. देवशक्ति। 4. हृदय विदारक। 5. व्यथा। 6. सितारे। 7. अदारी। 8. पीड़ित। 9. बोझ। 10. कारण।

ये जंगल कौन काटेगा

ज़हूर नज़र

अनास्था और अविश्वास का स्वर जहूर नज़र की रचनाओं में एक नये गुणात्मक स्वर पर परिभाषित हुआ है। 'नयी रात', 'पुराना ग़म', 'नयी तहज़ीब' में अविश्वास की अराजकता के विरुद्ध अपना स्वर मुखर करते हुए कवि ने आस्था की नयी ज़मीन की तरफ़ संकेत किया है। ज़हूर की रचनाओं में सोद्देश्यता के निर्वाह के साथ हृदयग्राही अन्तरंगता उल्लेखनीय है। प्रतिबद्धता के साथ ज़हूर में जीवन-सन्दर्भों के चयन में बहुत विविधता है।

—सम्पादक

ये जंगल कौन काटेगा
ये जंगल—
जिसके गिर्द-गिर्द[1]
घेरा अज़दहों का है
अँधेरा दहशतों का है
बसेरा भेड़ियों का है
ये जंगल—
जिसको ख़ूने-रंग से सींचा था हमने इस तमन्ना पर
कि जब शह्र-शफ़क़[2] में कहत रंगों का पड़ेगा
और उफ़क़[3] से ता उफ़क़ इद्बार[4] के कुहरे की चादर फैल जायेगी
उमीदों के रगो-पै में
लहू जमने लगेगा बेबसी की बेमुहाबा[5] बर्फ़बारी से
तो हम आदर्श के फ़ौलाद की मज़बूत आरी से
ये जंगल काट डालेंगे

और उससे रंग के यख[6] बस्ता[7] आतिशदान में
शोले उगायेंगे
शफ़क़ अपनी बनायेंगे
उफ़क़ अपना सजायेंगे
हमारे हाथ में–
आदर्श की आरी तो है लेकिन
यह दन्दानों से आरी[8] है
वो क़ुव्वत जिसको इस आरी पे दन्दानों की सूरत में उभरना है
लगाकर दाना-ए-गन्दुम[9] कलेजे से
घरों में बेहिसो-ख़ामोश बैठी है
ये जंगल कौन काटेगा
ये जंगल जिसके गिर्द-गिर्द
घेरा अज़दहों का है
बसेरा भेड़ियों का है
अँधेरा दहशतों का है!!

---

1. आसपास। 2. सबेरे या शाम की लालिमा, जो क्षितिज पर होती है। 3. क्षितिज। 4. दरिद्रता। 5. तड़ातड़। 6. बर्फ। 7. जमे हुये। 8. वंचित। 9. गेहूँ।

ज़मीं एक है

असग़र नदीम सैयद

आस्माँ ठहरा हुआ नीला समन्दर
और ज़मीं सूखा हुआ दरिया।
पहाड़ों पर दिसम्बर आ चुका है
नीलगूं गहरा दिसम्बर।
नदियाँ बरफ़ों की चाँदी में छुपी हैं
मुंसिफों जैसे मुअज़्ज़िज़ ये पहाड़ और उनके हमसाया शजर
मरऊब[1] करते हैं।
देहाती रास्तों के फूल कहते हैं
हमें गाओ
नशेबी[2] बस्तियों की घास कहती है
हमें लिक्खो
फटे कपड़ों में मुख्लिस[3] लड़कियाँ कहती हैं
हम भी लफ़्ज़ हैं
हम भी सदा[4] का जायक़ा हैं।
आस्माँ ठहरा हुआ नीला समन्दर
दूध पीता मेमना भी लफ़्ज़ है
सारी ज़मीं फैली हुई एक नज़्म है
और मैं भी बारिश
कभी सूखा हुआ दरिया
कभी आवाज़ मुख़्लिस लड़कियों की!!

---

1. आतंकित। 2. नीची ज़मीन। 3. निश्छल। 4. आवाज़।

कच्चा रिश्ता

●

अहसन सलीम

माँ जी!
बारिश के आने से पहले ही हम
चारों-पाँचों भाई मिलकर
गोबर, चिकनी मिट्टी में गूँधा करते हैं
अपने हाथों
अपने घर को लीपा-पोता करते हैं।
माँ जी!
हलकी-हलकी बूँदा-बाँदी से ही
अपने घर की छत से पानी रिसने लगता है
आँधी आने से पहले ही
अपने घर की दीवारें हिलने लगती हैं।
माँ जी!
गोबर-चिकनी मिट्टी-पानी
इन तीनों में कौन सा रिश्ता कच्चा है?

नौ मंज़िला बिल्डिंग

•

असद मोहम्मद खाँ

ज़मीं का रक्से पैहम, सर्द लोहे की नुकीली कील, ज़ंजीरे-कशिश, शाने और
इक नौ मंजिला बिल्डिंग
और उस नौ मंजिला बिल्डिंग को अपने नातवाँ शानों की बाक़ी माँदा-से
सँभाले कूव्वत
इस फसुर्द : शह्र की सबसे बड़ी फुटपाथ पर टाँगें पसारे
हर गुज़रते वाहमे को तकने वाला–मैं

यह बर्फ़ीली हवा थी या कोई लमहा
सबा-रफ़्तार लमहा, बर्क़ दम लमहा
जो मेरी उँगलियों के, दरमियाँ से ख़्वाब की मानिन्द गुज़रा–
क्या मरूरे-वक़्त जारी है–?

मेरे लाग़र बदन में कौन नाख़ून गाड़ता है?
क्यों ज़मीं यख़ बस्ता जम्बूरों में मेरे पाँव जकड़े हैं?
मैं आख़िर कौन हूँ?–मैं कौन हूँ और नाम...
मेरा नाम क्या है? क्या मैं ज़िन्दा हूँ–?

मैं जिन्दा हूँ, मैं जिन्दा हूँ–मैं अपनी चीख़ सुन सकता हूँ
"इक पल के लिए ठहरो, बस इक पल के लिए ठहरो
कि इस" नौ मंज़िला बिल्डिंग से अपने नातवाँ शानों को मैं आज़ाद कर लूँ"
मैं कहता हूँ–मैं सुनता हूँ
मगर वह गर-ब-पा-लमहा हवा के दोश पर उड़ता चला जाता है–यह नौ
मंज़िला बिल्डिंग।

मेरे मालिक मैं तनहा हूँ–मैं तनहा हूँ
मेरी जानिब बड़े बेरहम सन्नाटों में लिपटी शाम बढ़ती आ रही है, मैं गिरा जाता हूँ।

बोलो! क्या मैं लमहों की अयालें अपनी मुट्ठी में जकड़ लूँ?
क्या मैं इस नौ मंज़िला बिल्डिंग को अपने नातवाँ शानों से नीचे फेंक दूँ
उठ कर खड़ा हो जाऊँ?
मगर मैंने...
मगर मैंने तो इस नौ मंज़िला बिल्डिंग की ख़ातिर नाख़ूनों से नींव खोदी थी।

ज़मीलउद्दीन आली के दोहे : 'पाकिस्तान कथा' के अंश

ज़मीलउद्दीन आली का पहला कविता-संग्रह 1958 में प्रकाशित हुआ। वे कभी राइटर्स गिल्ड चलाते थे फिर अंजुमन तरक़्क़ी उर्दू के प्रशासन में हिस्सा बंटाने लगे। आली पाकिस्तान में काफ़ी अलग, मजहबी और विवादी व्यक्ति हैं। हसन अक्सरी के बदनाम खेमे की नुमाइन्दगी भी करते हैं जिसके इन्तजार हुसैन लीडर हैं। पिछले आम चुनाव में आली भुट्टो की पार्टी के टिकट पर चुनाव लड़े थे। जमायते इस्लामी और नेशनल एलायंस ने उन्हें मिलकर हरा दिया। ग़ज़लें भी लिखी हैं पर दोहों और गीतों पर कमाल हासिल है।

'पाकिस्तान कथा' में आली का व्यंग्य और राजनैतिक धार देखी जा सकती है।

—सम्पादक

आली अपने देस की लिक्खें और टोडी कहलायें
सूरमा लोग बिदेसी पैसे खायं और इतरायं

कोई खुलकर जापान घुमाये और कोई छिप कर चीन
कहीं बिदेसी ढपली बाजे कहीं बिदेसी बीन

पी.ई.एन.[1] के पूजन हारे जग की सैर को जायें
आली देसी सभा जमाकर अपनी हँसी उड़वायें

जिनके पड़ोसी भी नहीं जाने हैं उनके शुभ नाम
लन्दन, बम्बई, हॉलीवुड में वे सब कविता राम

1. पी.ई.एन.–कुख्यात सी.आई.ए. के सहयोग से चलने वाली एक साहित्यिक संस्था।

हाय वह दूतघरों की शामें वह अनजाने खोज
शीतल मदिरा जलते नारे मीठे मीठे भोज

कविता, शिक्षा, चित्रकला का सौदा रोज़ का खेल
अन्दर मन की आँखें नीची बाहर मूँछ पे तेल

अभी पाँव में टूटी जूती अभी कमर में शाल
ये हर एक बाम्बी के बासी ना काले ना लाल

क्या क्या जन्तर मन्तर वाले बन गये ग्रंथकार
माया महा ठगनी है बाबा इसके रूप हज़ार

खी-खी करने वाले नरमद ही ही करते भाँड़
निर्मल कमल कला के पीछे यूँ दौड़े जो साँड़

• • •

अफ़सर बोलें हमको यारों भाय नहीं इक़बाल
ये बोले जी शब्द का धोखा ध्यान का ख़ाली जाल

अफ़सर बोलें दीनू भाट की कविता में सौ ठाठ
ये बोलें जी कालिदास का बाप है दीनू भाट

अफ़सर बोलें चित्रकला को क्या जाने 'चुगताई'
ये बोलें जी उससे बढ़कर अपनी बेंदा माई

अफ़सर बोलें रोशन आरा क्या समझे सुर ताल
ये बोलें जी सुर अवतार तो है जुम्मन कव्वाल

अफ़सर बोलें 'फ़ैज' निराजी ये बोलें गद्दार
अफ़सर बोलें 'ऐनी'[1] अन्धड़ ये बोलें मक्कार

अफ़सर बोलें कोई आली को चुप रहना सिखवाओ
ये बोलें जी चुप न रहें तो मुल्क बदर करवाओ

आली का क्या दोष है भय्या जो हर कोई बलखाय
आली सबके मन का काँटा जब उभरे चुभ जाय

• • •

1. ऐनी–उर्दू की सुप्रसिद्ध लेखिका कुर्रतुनुल हैदर।

ऊँचे-ऊँचे जिनके सिंहासन बड़े-बड़े गोदाम
अपनी दुखी कला नगरी में उनका था क्या काम

न ये जीवन भेद के रोगी न इन्हें हर दम सोच
नये दिन की सख़्ती जानें न यह रात का लोच

इनके लिये तो उनका पूरा जीवन है व्यापार
इनके लिये तो उनके सिवा है खाली सब संसार

इनका धन्धा पल्लू बन्धन ये सबके दल्लाल
ये क्या जाने ये क्या समझें अपने देस का हाल

सूखे जिस्म और भूखी रुहें माँगे जिनके लाख
क्या क्या हीरे क्या क्या मोती बनते जायं राख

लन्दन प्रेम लगन में किसको चक झुमरे[1] की सूझ
ओ देसी ये देस पहेली तू इसे ख़ुद ही बूझ

● ● ●

दूर ही दूर से आस की किरनें चमक दमक दिखलायं
जिनके घरों में घोर अँधेरे उनके पास न आयं

आज भी अपने कर्ता-धर्ता सुनें उन्हीं की बात
कल तक जिनका धर्म था सोना रूपा जिनकी ज़ात

बिस उगलें हैं जिनकी ज़बानें सड़ गये जिनके नाम
आज भी जब हुन बरसा बरसे आय उन्हों के काम

आज भी होरी खेत को तरसे कारीगर बेकार
आज भी बच्चे अनपढ़ घर में और माएँ बेजार

आज भी रोये कोयल बानो कव्वे मारे तान
आज भी वीर खुले सीने और भण्ड चलायें बान

आज भी प्रभा कालिख पीसे उषा नीर बहाये
आज भी छाया कत्थक नाचे माया ज्ञान सिखाये

1. अहमद रेयाज पाकिस्तान का प्रगतिशील शायर था और सत्ता ने उसे जेल में मार डाला था। चक झुमरा तहसील वह गाँव है जहाँ मरहूम शायर अहमद रेयाज की बेवा और बच्ची रहती थी।

सौ रंगों के सौ बादल लें चार तरफ़ से घेर
सूरज तड़प-तड़प रह जाय दूर न हो अँधेरा
आली तू जो चाहे कहे जाहिर है तेरा अंजाम
सो रावन तेरे बैरी और तू न लक्ष्मण न राम

ग़ज़ल

●●

अमजद इस्लाम अमजद

दिल में लावा उबल रहा है क्या
कोई कोहसार जल रहा है क्या
ख़्वाबे फ़र्द ज़मीं पे ज़ाहिर हो
मेरी आँखों में पल रहा है क्या
चश्मे शबनम सफ़ीरे ग़ुचा बन
यूँ हवा बन के चल रहा है क्या
आ, शरीके ग़मे ख़ुदाई हो
अपनी वहदत में गल रहा है क्या
इतने आसूदा क्यों हैं अहले सफ़र
सर से तूफ़ान टल रहा है क्या
किसलिए बदहवास हैं तारे
कोई सूरज निकल रहा है क्या
काट कर फेंक दे इन्हें 'अमजद'
ऐसे हाथों को मल रहा है क्या

●●

जफ़र इक़बाल

उठ और फिर से रवाना हो, डर ज़्यादा नहीं
बहुत कठिन सही मंज़िल, सफ़र ज़्यादा नहीं
बयां में अपने सदाक़त की है कमी वरना
यह राज़ क्या है कि उस पर असर ज़्यादा नहीं
मुझे ख़राब किया उसने, हाँ, किया होगा

उसी से पूछिए, मुझे ख़बर ज़्यादा नहीं
सुना है वह मेरे बारे में सोचता है बहुत
ख़बर तो है ही मगर मोअतबर ज़्यादा नहीं
यह जुस्तुजु तो रहे कौन है, वह कैसा है
सुराग कुछ तो मिलेगा अगर ज़्यादा नहीं
अभी रवाना हों यक सूई से मैं दश्त ब दश्त
कि राहे गुज़ारे सफ़र में शजर ज़्यादा नहीं
जभी तो ख़ारे दिले दोस्तां नहीं हूँ अभी
कि ऐब मुझ में बहुत हैं, हुनर ज़्यादा नहीं
दिनों की बात है अब कीमयागिरी अपनी
कि रह गयी है ज़रा सी कसर ज़्यादा नहीं
'ज़फ़र' हम आपको गुमराह तो नहीं कहते
यही कि हैं भी अगर राह पर ज़्यादा नहीं!!

●●

इक़बाल साजिद

मैं भूख पहनूँ, मैं भूख ओढ़ूँ, मैं भूख देखूँ, मैं प्यास लिखूँ
बिरहना जिस्मों के वास्ते मैं ख़्याल कातूँ, कपास लिखूँ
सिसक-सिसक कर जो मर रहे हैं मैं उनमें शामिल हूँ और फिर भी
किसी के दिल में उमीद बोऊँ, किसी की आँखों में आस लिखूँ
लहू के क़तरे बदन के तायर हर इक ख़्वाहिश है शाख़ मेरी
किसी ज़बाँ पे महक उगाऊँ, किसी के लब पे मिठास लिखूँ
थमे जो बारिश तो लोग देखें छतों पे चढ़के धनुक का मंज़र
मैं अपने दिल को उजाड़ पाऊँ, तमाम आलम उदास लिखूँ
मेरा सफ़र है समन्दर ऐसा, जिधर भी जाऊँ बिफर के जाऊँ
कहीं उछालूँ मैं मौजे वहशत, कहीं मैं ख़ौफ़ व हरास लिखूँ!

अहमद फ़राज़

नासिर काज़मी के बाद पाकिस्तान में जिन चन्द शायरों की ग़ज़लें जन-प्रिय हुईं, उनमें अहमद फ़राज़ का नाम प्रमुख है। अहमद फ़राज़ उन लोगों में हैं, जिन्होंने ग़ज़ल की शास्त्रीय परम्परा को निबाहते हुए, उसे नया लहजा और नयी गतिभूमि प्रदान की। फ़िराक़ गोरखपुरी का मानना है कि, "अहमद फ़राज़ की शायरी उर्दू में एक नयी और इंफ़रादी आवाज़ की हैसियत रखती है।" यूँ तो फ़राज़ की ग़ज़लों का प्रमुख तत्त्व प्रेम है लेकिन वह ग़ज़ल को प्रेमिका से सम्बोधन मात्र तक सीमित नहीं रखते। वह आत्म-सम्बोधन के अलावा उसे अपने आसपास की पूरी दुनिया से संवाद का माध्यम बनाते हैं। यही वजह है कि उनकी ग़ज़लें लिजलिजे रोमांस से दूर हैं। उनका प्रेम शारीरिक रोग की तरह अभिव्यक्त नहीं होता, वह उनके यहाँ एक गहरी सामाजिक चेतना के आवरण में लिपटा दिखाई पड़ता है। उनकी एक बड़ी विशेषता यह है कि गम्भीर विषयों को इख्तियार करते हुए भी ग़ज़ल की पारम्परिक निर्मलता और उसकी विशिष्ट ध्वनि को आहत नहीं होने देते।

भारत में कुछ समय पूर्व ही उनके दो संग्रह चोरी से प्रकाशित हुए और हाथों-हाथ बिक गये।

—सम्पादक

ग़ज़ल

अबके रुत बदली तो ख़ुशबू का सफ़र देखेगा कौन
ज़ख़्म फूलों की तरह महकेंगे पर देखेगा कौन

देखना सब रक़्से बिस्मिल में मगन हो जायेंगे
जिस तरफ़ से तीर आयेगा उधर देखेगा कौन

ज़ख़्म जितने भी थे सब मनसूब क़ातिल से हुए
तेरे हाथों के निशान-ऐ-चाराहगर देखेगा कौन

वह हवस हो या वफ़ा हो बात महरूमी की है
लोग तो फल फूल देखेंगे शजर देखेगा कौन

मेरी आवाज़ों के साये मेरे बाम-ओ-दर पे हैं
मेरे लफ़्ज़ों में उतर कर मेरा घर देखेगा कौन

हम चराग़े शब ही जब ठहरे तो फिर क्या सोचना
रात थी किसका मुक़द्दर और सहर देखेगा कौन

आ फसीले शहर से देखें ग़नीमे शहर को
शहर जलता हो तो तुझको बाम पर देखेगा कौन

हर कोई अपनी हवा में मस्त फिरता है फ़राज़
शहरे ना पुरसां में तेरी चश्मेतर देखेगा कौन

• •

अजब जुनूने मसाफ़त में घर से निकला था
ख़बर नहीं है कि सूरज किधर से निकला था

यह कौन फिर से उन्हीं रास्तों में छोड़ गया
अभी-अभी तो अज़ाबे सफ़र से निकला था

यह तीर दिल में मगर बे सबब नहीं उतरा
कोई तो हर्फ़ेलब चारहगर से निकला था

यह अब जो आग बना शहर-शहर फैला है
यही धुआँ मेरे दीवारोदर से निकला था

मैं रात टूट कर रोया तो चैन से सोया
कि दिल का जहर मेरे चश्मेतर से निकला था

यह अब जो सर हैं ख़मीदा कलाह की ख़ातिर
यह ऐब भी तो हम अहले हुनर से निकला था

वह कैस अब जिसे मजनूँ पुकारते हैं फ़राज़
तेरी तरह कोई दीवाना घर से निकला था।

तनवीर सुपरा

ग़ज़ल जिसे तरक़्क़ी पसन्द तहरीब के शुरू के दिनों में सामन्ती विधा तथा आधुनिक अपेक्षाओं को समो पाने में अयोग्य क़रार दिया गया था, आज किस ख़ूबसूरती से तरक़्क़ी पसन्द रुजहानात की तर्जुमानी कर रही है, इसकी मिसाल तनवीर सुपरा की ये दो ग़ज़लें हैं।

—सम्पादक

फिर इक़तिदार[1] के लिए मसरूफ़े जंग हैं
वह लोग जिनके हाथ में वादों के संग[2] हैं।

नारों पे कुदग़नें[3] हैं तो चीख़ें बुलन्द कर
अब लोग इस सकूते[4] मुसलसल से तंग हैं।

लफ़्ज़ों की फ़ाख़्ताएँ उड़ाते उन्हें न देख
ये अम्न के वकील ही बुनियादे जंग हैं।

• •

दिन भर तो बच्चों की ख़ातिर मैं मज़दूरी करता हूँ
शब को अपनी ग़ैर मुकम्मल ग़ज़लें पूरी करता हूँ।

मेरी गुमनामी का बायस उन लोगों की शोहरत है
अपने तन, मन, धन से जिनकी मैं मशहूरी करता हूँ।

कल तक मुमकिन है तुमसे भरपूर बग़ावत कर बैठूँ
आज अगरचे शिकवे वा तरज़े जम्हूरी करता हूँ।

1. सत्ता। 2. पत्थर। 3. प्रतिबन्ध। 4. मौन।

आज भी सुपरा उसकी ख़ुशबू मिल मालिक ले जाता है।
मैं लोहे की नाफ़ से पैदा जो कस्तूरी करता हूँ।

–प्रस्तुति–**रजा अब्बास जाफ़री**

याहिया अमज़द

आयेगा अब तो दौर मसावात देखना
काली घटा खुलेगी तो हालात देखना

ललकार भी बनेंगी ये सहमी हुई सदाएँ
जब दुख बढ़ा तो तुन्दए जज़्बात देखना

बुझे दिलों में कैसे जगा जाती है उम्मीद
बढ़ती हुई सहर के इशारात देखना

कल सुबहे जलज़ला है गिरेंगे ये उँचे बुर्ज़
प्यादों से कैसे होती है शह मात देखना

हर दिल में ज़ागज़ों भी सरफराजेदार भी
तुम अहले आरज़ू के मकामात देखना

दवाएँ दीं भी शर्बते ख़ूने ग़रीब भी
इन अहले ज़र को खालिके आफ़ात देखना

• •

खालिद अहमद

पालनों की उम्रों से अब हमें निकलने दे
ख़ाक में लथड़ने दे, पाँव, पाँव चलने दे।

ऐ बिरहना कोहसारो, सब्ज़ धूप से कह दो
चोटियों के काँधों से बर्फ़ को फिसलने दे।

वक़्त एक शातिर है, क़ादिरों पर क़ादिर है
तू पियादाए जाँ, बढ़, शाह को सँभलने दे।

ऐ हवा के झोंके, सुन, इस रविश को लौमत चुन
बे चराग़ गलियों में एक चराग़ जलने दे।

ढोल भी हमारे हैं, बोल भी हमारे हैं
डाल लेंगे भंगड़े भी, ताल तो बदलने दे।
कुंजे शब में ऐ ख़ालिद दिन पड़ाव डालेगा
नज़्मे शाम से कह दो, शाख़े शाम फलने दे।

• •

साबिर ज़फर

शीशे का घर नहीं रहेगा
या फिर पत्थर नहीं रहेगा

या बुझ जायेंगी अपनी आँखें
या यह मंज़र नहीं रहेगा

या उड़ जायेंगे सारे पंछी
या कोई पर नहीं रहेगा

या गिर जायेंगी सब फसीलें
या कोई दर नहीं रहेगा

या होगा अपना बोल बाला
या अपना सर नहीं रहेगा

–सभी ग़ज़लें शकील सिद्दीक़ी

अतहर नफ़ीस

मुझको तारीक समन्दर से उभारे कोई
मेरे सीने में नये ज़ख़्म उतारे कोई
मुझको टकरा दे किसी कोहे-बला से इस बार
मेरी चाहत में मुझे फूल न मारे कोई
रूह को रूह के आदाब सिखाये मैंने
मुझको समझाये बदन के भी इशारे कोई
मेरे जलने का ज़रा देर तमाशा देखें
रेशमी जिस्म में भर लाये शरारे कोई
मैं बदन हूँ तो हर एक बात बदन से सोचूँ
रुहे-ज़िन्दा हूँ तो फिर मुझको न मारे कोई
काश वो मेरी हुदूदे-क़दों-कामत में रहे
ख़ुद को अब इतनी बलन्दी से उतारे कोई
मैं बहुत जाग चुका वो भी तो जागें कुछ रोज़
मैं बहुत हार चुका अब ज़रा हारे कोई
वे सदा संग मेरे जिस्म को ज़ख़्मी न करें
बोलते चीख़ते पत्थर मुझे मारे कोई
शायद इस तरह मेरा जौक़े-सफ़र हो ज़िन्दा
नये लहजे में मुझे फिर से पुकारे कोई
शायद इस तरह मेरे दिल में खिलें ताज़ा गुलाब
नये नश्तर मेरे पहलू में उतारे कोई
मेरी खोई हुई राहों का पता दे मुझको
मेरे उलझे हुए बालों को सँवारे कोई
मुज़्महिल[1] सा मुझे देखे तो हिरासाँ होकर

बाँधे तावीज़ नज़र मेरी उतारे कोई
उसकी आँखों में पढ़ूँ रंगे-शफ़क[2] के औराक़
हर नयो शाम मेरे साथ गुज़ारे कोई
उसकी आवाज़ कोई दूसरी आवाज़ न हो
मेरी आवाज़ में अब मुझको पुकारे कोई

• •

धूप सर पर है तो फिर बे सायबाँ ज़िन्दा रहो
ऐ मेरे अहतर नफ़ीस, ऐ जाने-जाँ ज़िन्दा रहो
वुसअते[1]-सह्रा[2] को देखा, हो सके तो आज से
आप अपनी वुसअतों के दरमियाँ ज़िन्दा रहो
कश्ते-दिल की आबयारी इस क़दर आसाँ नहीं
हो सके तो सूरते-मोजे रवाँ जिन्दा रहो
बर्फ़ जैसी साअतें[3] ज़ज़्बात के अतराफ क्यों
ज़िन्दगी के नाम पर शोला-ब-जाँ ज़िन्दा रहो
आज का हर नक़्श, कल को धूप में घुल जायेगा
देर तक रहता नहीं कोई समाँ जिन्दा रहो
ख़्वाब का मंजर सही, आँखों में इक मुंजर[4] तो है
चन्द लमहे इस धनुक के दरमियाँ ज़िन्दा रहो
हम तो वे हैं जिनके हाथों में कोई तेशा नहीं
काटना फिर भी है, ये कोहे-गराँ ज़िन्दा रहो

• •

शकेब जलाली

आके पत्थर तो मेरे सहन में दो चार गिरे।
जितने उस पेड़ के फल थे पसे-दीवार गिरे॥

ऐसो दहशत थी फजाओं में खुले पानी क़ी।
आँख झपकी भी नहीं, हाथ से पतवार गिरे॥

---

1. क्लान्त। 2. उषा (क्षितिज पर सवेरे या शाम की लालिमा)।

1. वुसअत=विस्तार। 2. सह्रा=जंगल। 3. सआतें=क्षण। 4. मंजर=दृश्य।

मुझे गिरना है तो मैं अपने ही क़दमों में गिरूँ।
जिस तरह सायये-दीवार पे दीवार गिरे॥

तीरगी[1] छोड़ गये दिल में उजाले के खतूत[2]।
ये सितारे मेरे घर टूट के बेकार गिरे॥

क्या हवा हाथ में तलवार लिये फिरती है?
क्यों मुझे ढाल बनाने को ये छतनार गिरे॥

देख कर अपने दरो-बाम[3] लरज़ जाता है।
मेरे हम साये में जब भी कोई दीवार गिरे॥

वक़्त की डोर ख़ुदा जाने कहाँ से टूटे।
किस घड़ी सर पे ये लटकी हुई तलवार गिरे॥

हम से टकरा गयी ख़ुद बढ़ के अँधेरे की चट्टान।
हम सँभल कर जो बहुत चलते थे लाचार गिरे॥

क्या कहूँ दीदये-तर-ये तो मेरा चेहरा है।
संग कट जाते हैं बारिश की जहाँ धार गिरे॥

हाथ आया नहीं कुछ रात की दलदल के सिवा।
हाय किस मोड़ पे ख़्वाबों के परस्तार गिरे॥

वो तजल्ली की शुआएँ[4] थीं कि जलते हुए तीर।
आईने टूट गये आईनाबरदार गिरे॥

देखते क्यों हो शकेब इतनी बुलन्दी की तरफ।
न उठाया करो सर को कि ये दस्तार[5] गिरे॥

• •

ख़ाविर एजाज़

पेड़ यों तो शाख़ कट जाने से भी ज़िन्दा रहा।
लेकिन अपने साये से भो सख़्त शर्मिन्दा रहा॥

तुझको क्या क़ायम रही या वो इमारत गिर गयी।
हाँ तेरे पिन्दार[6] का परचम तो पाइन्दा[7] रहा॥

---

1. तिमिर। 2. चिह्न-रेखाएँ। 3. छज्जा। 4. किरणें। 5. पगड़ी। 6. अभिमान। 7. स्थायी।

रोशनी उसको बुशारत[1] दे के पछताती रही।
शिद्दते ज़ुल्मत[2] से सय्यारा[3] जो ताबिन्दा[4] रहा॥

हर ख़ुशी आख़िर इसे तस्लीम करती आयी है।
तेरा ग़म हर दौर में दिल का नुमाइन्दा रहा॥

ज़िन्दगी हारे हैं हम, हिम्मत अभी हारे नहीं।
ऐ ज़माने! मारिका[5] एक तुझसे आइन्दा रहा॥

–सभी की प्रस्तुत : **शीश ख़ान**

1. शुभ-संवाद। 2. तिमिर। 3. सितारा। 4. प्रकाशमान। 5. लड़ाई।

अब्बास अतहर की रचनाएँ

अब्बास अतहर पाकिस्तान के लिए ही नहीं हैं भारत में भी जानी मानी हस्ती हैं। असहमति और प्रतिरोध उनकी शायरी का प्रमुख स्वर है। वर्ष 1980 की शुरुआत में ही उनका इन्तकाल हुआ है। उन्होंने पाकिस्तान के भूतपूर्व प्रधानमन्त्री भुट्टो की फाँसी के विरुद्ध अनेक नज़्में लिखीं। एक यहाँ दी जा रही है। एक ग़ज़ल भी।

–सम्पादक

गिरे दीवार उठाने वाले
मर गये मौत सुलाने वाले

डगमगाये न सरे मक़तल भी
इश्क की रस्म निभाने वाले

इस सियाह रात पे भारी होंगे
ख़ून से शमएँ जलाने वाले

इन्हीं राहों में बिखर जायेंगे
सुबह की राह में आने वाले

अपनी सूरत भी दिखाने से गये
आईना सबको दिखाने वाले

● ●

तूफ़ान में घिर गये हैं

भुट्टो की फाँसी से संवेदित होकर लिखी गयी नज़्म

उसकी उँगली में शादी की अँगूठी
और माथे पर रुख़सत का बोसा था

और शहर के शहर आँसू बहाते थे
फिर दास्तानें बनीं
दास्तानें जो उसके सफ़र से भी लम्बी थीं
और जिनमें से एक भी
पूरी सच्ची न झूठी थीं
हम दास्तानें सुनाते हैं
और उसके रस्तों से पत्थर उठाते हैं
हर रात उठ कर दिये भी जलाते हैं
तन्हा चलने वाले के माथे पर
और पूछते हैं–बताओ कहाँ हो
कोई रास्ता हो–तो लौट आओ
तूफ़ान में घिर गये हैं
कोई रास्ता ही नहीं है
उसने जाने से पहले कहा था
लहू से ज़मीं पर लिखा था
मुझे याद रखना
वह दुःख और मजबूरियाँ याद रखना
जो मेरी और तुम्हारी जुदाई की रातों में फैली हुई हैं
मगर जाने वाले
तुम्हें भूलने के लिए याद करते हैं
लेकिन तुम्हारे ताअल्लुक को मजबूरियाँ और ख़ाली रकाबें
हमारे लिबासों पे उस ख़ूने नाहक के छींटे उड़ाती हैं
जिससे ज़मीं सुर्ख़ है
शहर रोकर तुम्हें पूछते हैं–कहाँ हो
तुम्हारा पता क्या बतायें
तूफ़ान में घिर गये हैं

• •

एक था बादशाह

यह उस बादशाह की कहानी है
जिसके निर्देश पर
आम जनता ख़ुदा को ख़ुदा मानती थी
और उस पर नक्षत्र बहुत मेहरबान थे

इसी बादशाह के ज़माने में देखा गया
जो ख़ुदा से न डरते थे
एक, इसकी आवाज़ पर
अगले ही दिन
हर जेलख़ाने में, थाने में और दफ़्तरों में
पंक्तियाँ बनाकर सिज्दे में गिर गए
और जो रिश्वतें लेते और ज़ुल्म करते थे
हर दिन अपने गुनाह मुआफ़ कराने लगे
बादशाह ख़ुश रहा और ख़ुदा ख़ुश रहा
और उसने बताया
ख़ुदा बस ख़ुदा है
वह आशिक़ न माशूक़ है और न मेहबूब है
वह ज़मीनों का और आसमानों का
सारे जहानों का मालिक है
और नियमानुसार यह दुनिया चलाता, सज़ाएँ सुनाता है
और रहम की कोई दरख़्वास्त सुनता नहीं

यह उसी बादशाह की कहानी है
जिसके ज़माने में चौराहे में फाँसियाँ गड़ गईं
आधी प्रजा की, जेलों में उम्रें कटीं
जो कोई सर उठाकर चला
उसकी गरदन कटी
जो भी निकला पताका उठाए
वह बाज़ू कटाए हुए, घर को लौटा
जो भी बोला, जिह्वा कट गई
जिस किसी ने कहा–ज़ुल्म होता है

उसको ज़मीन से रिहाई दिला दी गई कि वह ख़ुद जाके
अपनी तसल्ली करे और आँखों से देखे
ख़ुदा आसमानों पे ख़ुश है
न होता तो यह शानो-शौकत न देता
यह ताक़त न देता
यह इंसाफ़ करने की फुर्सत न देता

और लोग कहते हैं
उस बादशाह को ख़ुदा ने बहुत उम्र दी
जितने साल और सदियाँ ज़मीनों से गुज़रीं
वह हर इक में मौजूद था
अब भी मौजूद है
और सितारे भी उस पर बहुत महरबाँ हैं

मैं पूछूँगा

●

असग़र नदीम सैयद

जो भी मेरे इतिहास की वर्दी पहन कर अब आयेगा
मैं तो उससे उसका व्यवसाय पूछूँगा
मैं तो उससे अपनी धरती पर उगने वाले फलों के प्रकार पूछूँगा
मैं तो उससे पूछूँगा
कि कौन से गीत हमारी फ़सल पकाते हैं
और उनमें किसके रक्त का सूर्य ऊँचे स्वर में बोलता है
जो भी मेरे शब्द को अपना ग़ुलाम बनाने आयेगा
मैं उसको अपनी खाल उतार कर दे दूँगा
और अपने सारे शब्द हवा में उड़ा दूँगा
और अपनी आँखें शहर के ऊँचे मीनारों पर स्थापित कर दूँगा
जो भी मेरे नाम के शब्द बिगाड़ेगा
मैं उसकी याद में रहने वाले सारे नाम भुला दूँगा
जो भी नदियों का पानी गन्दला करने आयेगा
मैं उसके दिल में फैलाव के सारे मार्ग अन्धकार से भर दूँगा
मैं उसकी सारी श्रेष्ठता दूषित कर दूँगा

–अनुवाद : **सिद्दीका सानो**

साहित्य और सम्बद्धता

•

युसुफ़ हसन

साहित्य एक शक्ति है और साहित्यकार समाज की आँख। हम समाज की इस आँख से आशा करते हैं कि वह अपने समय और समाज से परिचित हो। वह अच्छी-बुरी मान्यताओं को ऊँच-नीच से आगाह हो। यह बात तय है कि मानवीय समस्याओं का वैज्ञानिक दृष्टिकोण से अध्ययन करना समकालीन समाज की आत्मा को पहचानना है और यह दृष्टिकोण स्वाभाविक तौर पर यथार्थवादी जीवन दृष्टि पर आधारित होता है और यथार्थवादी जीवन दृष्टि का प्रथम आग्रह है कि दुनिया भर की जनता को बिना किसी प्रकार के भेद की प्रगति की दिशा में बढ़ने के समस्त अवसर दिये जायें। अत: यह आवश्यक है कि लेखक का बल उन शक्तियों से समसम्बन्ध और समस्वर हो जो दुनिया-भर की जनता को समान रूप से प्रगति और उन्नति का अवसर देने के लिए साम्यवादी व्यवस्था की स्थापना और न्याय व शोषणविहीन समाज बनाने के लिए प्रयत्नशील हैं और विरोधी शक्तियों व मान्यताओं के विरुद्ध संघर्षरत हैं। इतिहास ने यह दायित्व मेहनतकश तबक़ों, मज़दूरों और किसानों को सौंपा है। यही शक्तियाँ मानवता की रक्षा और विकास की प्रतीक हैं। इन्हीं शक्तियों से प्रतिबद्धता सही प्रतिबद्धता है।

प्रतिबद्धता के साथ ही सम्बद्धता का भी प्रश्न उठता है। पूर्ण आस्था के लिए तीन बातें आवश्यक हैं। स्वीकृति, विश्वास और फिर उस पर नि:संकोच भाव से व्यवहार यानी कि अमल। यदि स्वीकृति प्रतिबद्धता का एक रूप है तो विश्वास और उस विश्वासानुसार व्यवहार की सम्बद्धता है। सम्बद्धता के बिना प्रतिबद्धता अपनी सम्पूर्णता तक नहीं पहुँचती और कई शंकाओं को जन्म देती है। किसी नयी विचारधारा या दर्शन पर विश्वास करने की प्रक्रिया में मनुष्य केवल एक नयी चीज़

को स्वीकार ही नहीं कर रहा होता बल्कि वह कुछ चीज़ों को नकारता भी है। नये रिश्ते बनते हैं तो पुराने रिश्ते टूटते भी हैं। इस टूटने और जुड़ने को सउत्साह स्वीकार करना तथा उसके अच्छे-बुरे के प्रति सचेत रहना आवश्यक है। हम अधिकांश लिखने वाले मध्यम और निम्न मध्यम वर्ग के सफ़ेद पोश और अर्ध सफ़ेद पोश हैं। जब हम मेहनतकश वर्गों के क्रान्तिकारी संघर्ष और नेतृत्व पर ईमान लाते हैं तब गोया अपने वर्ग को मौक़ा परस्ती और निकम्मेपन से सम्बन्ध तोड़ लेते हैं। हम अपने युग की सचेत, आन्दोलनरत और प्रगतिशील तथा विकासोन्मुख यथार्थ पर ईमान लाकर व्यक्तिगत दायरों तथा भ्रान्तियों से मुक्ति पाते हैं। क्रान्तिकारी वर्गों के साथ अधिकाधिक सामाजिक, मानसिक व आत्मिक सम्बद्धता हमारे बाहरी सम्बन्धों को मज़बूत बनाती है परन्तु इस मज़बूती के लिए उन्हें मॉडल टाउन या सुमनावाद में पार्टी देने के बजाय हमें स्वयं 'कोट लखपद' और 'गढ़ी शाहू' का रुख करना होगा। पंजाबी की प्रसिद्ध कहावत है, "राह पियां या बाह पियां होन्दी ऐ" यह कहावत वर्गीय चरित्र की पहचान के लिए भी सही है। हम जिन वर्गों के पक्षधर हैं उनके सहयात्री बनकर तथा उनके साथ व्यावहारिक तालमेल से ही उनके ऐतिहासिक चरित्र के यथार्थ की चेतना प्राप्त कर सकते हैं।

मेहनतकशों में रहकर ही हमें मेहनत के महत्त्व और मान का अहसास होता है। शोषक वर्ग की हैवानियत से उनकी नफ़रत तथा शोषित वर्गों के प्रति सहानुभूति के भाव उभर कर सामने आते हैं। अपने अधिकारों के लिए उनके संघर्ष की दिशा और गति का अनुमान मिलता है। उनकी उभरती शक्ति व संगठन का संवेदना के स्तर पर यह अवलोकन हमें अपने तर्कहीन विवादों से मुक्ति दिलाकर चिन्तन का बल और व्यवहार का सम्बल प्रदान करता है। हम जिस सीमा तक अपने भय और मोह से जान छुड़ाकर जीवन्त तथा जीवनप्रद यथार्थों से सम्बद्धता अख़्तियार करेंगे, हमारे भावों व अनुभूतियों, चिन्तन व विचार और अनुभवों में उतनी स्पष्टता, गहराई और परिपक्वता पैदा होगी। मध्यम वर्ग की कायर व्यक्तिकता और बनावटी शान, व्यावहारिक व्यक्तिकता, स्वाभिमान तथा आत्मविश्वास में परिवर्तित होगी। यह परिवर्तन ही जीवनोन्मुख तथा जीवन-हित साहित्य रचना का आधार बनता है। ऐसे साहित्य में ही अनुभव की प्रखर सत्यता, भावनाओं का भरपूर रचाव तथा विचारों की प्रभावशाली शक्ति होती है।

इस सम्बद्धता में मनोवैज्ञानिक स्वरूप के साथ ही अभिव्यक्ति के तरीक़ों में परिवर्तन की प्रक्रिया भी उभरती है। सोच साफ़ और उद्देश्य स्पष्ट हों तो भाषा व भाव उलझाव का शिकार नहीं होते। अर्थ के सम्प्रेषण का सामाजिक महत्त्व सामने

हो तो भाषा को पुनर्रचना के प्रहारों से शब्दों की टूटन को जनता की एसेम्बली में जाने से रोका नहीं जा सकता। सामाजिक जीवन सक्रियता व व्यवहार स्वयं ही शब्दों को अनुकूल साँचों में ढालती रहती है। जब शब्द अपनी सामाजिक पृष्ठभूमि तथा सामूहिक सम्बन्धों के साथ साहित्यिक रूप धारण करते हैं तब काग़ज़ पर रोशनाई के मुर्दा कीड़े-मकोड़े नहीं बल्कि जीवन्त तथा जीवनप्रद प्रभावों व स्थितियों की स्पन्दित प्रक्रिया के प्रतीक होते हैं। यही प्रक्रिया भाषा की व्यावहारिक चेतना व संवेदनशील समझ का तर्क भी है।

मेहनत-कशों के साथ मेल-मिलाप तथा उनके जीवन से क़रीब होकर हम अपनी क्षेत्रीय भाषाओं के निकट हो जाते हैं। यह निकटता एक ओर तो हमें बाहरी विश्वास प्रदान करती है तो दूसरी ओर क्षेत्रीय भाषाओं व राष्ट्रीय भाषा के मध्य व्यापक लेन-देन का आधार बनती है।

मुहावरा, किंवदन्तियों, लोककथाओं, रूपकों, उपमाओं, प्रतीकों तथा शब्दों का एक नया भण्डार राष्ट्र-भाषा के निर्माण में काम आता है जिससे जनता में साहित्य की समझ और चेतना व्यापक होती है और सही राष्ट्रीय चेतना का आधार सबल होता है।

इस जुड़ाव के माध्यम से हम उच्च तथा मध्यम वर्ग की बनावटी व दिखावटी संस्कृति की चकाचौंध से निकलकर पाकिस्तानी अवाम की वास्तविक संस्कृति से परिचित होते हैं। वह संस्कृति जिसकी जड़ें पाकिस्तान की मिट्टी में हैं, वह मिट्टी जिसके रंग व बू, चमक व दमक से हमारे राष्ट्रीय व्यक्तित्व की शक्ल बनती है—हम अवाम की हमराही में अपने अतीत से वर्तमान और वर्तमान से भविष्य तक की सांस्कृतिक यात्रा की सम्भावनाओं से सजगता प्राप्त करते हैं। यह संचेतना हमें अपनी राष्ट्रीय संस्कृति के प्रति विश्वास देती है। पाकिस्तानी अवाम, हर प्रान्त के किसान और मज़दूर अपना लक्ष्य पाने के लिए एक ही दुश्मन के ख़िलाफ़ युद्धरत हैं। इनकी यह एकता, विचार और व्यवहार की समानता हमारे राष्ट्रीय अस्तित्व की सलामती की बुनियाद है। इसी बुनियाद पर वारिस शाह, खुशहाली ख़ा खटक, जामवर्क और शाह अब्दुल लतीफ़ भटाई की स्वतन्त्रता प्रेमी रूहें एक महान रूह की प्रतिमा में ढलती हैं। इसी महानतम रूह की आकांक्षाओं और शक्ति से सच्चा पाकिस्तानी अदब तशकील पाता है।

जनसंघर्षों के जुड़ाव से हमें जीवन-निर्माण का उत्साह मिलता है तो ग़ैर सम्बद्धता के निष्कर्ष और अनुभव हमें जनसंघर्षों से जुड़ने की विवशता से दो

चार करते हैं। इतिहास को बनाने वाले वर्गों से हमारी ग़ैर सम्बद्धता हमारे चिन्तन व कला दोनों के पिछड़ेपन का कारण बनते हैं। प्रगतिशीलता के प्रति नकारात्मक रुख़ की पृष्ठभूमि में सक्रिय तत्त्वों से यदि हम परिचित नहीं हैं तो हमारी हालत एक भटके हुए आदमी जैसी होगी। इसकी एक मिसाल नौजवान तरक़्क़ी पसन्द शायर 'अदीम हाशमी' की नज़्म 'मज़दूर' है। वह जालिम के जुल्म और अपने अधिकारों को पहचानता है, परन्तु अधिकार प्राप्ति की लड़ाई में अडिग रहने के बजाय सारे संसार को नष्ट कर देना चाहता है। यह दृष्टिकोण सही नहीं है। यह मज़दूर वर्ग के जीवन से प्रेम और निश्चित विजय पर अविश्वास तथा सदियों की मेहनत से मानव सभ्यता के विकास के यथार्थ तथा महत्त्व से अनभिज्ञता है। इसी जगह सच्चे प्रगतिशील और प्रतिक्रियावादी का अन्तर स्पष्ट होता है। सही प्रगतिशील सोच वाला व्यक्ति स्थितियों की भयानकता से सिर्फ़ बेज़ार नहीं होता, बल्कि एक बेहतर स्थिति के निर्माण के लिए प्रयत्नरत रहता है। जबकि प्रतिक्रियावादी इतिहास को पीछे ढकेलता है और अपनी असन्तुष्टि की अभिव्यक्ति के बाद वैचारिक शून्य में लटकता रह जाता है।

ग़ैर-सम्बद्धता साहित्य के कलात्मक पहलू में यह ख़राबी पैदा करता है कि एक अदीब या शायर के मुँह से निकली सच्ची बात भी व्यक्ति तथा दृष्टि से दूरी के कारण अविश्वसनीय लगती है। क्योंकि वह स्वयं अनुभव की उस प्रक्रिया से नहीं गुज़रता, जिसकी वह रचनात्मक अभिव्यक्ति करता है। दरअसल यह रचनात्मक अभिव्यक्ति होती ही नहीं। ऐसे रचनाकार का 'मैं' और 'हम' दोनों अस्पष्ट होते हैं इसलिए उसकी रचना यथार्थ की उस ध्वनि से वंचित होती है जो व्यक्ति के अन्दर अनुभव के रचाव से घटती है। नतीजा यह कि वह सिर्फ़ शब्दों का एक ढेर होता हैं या फिर नारे का नारा। प्रगतिशील आन्दोलन के प्रारम्भिक दिनों में चन्द अदीबों व शायरों से ऐसी ग़लतियाँ हुई हैं। उन्होंने मशीनी अन्दाज़ में सुखद भविष्यवाणी की छाप लगी टिकटें पेश करनी शुरू कर दीं। साफ़ बात यह है कि ऐसा अदब तरक़्क़ी पसन्द अदब तो क्या अदब कहलाने लायक भी न था। इस ग़लती के बहाने से दक्षिणपन्थी प्रतिक्रियावादी आलोचकों की ओर से पूरी तरक़्क़ीपसन्द अदबी तहरीक पर हमले किये गये। उन्होंने इस आटोमेटिक क़िस्म के अदब को सही तरक़्क़ी पसन्द अदब का मयार ठहराया और फिर कहा, "यह भी कोई अदब है?" अदब इसे कहते हैं? इस तरह सारे तरक़्क़ी पसन्द अदब को ग़ैर-अदबी और वैचारिक अदब की अहमियत व ज़रूरत को बकवास क़रार देने की कोशिश की।

जिन तरक़्क़ी पसन्द अदीबों ने विचार धारा को जीवन का अनिवार्य अंग बनाकर अपने रचनात्मक सामर्थ्य और समकालीन दायित्वों के साथ अदब पेश किया तो तरक़्क़ी पसन्दी के मुख़ालिफ़ों ने उनके हक़ में इरशाद फ़रमाया कि देखा फलाँ अदीब नज़रिये के साये से निकल आया है इसलिए उसका अदब, अदब है। सो साबित हुआ कि नज़रिये (विचार धारा) से अलग होकर ही सच्चे अदब की तखलीक मुमकिन है। इस सितमज़रीफ़ी का ख़ास निशाना मजीद अमजद बने तरक़्क़ी पसन्द नज़रियात, उनकी वाबस्तगी (सम्बद्धता) राज़ की बात नहीं लेकिन उनकी अलामत निगारी (प्रतीकात्मकता) और दूर दृष्टि के बहाने उनकी सारी मेहनत अपने ग़ैर-नज़रियाती खाते में डालने की कोशिश की या उसे मरहूम के हमनज़रिया साथियों के ख़िलाफ़ इस्तेमाल करने के जतन किये, मगर निरर्थक।

इस तरह से नयी तरक़्क़ी पसन्द नस्ल जो क़यामे-पाकिस्तान के बाद चन्द वर्ष पहले पैदा हुई, बड़ी ख़ुशक़िस्मत है कि तरक़्क़ी पसन्दी की सम्पन्न व मज़बूत परम्परा उसे विरासत में मिली है। उसके युग के आने तक तरक़्क़ी पसन्दों की दो नस्लें इस परम्परा को अपना ख़ूने-जिगर दे चुकी हैं। फ़ैज़ नदीम, ज़हीर और उनके बहुत से हमउम्र, दूसरे फ़राज़, गौहर होशयारपुरी, सलाउद्दीन मोहम्मद, ज़हूर नज़र, अख़तर हुसैन जाफ़री और कई दूसरे, इस तरह यह परम्परा अपनी प्रारम्भिक भावुकता और जटिल राहों से निकलकर दूरगामी परिणामों-प्रभावों, विश्वास और सहजता की राह पर यात्रारत हैं। बुज़ुर्गों ने जिस परम्परा को चेतना के स्तर पर अपनाकर आगे बढ़ाया था, वह नयी तरक़्क़ी पसन्द नस्ल के अवचेतन का हिस्सा है। तरक़्क़ी पसन्द परम्परा और अपेक्षाकृत तेज़ वर्ग संघर्ष के माहौल में पोषित होने के कारण उसका वर्गीय चरित्र स्पष्ट हो रहा है और प्रतिबद्धता की समस्या उसके यहाँ दूसरी सूरत में आया है कि व्यावहारिक सम्बद्धता क्रम में उसके यहाँ प्रथम हैसियत रखती है। इसलिए उसकी प्रतिबद्धता किसी नयी विचारधारा या चिन्तन की स्वीकृति नहीं, बल्कि सम्बद्धता के दौरान अपने अन्दर और बाहर की अनुभूत सच्चाइयों की चेतना और उस चेतना को जीवन देने की प्रक्रिया है। नयी तरक़्क़ी पसन्द नस्ल की दूसरी उपलब्धि यह है कि उसने पाकिस्तान की धरती पर ही आँखें खोलीं और उसके क़दम-ब-क़दम यौवन की सामी में दाख़िल हुई, इसलिए देशप्रेम की समस्या उसके लिए विवादास्पद तो क्या सिरे से समस्या ही नहीं। पूर्वी पाकिस्तान के अलगाव के बाद ख़ाके-वतन तथा मेहनतकश वर्ग के साथ जुड़ाव की प्रवृत्ति बढ़ गयी है। तरक़्क़ी पसन्दों ने ख़ासकर नये तरक़्क़ी पसन्दों ने विशेषरूप

से राष्ट्र निर्माण और राष्ट्र रक्षा में अति उत्साह से भाग लिया। तरक़्क़ी पसन्द तहरीक और देश से सच्चे प्यार के कारण उसकी मक़सदे दोस्ती, वतन दोस्ती से टकराव नहीं, बल्कि उसी का एक हिस्सा है।

ये स्थितियाँ, वातावरण में उभरने वाली यह शक्ति, वतन के दुश्मनों और जन- विरोधी प्रतिक्रियावादियों के लिए ख़तरे की घण्टी है। इसकी शक्ति और दृढ़ता देश, जनता और कला सबके लिए ख़ूब से ख़ूबतर ज़िन्दगी की भविष्यवाणी है। नया तरक़्क़ी पसन्द अदब ज़्यादा प्रभावशाली, सशक्त, सुन्दर और आशाप्रद है। शायरी में सरमद सहबाई, खालिद अहमद, अमजद इस्लाम अमजद, नज़ीब अहमद, साबिर ज़फ़र, परवीन शाकिर और बहुत से दूसरे नौजवानों की रचनाएँ इसकी जिन्दा मिसालें हैं जो हमारे ईमान को मज़ीद पुख़्तगी और हमें आगे बढ़ने का मज़ीद वलवला अता करती हैं।

–अनुवाद : **शकील सिद्दीक़ी**

हसन नासिर का ख़ाका

•

इब्राहिम जलीस

ख़ाका या शब्द चित्र उर्दू में एक लोकप्रिय और समर्थ विधा है। व्यक्ति की स्मृति को जीवन्त बनाने के लिए इस विधा का पर्याप्त इस्तेमाल हुआ है। रेखाओं की सीमाएँ या कि शब्दों की हदबन्दी और उसके भीतर ही एक पूरे आदमी की मुकम्मल तस्वीरकशी, 'दोजखी' पढ़कर इस्मत चुगताई की क़लम को दाद देने की इच्छा होती है और 'मीराजी' पढ़कर मंटो पूरी तरह से जेहन पर छा जाते हैं। हसन नासिर का यह ख़ाका इब्राहीम जलीस की नुकीली क़लम की देन है। हसन नासिर की शहादत अगर मिसाल है तो इब्राहीम जलीस भी अपने फ़न में बेमिसाल। उनका असली मैदान तो तंजोमिजाह का है लेकिन ख़ाकों पर भी महारत हासिल है। अपने समय के साथ लड़ाई में कोई भी लेखक लेखन के किन स्तरों पर सक्रिय हो सकता है, इब्राहीम जलीस का प्रस्तुत ख़ाका इसका उदाहरण है।

एक आवाज़ अमर शहीद की गूँजे सदियों साल
एक लहू की बूँद गिरे तो धरती सारी लाल

—सम्पादक

दुनिया में हर दौर में बाज़ ऐसे इन्सान भी आते हैं जो पैदा होकर नहीं मरते, बल्कि मरने के बाद पैदा होते हैं, ज़िन्दा जावेद हो जाते हैं। हसन नासिर भी दुनिया के उन चन्द ख़ुशनसीब इन्सानों में से एक है। मेरा हम वतन, बल्कि हम ज़मीन, हम मशरब, मेरा रफ़ीक़, मेरा शहीद हसन नासिर अब से तेरह साल पहले तेरह नवम्बर को जेहादे-पाकिस्तान को मेहनतकश इन्सानों की जन्नत बनाने के जेहाद के जुर्म में साम्राज्यवादी तानाशाह के हाथों पाकिस्तान के मेहनतकश अवाम पर से ऐसा कुर्बान

हुआ कि उसका न कोई जनाज़ा उठा न उसका कोई मज़ार बना, लेकिन पाकिस्तान के किसी भी मेहनतकश इन्सान के दिल पर आज भी दस्तक देकर आवाज़ दो–

"हसन नासिर ओ हसन नासिर"

तो हसन नासिर उसके दिल की धड़कनों से जवाब देगा

'मैं यहाँ मौजूद हूँ'

शायर 'शाहिद रिज्वी' ने हसन नासिर के बारे में तो कहा था–

इक आवाज़ अमर शहीद की गूँजे सदियों साल
एक लहू की बूँद गिरे तो धरती सारी लाल।

बुज़ुर्गवारम सय्यद सिब्ते हसन ने भी हसन नासिर की लाफ़ानी शख़्सियत के गले में अपना आँसू माला यूँ पहनाया था।

"हसन नासिर की रहस्यमयी मौत के राज़ को कौन खोल सकता है, जिस हसन नासिर ने क़िला-ए-लाहौर के सियाह खाना-ए-मुसीबत में जिस तरह जान दी, उसे कौन बता सकता है। इस मर्दे आहहन पर यातनाओं के कौन-कौन से हुनर आज़माये गये, किसे मालूम? हमें तो यह भी ख़बर नहीं कि हसन नासिर का जनाज़ा कब उठा और उसको कहाँ और किसने सुपुर्दे ख़ाक किया। मगर वह जवानी ही क्या जो बिस्तरे मर्ग (मृत्युशय्या) पर दम तोड़े, वह इंक़लाबी ही क्या जिसका सीना ज़ुल्म के जानलेवा तीरों की आमाजगाह न बने और–

क्या लुत्फ़ जनाज़ा उठने का हर गाम पे ग़र मातम न हुआ।

हसन नासिर की नागहानी मौत दौरे अय्यूबी (अय्यूब-काल) का शायद सबसे शर्मनाक सानिहा है। ऐसी घटना किसी जम्हूरी (प्रजातान्त्रिक) मुल्क में पेश आयी होती तो हर तरफ़ तहलका मच जाता, एसेंबली में सवाल होते, अख़बारों में एहतिजाजी बयानात छपते, आला पैमाने पर अदालती तहक़ीक़ात होती और फिर मुजरिमों को उनकी सियाहकारियों के लिए कड़ी सज़ा मिलती लेकिन हमारे मुल्क में रावी उलटी बहती है इसलिए क़ातिलों को सज़ा के बजाय उन्हें तरक़्क़ियों से नवाजा गया। वैसे यह भी एक हक़ीक़त है कि ये तरक़्क़ियाँ ज़ालिम तानाशाही की रुसवाइयों का पेशखेमा साबित हुईं और जिस शख़्स के इशारों पर ये सितम तोड़े गये थे, वह कुर्सी-ए-इक़्तदार से बहुत बे आबरू होकर उठा। यही हश्र उन सबों का हुआ जिनके हाथ हसन नासिर के ख़ून से आलूदा थे। हसन नासिर तो अब भी ज़िन्दा है।

हसन नासिर मेरा हम ज़मीन था, उसका खमीर भी हैदराबाद दक्खिन की मिट्टी से उठा था। मैंने भी अर्ज़े दक्खिन की आग़ोश में आँखें खोलकर पहली बार दुनिया देखी है। हसन नासिर सरज़मीने दक्खिन के अमीर नवाबों की फलक बोस बस्ती 'बनजारा हिल्स' के एक आलीशान महल में मुँह में सोने का चमचा लेकर पैदा हुआ। आग़ाज़े लड़कपन तक उसने कभी नंगी ज़मीन पर नंगा पाँव नहीं रखा। क़ीमती ईरानी क़ालीनों पर रेंगने वाला, आयाओं और नौकरों की गोदियों में मचलने वाला, शानदार कारों में अमीरों के बच्चों के लिए मखसूस स्कूल जाने वाला इकलौता लाडला हसन नासिर, उसके माँ-बाप यह चाहते थे कि वह बरतानिया, अमेरिका या यूरोप की किसी शोहरा-ए-आफ़ाक़ यूनिवर्सिटी में तालीम हासिल करे और कोई बहुत बड़ा सरकारी अफ़सर बनकर कोई अमीर चान्द सी बहू घर ले आये और हमेशा फलक बोस कोठियों में मक़ीम रहे। हमेशा आसमान को देखता रहे, उसकी नज़रें कभी ज़मीन पर न पड़ें।

मगर सदियों पहले हमारी नज़रों से ओझल गौतम बुद्ध राजमहल से निकल कर ग़रीब इन्सानों की रहनुमाई के लिए एक पीपल के पेड़ तले जा बैठा था तो सदियों बाद हमारी आँखों के सामने हसन नासिर अमीरों को फलक बोस बस्ती 'बंजारा हिल्स' से उतर कर ज़मीन की बस्तियों में ग़रीबों की झोंपड़ियों और कच्चे घरों में मसावते इन्सानी (मानव समानता) के चिराग़ जलाने के लिए भटकता रहा।

और आख़िर में सरज़मीने हिमाला में तानाशाही के भयानक ज़ुल्मकदे (यातना-गृह) लाहौर के क़िले में हयाते जावेदां (अमृत) का छलकता जाम पीकर पाकिस्तान से आसमानों की तरफ़ रवाना हो गया।

हसन नासिर फलक बोस (गगन चुम्बी) महल से नीचे ज़मीन पर रेंगने वाले ग़रीबों की तरफ़ किस तरह आया इसके बारे में हसन नासिर ने ख़ुद एक बार मुझे वह वाक्या सुनाया, जिसने उसे महलों से निकाल कर छोटे घरों में और बिल आख़िर (अन्ततः) तानाशाही के ज़ुल्म ख़ाने में पहुँचा दिया।

हसन नासिर ने वह वाक्या (घटना) यूँ सुनाया था कि वह जब आठवीं जमा-अत में पढ़ता था तब एक बार स्कूल से घर आते हुए उसने रास्ते में देखा कि एक ज़ेरे तामीर इमारत का ठेकेदार एक ग़रीब मज़दूर को हंटर से बुरी तरह पीट रहा है और ग़रीब मज़दूर लहूलुहान दर्द से बुरी तरह बिलबिला रहा है। हसन नासिर ने फ़ौरन अपनी कार रुकवायी और उतर कर उस ठेकेदार से लिपट गया, उसके हाथ से हंटर छीन लिया। वह ठेकेदार हसन नासिर के खानदान से वाक़िफ़ था, इसलिए उसने हाथ रोक लिया।

हसन नासिर फिर उस ज़ख़्मी लहूलुहान मज़दूर को अपनी कार में बैठाकर अपनी कोठी ले गया। उसकी वाल्दा भी हसन नासिर की इस रहम दिली से बहुत मुत्तासिर (प्रभावित) हुईं। उन्होंने भी उस मज़दूर की मरहम-पट्टी की और हसन नासिर की पीठ ठोंकी।

यह वाक़िया हसन नासिर की ज़िन्दगी का मोड़ था। यहीं से वह महलों का रास्ता छोड़कर झोंपड़ियों की तरफ़ मुड़ गया।

अब हसन नासिर तो इस दुनिया में नहीं है लेकिन अब भी जब कभी लांढी साइट या पाकिस्तान के किसी भी सनाअती (औद्योगिक) और ज़रई (कृषि) इलाक़े में कोई मेहनतकश ग़रीब इन्सान शहीद होता है तो मुझे यूँ महसूस होता है जैसे हसन नासिर एक बार और शहीद हुआ है।

जब तक ज़मीन पर मसावते इन्सानी (वर्गहीन) का राज क़ायम नहीं होता हसन नासिर कभी मज़दूर 'साबिर' के नाम से शहीद होता रहेगा तो कभी मज़दूर 'अब्दुल करीम' के नाम से अमर होता रहेगा।

और ज़ालिम के हर फ़ायर के साथ मेहनतकशों की ज़ुबान से हबीब जालिब की यह आवाज़ गूँजती रहेगी—

हम हैं हसन नासिर के साथी, ठीक हमारा रस्ता है
जो हम दिल वालों से उलझे जाह तलब है, झूठा है
ख़ूने हसन नासिर का बदला लेंगे एक-एक क़ातिल से
दूर नहीं कर सकता कोई हमको अपनी मंजिल से।

—अनुवाद : **शक़ील सिद्दीकी**

शायर वाली आसी, लखनऊ के सहयोग से।

पाकिस्तान की झाँकी-यात्रा विवरण

•

डॉ. मोहम्मद हसन के सफ़रनामे के माध्यम से

[यह सफ़रनामा बहुत लम्बा है, यहाँ उसके प्रासंगिक अंश ही प्रस्तुत किये जा रहे हैं। डॉ. मोहम्मद हसन के प्रति क्षमा और आभार सहित।]

सबसे पहले 'डान' के संवाददाता ने ख़ासा लम्बा इंटरव्यू लिया। इस इंटरव्यू में मैंने दो मुद्दों पर विशेषरूप से ज़ोर दिया था। एक यह कि पाकिस्तान की सरकारी ज़बान उर्दू है, अत: अन्तरराष्ट्रीय स्तर पर उर्दू की शिक्षा व अध्ययन के लिए और उच्चस्तरीय अनुसन्धान और साहित्यिक गतिविधियों के मध्य एक केन्द्रीयता पैदा करने का दायित्व भी उसी पर आता है। आवश्यक है कि अन्तरराष्ट्रीय उर्दू के लिए केन्द्रीय संस्थान यहाँ क़ायम किया जाये। दूसरी बात संवाददाता के प्रश्न के उत्तर में थी। पाकिस्तान के उर्दू उपन्यासों में भी पाकिस्तान की झलक मौजूद नहीं है। लगभग सभी श्रेष्ठ उपन्यास (शौकत सिद्दीक़ी के उपन्यास 'ख़ुदा की बस्ती' को छोड़कर) या तो भारत से सम्बन्धित हैं या देश विभाजन और उससे सम्बन्धित घटनाओं के बारे में हैं। पाकिस्तान के किसी भी उपन्यास में बलूचिस्तान, सीमा प्रान्तों, सिन्ध या पंजाब के लोक जीवन को पेश नहीं किया गया है।

'तरक़्क़ी उर्दू बोर्ड' गया। अब्दुल अलैस सिद्दीक़ी से मालूम हुआ कि अस्सी लाख रुपये अब तक उर्दू शब्दकोश की तैयारी में ख़र्च हो चुके हैं और अब तक केवल 12 पृष्ठ, 18 वर्षों की अवधि में छपे हैं और इसमें भी ग़लतियाँ हैं। कार्ड देखे शब्दकोश अत्यन्त विस्तृत है और आक्सफोर्ड के अंग्रेज़ी शब्दकोश की तर्ज पर 12 जिल्दों में पूर्ण होना है। अब सिर्फ़ दो लाख रुपयों की रकम शेष है और उसका अपना प्रेस है।

वैसे लैस साहब काम बड़े सलीके से कर रहे हैं। कराची विश्वविद्यालय के उर्दू विभाग में भाषायी कामों के इंचार्ज हैं। उन्होंने मुझे अपनी अनुसन्धानशाला भी

दिखाई। इसमें एक मशीन माइक्रो फिल्म रीडर प्रिंटर देखी जिसमें माइक्रो फ़िल्म का स्ट्रेप रखकर पढ़ा भी जा सकता है और उसे बड़ा करके उसका जीरो भी तैयार किया जा सकता है। उसकी लागत चालीस हज़ार की है और फोर्ड फाउंडेशन से उर्दू विभाग कराची विश्वविद्यालय को मिली है।

उन्होंने उर्दू ध्वनियों की कीमयोग्राफ़ी की है, उसके 54 चार्ट कमरे में लगे हुए है। इसके साथ विभिन्न ध्वनियों की अदायगी के समय जीभ, अधर और हलक़ की स्थिति ज़ाहिर करने वाले बहुत से तस्वीरी चार्ट थे।

बारह जिल्दों में उर्दू में एक विशाल इंसाइक्लोपीडिया ऑफ़ इस्लाम प्रकाशित हुआ है।

लैस साहब जो शब्दकोश तैयार कर रहे हैं (जिसे पहले शानुलहक़, उनसे पहले जोश साहब, शौकत सब्जवारी, डॉ. शहीद उल्लाह इत्यादि ने संयोजित किया) उसकी प्रक्रिया यह है कि प्रत्येक शब्द की असल, उच्चारण, अर्थ का विवरण के साथ यह भी खोज की जाये कि सबसे पहले शब्द कब और किस अर्थ में प्रयोग हुआ और उसके बाद के कालों में अर्थ परिवर्तन के साथ किस जगह और किस पुस्तक में प्रयुक्त हुआ। इन सन्दर्भों की उपलब्धि के लिए अब तक कोई 2300 पुस्तकें पढ़ी गयी हैं, जबकि पढ़ी जाने वाली पुस्तकों की संख्या अधिक होनी चाहिए थी। अनुमानतः कुल संख्या शब्दों की दो लाख होगी जबकि अन्दाज़न इनकी संख्या साढ़े तीन लाख से कम नहीं होनी चाहिए।

पाकिस्तान की सभी प्राचीन पाण्डुलिपियों की एक विवरणात्मक सूची दस जिल्दों में मशश्क ख्वाजा तैयार कर रहे हैं। इसकी पहली जिल्द प्रकाशनाधीन है। इसमें यह व्यवस्था की गयी है कि पाण्डुलिपि के बारे में आवश्यक विवरण, विशेषताओं की बहस, प्रत्येक पाण्डुलिपि के दूसरे अनुवादों का विवरण और तुलना और इस लेखक तथा पाण्डुलिपि के सम्बन्ध में उपलब्ध होने वाले समस्त तथ्यों को रेखांकित किया गया है।

जहाँ तक तख्लीकी अदब यानी कि रचनात्मक साहित्य का प्रश्न है तो यहाँ जिन नामों की धूम है वे ये हैं—

शायर—फ़ैज़ अहमद फ़ैज़, इब्ने इंशा, अहमद फ़राज, हबीब जालिब, अहमद नदीम क़ासमी, जीलानी कामरान, मुनीर न्याज़ी, फ़हमीदा रेयाज़, परवीन शाकिर, रज़ी अख्तर, ज़फ़र इक़बाल। एक और ग्रुप इफ़्तख़ार जालिन और अनीस नाजी का है, जो नयी काव्य भाषा बनाना चाहते हैं।

वज़ीर आगा का अपना अलग गिरोह है। कहानीकारों में सज्जाद महत्त्वपूर्ण हैं। यह पेशे से डॉक्टर हैं लेकिन अभिनेता नाटककार और कहानीकार भी। इनके अलावा इन्तज़ार हुसैन, अहमद नदीम और एक गिरोह में खालिदा असग़र और एक अन्य ग्रुप में रशीद अमजद, कमर अब्बास, नदीम लोकप्रिय हैं।

रेडियो और टी.वी. नाटकों में अन्तर सज्जाद, अशफ़ाक अहमद, कुदसिया बानो और ग़ैर-अदनी अर्द्ध हास्य अर्द्ध व्यावसायिक नाटकों में हसीना मोइन और अतहर शाह ख़ाँ चर्चित हैं। इन ड्रामों पर फ़िल्मी अन्दाज़ का प्रभाव है।

आलोचना के बारे में जमील जालनी का विचार है कि टूटन व बिखराव की प्रक्रिया जारी है और यह काट-छाँट सिर्फ़ इसलिए है कि ख़्याल की नयी बुनियाद की तलाश हो रही है—इस सारी झुँझलाहट से गोया नयी सोच की खाद तैयार होती है। सलीम अहमद और शमीम अहमद की समीक्षाएँ दिलचस्पी से पढ़ी जाती हैं। हसन अस्करी तो हैं ही मगर अब कम लिखते हैं। फिर फ़तह मोहम्मद नाम के भी कोई साहब हैं जिनसे अहमद नदीम कासमी ने परिचय कराया।

शायरों और लेखकों की ख़ासी बड़ी संख्या आध्यात्मिकता तथा इस्लामियत की ओर उन्मुख है। अध्यात्म की ओर झुके लोगों में मोहम्मद हसन अस्करी प्रमुख हैं। सुना है, इन दिनों मौलाना अशरफ़ अली साहब थानवी की किताबों का अंग्रेज़ी में अनुवाद कर रहे हैं। उर्दू का असल लहजा (शैली) वह उन्हीं के तर्ज़ को मानते हैं। इनके अलावा अशफ़ाक़ अहमद, इन्तज़ार हुसैन, सलीम अहमद, सलाउद्दीन महमूद और अन्य अनेक लेखक शामिल हैं। वास्तव में पाकिस्तान की उर्दू आलोचना विश्वसनीय नहीं है। मजनूँ, मुमताज हुसैन तथा जमील जालवी के अतिरिक्त कोई उल्लेखनीय आलोचक नहीं है। पाकिस्तानी लेखकों को अपनी शायरी पर गर्व है। यह भी सुना है कि हिन्दोस्तान में उर्दू शायरी नहीं हो रही है।

एक महत्त्वपूर्ण बात, पाकिस्तान में हिन्दी से दिलचस्पी है। अवुल अलैस सिद्दीक़ी ने बताया कि शब्दकोश में शब्दों की वास्तविक हिन्दी स्पष्ट करने के लिए हिन्दी टाइप की आवश्यकता थी। हिन्दी टाइप यहाँ मौजूद नहीं, इसलिए विशेष रूप से ढाला गया। जमील जालवी ने कहा कि 'नया दौर' का हिन्दी साहित्य अंक संयोजित करना चाहता हूँ जो विशाल हो और हिन्दी साहित्य की समस्त प्रवृत्तियों–धाराओं का जिसमें समावेश हो। कराची विश्वविद्यालय में हिन्दी डिप्लोमा की शिक्षा शुरू हुई है। मुमताज हुसैन की नयी किताब अमीर खुसरो पर छपी है जिसमें नयी स्थापनाएँ की गयी हैं। बहुत से लोग उनसे सहमत नहीं हैं। नाराज भी हैं। मुमताज

का कहना है कि खुसरो के पिता का नाम लालचीन था और उनका जन्म स्थान दिल्ली नहीं पटयाली है।

शौकत सिद्दीक़ी एक किताब 'गुमशुदा औराक़' (विस्मृत पृष्ठ) के नाम से लिख रहे हैं, जो उन शरणार्थियों की कहानी है, जिन्होंने आज़ादी की लड़ाई के लिए देश छोड़ा। इनमें से मुस्लिम नौजवान थे, जो अफ़ग़ानिस्तान और रूस गये।

मेरे सम्मान में जो शामे कहानी आयोजित हुई उसमें अफ़सर आज़र, इशरत हुसैन और रज़िया फसीह अहमद की कहानियाँ बहुत अच्छी थीं। सबमें परिवर्तन की लालसा और एक गहरा-तीखा व्यंग्य था।

'गालिब' पर खलीक इब्राहीम ने 1969 में दो लाख रुपये में रंगीन फ़िल्म बनायी। फ़िल्म अच्छी है, शिक्षाप्रद है, उस दौर की इल्मी व अदवी फ़िज़ा का प्रामाणिक दस्तावेज़ है। मगर मजा यह कि पाकिस्तानी सरकार ने फ़िल्म प्रदर्शन को अनुमति इसलिए नहीं दी क्योंकि 'गालिब' तो भारत का शायर है, उसकी चर्चा पाकिस्तान में होना उचित नहीं। आपत्ति गालिब के शराबी होने पर भी थी।

इक़बाल पर भी 'फ़ैज़' ने फ़िल्म बनायी है, परन्तु उसे भी प्रदर्शन की अनुमति नहीं दी गयी। कारण यह था कि मौलवियों को इक़बाल की फ़िल्म के पर्दे पर दिखाना स्वीकार नहीं था।

पाकिस्तान...

- दौलत बहुत है, नहीं भी है। जिनके पास है बहुत है।
- दौलत का प्रदर्शन फ़ैशन में शामिल है।
- आज़ादी से विदेशी सामान मँगाते हैं और इस्तेमाल करते हैं।
- कराची के हर बीसवें खानदान में कोई-न-कोई व्यक्ति बहरीन, दुबई, कुवैत अन्य अरब देशों तथा अफ्रीकी देशों में मुलाज़िम है और वहाँ से अपने परिवार के लोगों को सामान व धन भेजता है।
- उच्च शिक्षा कम लेकिन उच्च शिक्षित लोगों की माँग अधिक।
  भुट्टो ने अपने शासन में कोटा सिस्टम लागू कर दिया था, हर प्रान्त का अलग-अलग कोटा। इसके तहत समस्त नागरिकों को पूर्ण विवरण के साथ परिचय-पत्र दिया गया।
- विकसित पूँजीवाद के साथ-साथ सामन्तवाद के अवशेष भी हैं। सुना है सिन्ध में अब भी ऐसे ढेरों नवाब हैं जिनके अपने व्यक्तिगत हवाई जहाज़ और क़ैदखाने हैं। भुट्टो के शासन में ऐसे मात्र एक क़ैदखाने से एक हज़ार

क़ैदी आज़ाद कराये गये थे। बलूचिस्तान और सीमा में इन नवाबों और रईसों की बड़ी संख्या है, मुस्लिम लीग के नेता पीर का भी यही हाल है।

- अराजकता और ऐश्वर्य की प्रवृत्ति आम है। नमाज़ पढ़ने की शिक्षा जगह-जगह, बसों-चौराहों पर भी देखी।
- मौलवियों का बड़ा ज़ोर है। ललित कलाओं पर पाबन्दी है। चित्रकारी और मूर्तिकला पर पूरा प्रतिबन्ध है। संगीत भी बन्धनों का शिकार है।
- मुसलमानों के फिरकों (सम्प्रदायों) में सद्भावना बहुत कम है।
- कठमुल्लापन इतना अधिक है कि हर प्रकार की वैचारिक स्वतन्त्रता ख़तरे में है।
- कराची के एक किनारे पर नाटक से सम्बन्धित गतिविधियों का केन्द्र अब भी इप्टा (IPTA) के पुराने कार्य कार्यकर्ता सँभाले हुए हैं। प्रगतिशील लेखक संघ की शाख़ा भी सक्रिय है।
- वामपन्थी चेतना से लैस 'कुल पाकिस्तान किसान मज़दूर पार्टी' भी है। इसका प्रमुख कार्य क्षेत्र गाँव और मेहनतकश वर्ग है। इम्तियाज आलम सचिव हैं।
- सरकारी काम-काज में अंग्रेज़ी का बोलबाला है। बावजूद इसके लोग उर्दू से प्यार करते हैं। उर्दू पत्र-पत्रिकाओं का सर्कुलेशन अंग्रेज़ी की अपेक्षा बहुत अधिक है।
- स्तम्भ लेखन को साहित्यिक मान्यता प्राप्त है और लगभग हर अच्छा लेखक स्तम्भ लिखता है।
- उर्दू पत्र-पत्रिकाओं की लोकप्रियता का यह हाल है कि 'सब रंग' जिसका मूल्य छः रुपये है, डेढ़ लाख प्रतियाँ छपतीं और बिकती हैं।

–प्रस्तुत : **शकील सिद्दीक़ी**

दो पत्र

•

अनवर सज़्ज़ाद व अजीजुल हक़

उर्दू में पत्र लेखन को बाकायदा एक पूरी विधा की मान्यता मिली हुई है, परन्तु यहाँ जो पत्र प्रस्तुत किये जा रहे हैं, उनका उद्द्देश्य पाठकों को इस विधा से परिचित कराना नहीं है। पाकिस्तान की आधुनिक व जनवादी कलात्मक सोच को रेखांकित करने मात्र के उद्द्देश्य से ये दो पत्र यहाँ प्रस्तुत हैं। इन दोनों पत्रों में ही दो रचनाकारों की सोच और चिन्तन के प्रतिबिम्ब व आसानी देखे जा सकते हैं।

–सम्पादक

अक्तूबर 12 { एक ख़त अजीजुल हक़ का जिसे उसके दोस्त ने गोली से मार दिया और जो साहित्यकार के साथ पाकिस्तान में 'यंग प्यूपिल्ज़ फ्रंट' का संस्थापक था।

...लो एक क़िस्सा सुनो। पाँच छः रोज़ इधर की बात है कि दोपहर कोई 12, 12 1/2 बजे यूनिवर्सिटी के एक कोने से छात्रों के किसी समूह का शोर अचानक उभरा। हा-हा-हुर्रे और फिर दोबारा कुछ देर के बाद हा-हा-हुर्रे और फिर तीसरी बार। यह समय इंटरवल का होता है यानी कैंटीनों में तालिब इल्मों (छात्रों) की ऊधम-चौकड़ी का वक़्त। मैं भी कैंटीन में बैठा कॉफ़ी पी रहा था। निन्दात्मक शोर की आवाज़ जो कान में पड़ी तो मुद्दतों से बुझी हुई तबीयत में तरावट आयी और मैं जल्दी से प्याली ख़त्म कर शोर की तरफ़ चल पड़ा। जिस जगह पहुँचा वह यूनिवर्सिटी का फाइन आर्ट्स का विभाग था। जो देखता हूँ तो दो-तीन लम्बे-तड़ंगे (मेरा मतलब है केनेडियनों से लम्बे-तड़ंगे कि हमारे हिसाब से सभी कैनेडियन लम्बे तड़ंगे होते हैं) तालिब इल्म, हाथों में हथौड़ेनुमा औज़ार लिए अपने इर्द-गिर्द

के चन्द एक मुजस्सियों (मूर्तियों) की धत तेरे की कर रहे हैं। इन तालिब इल्मों के स्वेटरों से अन्दाज़ा हुआ कि ये इजीनीयरिंग के स्टूडेंट हैं (इजीनीयरिंग के स्टूडेंट लाल स्वेटर पहनते हैं) और फाइन आर्ट्स के तालिब इल्मों की सालों की मेहनत को कि जो मॉडर्न मजस्सियों का रूप लिए फाइन आर्ट्स बिल्डिंग के बाहर स्थापित थीं, अपने ग़म व ग़ुस्से के तूफ़ान में बहाना चाहते हैं। यह मेरे लिए एक अजीब तरह का तजुर्बा था कि मैं अदब बराय अदब (कला, कला के लिए) और इंजीनियरिंग वराये ज़िन्दगी के अलमबरदारों (झण्डाबरदारों) की ओरल जंग तो मानता हूँ लेकिन यह व्यावहारिक कार्रवाई मुझे बेहद वहशियाना मालूम हुई। यही ख़्याल और भी कई मौजूद तुलबा व तालनात का था। ख़ास तौर से तालनात (छात्राएँ) का कि नर्म-नाज़ुक बदन अपने आपको आर्ट के मुजस्सियों ही के हवाले से तो पहचानती हैं (यह बात महज़ यहाँ यानी मगरिब (पश्चिम) के बारे में नहीं कह रहा हूँ, यहाँ तो शायद मशरिक़ (पूर्व) के मुक़ाबले यह अहसास कमतर ही हो)।

बहरहाल हरकत बुरी थी और उस पर मज़ीद बुराई यह कि उन नामाकूलों को कोई रोकने-टोकने वाला न था, बल्कि उनके साथी हा-हा हुर्रे करते हुए उनकी तारीफ़ फ़रमा रहे थे। ख़ैर, दिन गुजरा शाम हुई, डाइनिंग हाल में सभी के लबों पर यही बात थी और हर कोई अपने खुलूस व खिसलत के मुताबिक़ इंजीनियरों को बुरा-भला कह रहा था। और बात थी भी माकूल। दूसरे रोज़ यूनिवर्सिटी के अख़बार में (यूनिवर्सिटी के तालिव् इल्मों का अपना एक अख़बार है, जो हफ़्ते में तीन बार निकलता है) इस ग़ैर-शायस्ता हरकत पर लोगों के खत छपे, एडीटोरियल निकला–खबर छपी कि रात डांसिंग हाल में चन्द मोहतरमाओं ने (अगर इसी लफ़्ज़ पर अहले जवान को एतराज हो तो मोहतरमान ने या ख़्वातीन) चन्द मोहतरमों के साथ डांस करते-करते जो अचानक पूछ लिया कि जनाब किस फैकल्टी से मुंसलिक (सम्बद्ध) हैं और जब जवाब मिला कि इंजिनीयरिंग से तो फ़ौरन उन्होंने हाथ से हाथ छुड़ाकर, कमर के गिर्द लिपटा बाजू मरोड़, थू-थूकर, आराम कुर्सियों पर गिर कर अपने नसीबों को कोसा। मुझे यह रद्दो अम्ल (प्रतिक्रिया) बहुत भाया और मैं उस सूरते हाल को तस्वीर बना, बार-बार अपने ज़हन में ला-लाकर ख़ुश हुआ किया। पर जो दो रोज़ बाद दोबारा 'यू.बी.सी' देखता हूँ तो–वाह रे मेरे लाल स्वेटर वाले साथियों, जुग-जुग जियो मेरे पट्ठों, भाई कमाल कर दिया इन इंजीनियरों ने तो। ख़बर छपी कि लोगों के रद्दो अम्ल से मुन्तासिर (प्रभावित) होकर जब यूनिवर्सिटी वालों ने यह फैसला किया कि उन तालिब इल्मों को, जिन्होंने यह नाज़ेबा हरकत की है, सज़ा दी जायेगी और इस सिल-सिले में इनक्वायरी कमेटी बैठी और उसने

पहला काम उन मुजस्सियों की क़ीमत लगाने का सोचा कि जिनको बद्दख्तों ने बरबाद कर दिया था, तो पता चला कि–कि कोई मुजस्सया भी नहीं तोड़ा गया। तुम कहोगे क्या मतलब? मतलब यह कि मुजस्सिये तो ज़रूर तोड़े गये थे कि हम सबने दिन-दहाड़े अपनी-अपनी आँखों से, अपने सामने टूटते देखा था, लेकिन यह मुजस्सिये फाइन आर्ट्स वालों का शाहकार न थे बल्कि–बल्कि ख़ुद इंजीनियरों का ही कारनामा था। इंजीनियरों ने इनको बनाने पर कोई माह-दो माह सर्फ किये थे, यह काम वह रात को करते और बारी-बारी यानी एक मुजस्समें पर (अल्लिफ़) सोमवार को आठ बजे से साढ़े नौ तक काम करेगा तो (बे) साढ़े नौ से साढ़े ग्यारह बजे तक और फिर (जीम) मंगल या बुध को किसी वक़्त और फिर (दाल) (यानी इन मुजस्सिमों और हमारी नाज़, आफताब और अजीजुलहक़ की Collective नज़्मों) में कोई फ़र्क नहीं। और जब यह इजतमाई (सामूहिक) शाहकार पूरे हो गये (यानी कि जब इंजीनियरों ने जाना कि अब वक़्त ठीक है) तब एक रात चुपके से कोई बारह बजे के क़रीब उन्हें फाइन आर्ट्स की बिल्डिंग के सामने स्थापित कर दिया और सुबह भरे मजमे में धत तेरे की, हा-हा हुर्रे और ग़ालियाँ और सलवातें। भाई मज़ा आ गया, अदब वराय अदब पर की गयी, इस अम्ली तंक़ीद (व्यावहारिक आलोचना) का। यह यहाँ की ज़िन्दगी से मेरा पहला भरपूर वास्ता था। कहो, इतदा कैसी है? आगे की आगे चलकर...।

तुम्हारा
किस्साग्रो

बलराज मेनरा के नाम अनवर सज्जाद का पत्र

डॉ. एस. अनवर सज्जाद
बी.एससी., एम.बी.बी.एस., डी.टी.,
एम. एंड एच इंग्लैंड,
नशीमन चुनी मण्डी, लाहौर
फोन–52673
12-11-72

प्यारे मेनरे,

...पहली बात, तुम्हारा ख़त मैंने इफ़्ततार जालिब को पढ़ा दिया था, अज़ीज़ुल हक को नहीं पढ़ा सका–कोई छै माह हुए अज़ीज़ुल हक को गोली मारकर हलाक

कर दिया गया। तुम तक ख़बर नहीं पहुँची होगी, जभी तुम्हें पता नहीं। गोली मारने वाला उसके क़रीबी दोस्तों में से था, जिसने उसको गोली मारने के बाद अपनी बीबी को गोली मारी (बीबी शदीद ज़ख़्मी होकर अस्पताल पहुँची और मरने से बच गयी) फिर अपने आपको गोली मारकर मर गया। नहीं यह कोई Crime Passioned नहीं था। तुम्हें शायद पता नहीं, अज़ीज़ एक बड़ी जबरदस्त Potential माउवादी-लेनिनवादी आन्दोलन का बानी था–'यंग प्यूपिल्ज फ्रंट'। सईद एक उभरता हुआ पूँजीपति था और उसकी बीबी (चूँकि अज़ीज़ उनका फेमिली फ्रेंड था) अज़ीज़ की हम ख़्याल थी, बहुत शिद्दत से। लायलपुर से ये लोग एक जलसे से (वहाँ री इलेक्शनों के सिलसिले में जलसा था) वापस आये थे–रास्ते में क़ातिल (सईद) और अज़ीज़ के ग्रुप के बीच बहस हुई, जिसे अज़ीज़, उसके साथियों और श्रीमती सईद (कातिल की बीबी) ने महज दोस्ताना सतह पर लिया, लेकिन सईद की क्लास के अन्त:विरोधी निखर कर सामने आये और उसने सुबह-सवेरे अपनी समझ से अज़ीज़ को क़त्ल करके और ख़ुद को गोली मारके उन अन्त:विरोधों को हल कर लिया–और यूँ अज़ीज़ की सईद के साथ दस साल की दोस्ती का अंजाम हुआ–राइटिस्टों की तरफ़ स्कैंडल बनाने की कोशिश की गयी थी मगर साथियों ने जिसे बड़ी कामयाबी से ख़त्म कर दिया–सो उसे तुम्हारा ख़त नहीं पढ़ा सका। अगर वह पढ़ता तो मेरे जितना Excited होता।

तुम्हारी 'आख़िरी कंपोजीशन' मुझे बेहद पसन्द आयी। ट्रेड यूनियनें मेरे नज़दीक Blind end की तहरीक हैं– अगर इनमें इंक़लाबी काडर बन सकता हो तो शायद–लेकिन अक्सर देखने में आया है (बल्कि ऐतिहासिक रूप में) ट्रेड यूनियनिज़्म महज़ सरमाया दाराना निज़ाम (व्यवस्था) और इंकलाबी मज़दूरों के दरम्यान एक Bujjet की हैसियत ही रखा करती है। मैंने सात माह दिन-रात मेहनत करके क़रीबन छह सौ एक्टरों, स्टेज राइटरों, संगीतकारों और चित्रकारों की यूनियन बनायी है। चूँकि तमाम ट्रेड यूनियनों की तरह इसमें तमाम तरह के विचारों के लोग मौजूद हैं, इसलिए महज़ Economism का शिकार होकर रह गये–छह सौ में से सिर्फ़ 35 लोग ऐसे पैदा हुए हैं, जिन्हें वामपन्थी राजनीति पर अधिकार प्राप्त हुआ है। उन लोगों का एजूकेशनल काडर बना के काम जारी है। मगर मैं ज़्यादा पुरउम्मीद नहीं हूँ। बहरहाल हिन्दुस्तान का तो पता नहीं लेकिन हमारे यहाँ अभी ऐसा कोई दल नहीं है, जिसका सदस्य बना सके--अज़ीज़ की वफ़ात के बाद 'यंग प्यूपिल्ज फ्रंट' भी बिखर गया है–इसलिए मैं अभी बज़रिया क़लम ही शेयर कर रहा हूँ–मजदूरों-किसानों में जाकर अपने को एजूकेट करता हूँ–महज जाती सतह

पर–अगर हिन्दुस्तान में कोई ऐसी हम ख़्याल पार्टी हो तो ज़रूर उसे ज्वायन करो और उसे सुदृढ़ करने में हिस्सा लो–व्यावहारिक रूप से भी और लेखकीय रूप से भी-एक दौर था हमारे यहाँ कि लिखना-पढ़ना बेमानी मालूम होता था। लेकिन अब फिर लिखने को जी चाहता है–'इस्तआरे' के बाद शायद मैंने चार कहानियाँ लिखी हैं यानी दो साल के अर्से में–जाहिर है कि तुम्हारी नज़रों से नहीं गुज़री होंगी। मौक़ा मिला तो भिजवाने की कोशिश करूँगा। इस दौरान टी.वी.और स्टेज के लिए अलबत्ता लेख काफ़ी लिखे–हीले–बहाने से, शोषण और ज़ल्म के ख़िलाफ़–जो ठीक-ठाक रहे–यहिया के ज़माने में शेर अली (इनफारमेशन मिनिस्टर) ने काफ़ी तंग किया–लेकिन हम ऐसे लोगों का तंग होना तो मुकद्दर है।

–तुम्हारा

अनवर

एक बस्ती की कहानी

यूनुस जावेद

यह गाँव का ग्यारहवाँ क़त्ल था।

पिछले दस क़त्लों की तरह इस वर्ष भी लोग लाश के क़रीब जाने के बजाय अपने घरों को चले गये थे और उस बदहवासी से बचने के लिए जो हर क्षण अँधेरे. के साथ-साथ उतर रही थी, अपने-अपने किवाड़ बन्द करके यूँ अपने कच्चे घरों में दुबक गये थे–जैसे-क़ातिलों और मक़तूल[1] से उनका नफ़रत या हमदर्दी का कोई भी सम्बन्ध न हो। उस रात भी हर घर में कानाफूसी के अन्दाज़ में बातें हुईं और लालटेनों की लवें मद्धिम कर दी गयी। अंधेरा उनके लिए शान्ति का कारण और बाक़ी वातावरण हर वर्ष के हर क़त्ल की तरह था। वर्षों से जो चौधरियों की बैठक में हर रात चौपाल की तरह मण्डली जमती थी, वह आज न जमी थी। यूँ भी जब से कुछ लोग बाहर से आकर यहाँ बस गये थे, गाँव के लोग विभिन्न गिरोहों में बँट गये थे। फिर छोटे-छोटे गिरोह एक दूसरे में इस तरह समा गये कि सिर्फ़ दो गिरोह रह गये। इन दो गिरोहों में केवल इसलिए ठन गयी थी कि वह दो थे और हर एक को अपने अस्तित्व और अपनी शक्ति का विश्वास था।

इसके बावजूद बहुत से लोग ऐसे थे जो गिरोहबन्दी पसन्द न करते थे या ज़िम्मेदारियाँ थीं, जिनसे भागकर वह गिरोह में शामिल न हो सकते थे। फिर जब हिंसा का सिलसिला चल निकला तो यह लोग और भी बेज़ार हो गये।

गिरोहबन्दियों से गाँव की सामूहिक शक्ति इस हद तक कमज़ोर हो गयी थी कि छोटे-छोटे चोरों ने गाँव के किनारे के मकानों में ऊपर तले कई डाके डाल लिये थे, मगर किसी जवान ने इस बारे में सोचा तक न था। दूसरों की आग में कूद जाने

---

1. जिसकी हत्या की गयी हो।

वाले जवान कुछ तो क़त्ल हो चुके थे और कुछ जेलों में बन्द थे। मौत की सज़ा भी किसी को न हुई थी।

फिर दिन में गाँव का चारा कटने लगा। बाहर वाले घोड़ियाँ खोलकर ले जाते। एक अफ़रातफ़री मची थी, बिखराव था, बेचैनी थी, जो गाँव में चारों तरफ़ फैल रही थी। इस बीच यह गाँव का ग्यारहवाँ क़त्ल था, जो कहने को तो एक क़त्ल ही था, परन्तु जेरे जैसे बलिष्ठ युवक का क़त्ल, इतनी मामूली बात न थी। उसका कुसूर भी इतना ही था कि वह गिरोहबन्दी के विरुद्ध था और गिरोहों में मेल-मिलाप की कोशिश ही उसकी हत्या का कारण बनी।

दूसरे दिन पुलिस आयी और कार्रवाई करके चली गयी।

उसके बाद दोपहर ही को चौधरियों की बैठक मेंहदी लगी दाढ़ियों से भर गयी और शायद पहली बार इस बात पर विचार हुआ कि इस तूफ़ान को कैसे रोका जाये जो बहुत जल्द इस गाँव को वीराने में बदलने के लिए आना चाहता है।

सब लोग गर्दनें झुकाये चुप थे। यूँ लगता था कि सब लोग इसी इन्तज़ार में हैं कि कोई उपाय निकल आये। फिर अचानक नूरदीन लच्छी बोला, "मेरे ख़्याल से गाँव की सुरक्षा के लिए दाढ़ियाँ और लाठियाँ बेकार हैं। ज़रा-ज़रा से लौंडे पिस्तौल लिये फिरते हैं। उन्हें न हमारी लाठी का डर है और न ही दाढ़ी का लिहाज़।" वह एक क्षण रुककर लोगों की तरफ़ देखता रहा। फिर जब उसने महसूस किया कि सब ही का ध्यान उसकी तरफ़ है तो उसने बात बढ़ायी, "मिलजुल कर बन्दूकें मँगवाई जायें और गाँव की सुरक्षा की जाये, वह यूँ कि व्यक्ति चाहे वह गाँव का हो, चाहे बाहर का, ज़्यादती करे तो उसे भून दिया जाये।"

"परन्तु यह सब करेगा कौन?" भीड़ में से किसी ने कहा।

"आदमी, मैं तुम्हें बता देता हूँ, पर तुम मेरी बात तो सुनो।" कुछ देर ख़ामोशी रही तो नूरदीन बोला, "सुना है...कि जामिन शाह को फ़ौज वालों ने ख़ून-ख़राब होने की वजह से छुट्टी दे दी है। क्यों न यह काम उसको सौंप दिया जाये। निशाना उसका बहुत ही अच्छा है। बस उसके लिए बन्दूक आदि का प्रबन्ध करना होगा। और फिर हम उसे एक नौकर की तरह रखेंगे। देना-लेना क्या होगा...यह तुम सोच लो...।" फिर जब कोई न बोला तो नूरदीन ने बात और आगे बढ़ायी, "बाहर की चोरियों से छुटकारा हो जायेगा और फ़िसाद का सिलसिला अलग ख़त्म...रही बड़ी सरकार की अनुमति तो वह भी ले लेंगे।" जाने यह कैसा क्षण था, बड़े-बूढ़े यूँ इस पर सहमत हो गये जैसे पहले ही से इस प्रस्ताव का इन्तज़ार हो। सिर और हाथ हिलाये गये और किसी ने नाम मात्र भी इसका विरोध न किया।

नूरदीन की बात को इतना तीव्र समर्थन मिलेगा स्वयं उसे भी विश्वास न था। और ऐसा इत्तिफ़ाक़ कि पूरा गाँव इससे पहले कभी एक बात पर सहमत न हुआ हो। मज़े की बात तो यह थी कि नम्बरदार तक ने महज़ ज़ामिन शाह को नौकर रखने की तरफ़दारी ही न की थी, बल्कि उसके ख़र्च की अधिकतर ज़िम्मेदारी भी अपने सिर ले ली थी।

इसके फ़ौरन बाद लोगों ने मुंशी चिराग़ दीन को मनों, सेरों और पड़पों का हिसाब लिखवाना शुरू कर दिया था।

पल-की-पल में पता लगा कि सौ मन से ऊपर गेहूँ साल भर के लिए, ढाई मन घी, लकड़ी बेहिसाब, दूध पाँच सेर रोज़ाना, सब्ज़ी, दाल मुफ़्त और कुछ नक़दी अलग, यह हुई ज़ामिन शाह की तनख्वाह।

सब सन्तुष्ट थे और यूँ लम्बी-लम्बी साँस ले रहे थे, जैसे मुद्दत का बोझ सिर पर से गिर पड़ा हो।

इस रात सब गहरी मीठी नींद सोये। बरसों की बेचैनी के बाद शायद यह उनकी पहली पुरसुकून नींद थी।

ठीक उस दिन के आठवें दिन जामिन शाह हरे कपड़ों में कुछ इस शाहाना तरीक़े से गाँव में दाख़िल हुआ कि लोग हैरान और ख़ौफ़ ज़रा हो गये और दिन भर चौकियों, तनूरों और चौपालों पर इसकी चर्चा होती रही—यह नूर पूर था। दो हिस्सों में बँटे नूर पूर के बीच में एक बरसाती नदी थी, जो बिफरती तो दरया बन जाती, सिमटती तो रेत। दोनों हालतों में रस्सियों का एक हवाई पुल ही था जो इन दोनों हिस्सों को आपस में मिलाता था।

पश्चिमी हिस्से के किनारे अनारों का एक लम्बा-चौड़ा बाग़ था, जो इस गाँव के नुक्कड़ से शुरू होकर नवाबपुर तक जा पहुँचता था। इसीलिए अक्सर नवाबपुर वाले फल तोड़कर ले जाते थे। अब तक गाँव में फिसाद की वजह से किसी ने उधर ध्यान न दिया था। मगर जामिन शाह की नियुक्ति के बाद सबके हौसले बुलन्द थे क्योंकि गाँव के अलावाह अनारों की रखवाली भी उसी के ज़िम्मे थी।

जामिन शाह ने अपने रहने की जगह गाँव के पश्चिमी हिस्से में अनार बाग़ से कुछ हटकर चुनी थी। यह एक फैला हुआ बड़ा मैदान था जिसमें पानी से भरी नहरें, तालाब, सब्ज़ा और ऊँचे दरख़्त थे। कहीं-कहीं टीले भी थे, जो किनारे-किनारे होने की वजह से मैदान की सुन्दरता बढ़ाते थे।

कुछ ही दिनों में इस बड़े इलाक़े में एक बड़ी और कुछ छोटी हवेलियाँ ज़मीन से उभरने लगीं और कुछ ही दिनों में इसलिए तैयार हो गयीं कि गाँव के हर बड़े और

छोटे ने इनके निर्माण में हिस्सा लिया था। एक हवेली ऐसी भी बनायी गयी थी, जो ज़ामिन शाह के बेशुमार पालतू कुत्तों के लिए थी और जिनका होना बकौल ज़ामिन शाह के इस गाँव की रखवाली के लिए बेहद ज़रूरी था। यूँ उसे कुत्तों का शौक़ न था। वह उसे पसन्द भी न थे। किन्तु वह इनकी वफ़ादारी को बेहद मानता था।

पहली दफ़ा जब जामिन शाह नहा-धोकर, कपड़े पहन, मूँछें चमका, कुत्तों और साथियों की फ़ौज के साथ गाँव भर की गलियों में बन्दूक समेत फिरा तब चाकुओं, छुरियों से लड़ने वाले छोटे-मोटे बदमाश जंगलों की तरफ़ निकल गये। उस दिन से ज़ामिन शाह की धाक कुछ इस तरह से बैठने लगी कि जब भी उसका ज़िक्र छिड़ा, हर एक ने किसी-न-किसी प्रकार से उससे अपने खानदानी रिश्ते जोड़ने शुरू कर दिये।

चन्द ही दिनों में जामिन शाह ने कुछ इस तरह लोगों के दिलों में घर किया कि मौलवी सालेह मोहम्मद का चौपाल, नवाबदीन की बैठक और बड़ के तले जमने वाली मण्डली उजड़कर उसकी हवेली में सिमट आयी। नवाबदीन की बैठक में सिर्फ़ मोढ़े रह गये। दरख़्तों तले हरदम ताज़ा हुक्कों की आग सर्द हुई और मौलवी सालेह मोहम्मद के डेरे पर आने वाला अख़बार सीधा हवेली पहुँचने लगा। हवेली की एक बन्दूक थी। एक से दो और दो से चार, होते देर न लगी। जामिन शाह के साथियों की तादाद भी कुछ इस रफ़्तार से बढ़ी कि हवेली ने एक क़िले का रूप धारण कर लिया।

नवाबदीन कई दिनों बाद घर से निकला तो उसने देखा कि गली के नुक्कड़ से ख़जूर वाली मस्जिद तक जिधर निकल जाओ-बन्दूक वाले दो-दो, चार-चार की टोलियों में फिरते हैं और जामिन शाह के गुण गाते हैं। गाँव का छोटा-बड़ा उनकी चमकदार बन्दूकों से प्रभावित दिखाई दे रहा था। दिलों में डर और चेहरों पर मुस्कुराहट थी। किसी ने उसे नवाब चाचा कहकर न पुकारा–वह देर तक खड़ा रहा, देखता रहा और ज़मीन को याद करता रहा, जो उसका इकलौता बेटा था और दसवीं कक्षा पास करने के बाद गाँव छोड़कर चला गया था।

नवाबदीन घर आया तो जामिन शाह का आदमी बुलावा लिये बैठा था। इस बुलावे पर वह हैरान हुआ और देर तक सोचने के बाद कहने लगा–

"मुझे बुलाया है?"

"हाँ चाचा–तुझे नवाब को।"

नवाबदीन को अभी तक विश्वास न हुआ था। बरसों से वह इस गाँव की हर मरज़ की दवा था। जिसे जो कहना, सुनना या विचार-विमर्श करना होता घर चला

आता। घर से कचहरी तक के सारे मशविरे और काम, पल्ले से ख़र्च करके किया करता था। यह अचानक क्या हो गया? उसने सोचा–"कोई घास ही नहीं डालता। यहाँ तक कि जामिन शाह जैसा पहरा देने वाला और गाँव का नौकर मुझे घर बुला रहा है। मुझे नवाबदीन को–बड़े रोब से बन्दूक वाला भेजा है मेरी तरफ़"–सारी बातें दिल में रखकर उसने दुल्ले माछी से कहा–"बन्दूक तेरे हाथ में बहुत सजती है।"

दुल्ला हँसा, तो नवाबदीन ने कहा–"तो चल राँझे–मैं फिर किसी वक़्त आऊँगा।"

"ज़रूर आना।"

"हाँ, हाँ–ज़रूर आऊँगा।"

तमाम रात वह किसी अनजानी व्यग्रता के कारण सो न सका। लेकिन दूसरे दिन शाम को मस्जिद में नमाज के बाद मौलवी सालेह मोहम्मद ने जामिन शाह की व्यवहार कुशलता की कुछ इस तरह तारीफ़ की कि नवाबदीन की व्यग्रता कुछ कम हो गयी। उसने सोचा चलकर जाने में ऐसा हर्ज भी क्या है। वह आज ही उससे मिल लेगा।

मस्जिद से निकलते ही कमरदीन सफ़ेदपोश से मुलाक़ात हो गयी, अस्सी बरस का बूढ़ा–सारे गाँव का पंच–दुआ-सलाम के बाद नवाबदीन ने ख़ैरियत पूछी। कमरदीन बोला, "हवेली जा रहा हूँ–तेरे ज़ामिन शाह के पास–सुना है अब पंचायत भी वहीं हुआ करेगी।"

"जा तो मैं भी उधर ही रहा हूँ" नवाबदीन बोला "पर चाचा यह क्या हो रहा है?"

"अल्लाह जाने–हम तो इतना जानते हैं कि जिस शख़्स का दिनों में चर्चा होने लगे, उसके पीछे कोई राज होता है। दिनों में तो पैगम्बर[1] भी इतने मशहूर न हुए होंगें जितना तेरा ज़ामिन शाह"–"मेरा ज़ामिन शाह?" नवाबदीन ने बात काटी मगर कमरदीन सफ़ेद पोश ने उसे चलने न दिया। बोला, "तेरा, मेरा, सारे गाँव का ज़ामिन शाह–बस?" बाक़ी रास्ते में दोनों चुप रहे। नहर पार की और कुमादों में से होकर हवेली में दाख़िल हो गये, सिरों का एक समुद्र था, जो हर तरफ़ फैला हुक्के गुड़गुड़ा रहा था। एक मिनट तक दोनों प्रतीक्षा में रहे कि अभी कोई बढ़कर हाथों-हाथ लेता है। मगर जब बहुत देर गुज़र गयी और किसी ने मुँह फेर कर भी उनकी तरफ़ न देखा तो वह कुछ शर्मिन्दा से होकर अँधेरे में रखी एक चारपाई पर

1. देवदूत

बैठ गये। सामने वाले ऊँचे लम्बे तख़्तपोश पर ज़ामिन शाह अपनी ख़ूबसूरत मूँछों और लाल चेहरे के साथ बिराजमान था। जो कुछ वह कह रहा था वह तो बहुत था, मगर नवाबदीन और क़मरदीन की समझ में बस यही कुछ आया कि "मैं सब भाइयों का सेवक हूँ, मेरे लिए इस गाँव की मिट्टी अपनी माँ के दूध से ज़्यादा पवित्र है। फ़साद करने वालों की जड़ें काट दी जायेंगी और अनारों के बाग़ की रक्षा की जायेगी। और यह कि आप लोग मुझे अपना सहयोग दें।"

ये बातें दूसरों की तरह इन दोनों को भी कुछ ऐसी भायी कि सारे बसबसे, सारे गिले पानी में बताशे की तरह बैठ गये।

कुछ देर बाद जब महफिल छूटी तो वह इतने ख़ुश थे कि ज़ामिन शाह को गले लगा लिया। उसकी पेशानी चूमी, दुआएँ दीं और बुलावे का कारण पूछा।

"बस आप लोगों के आशीर्वाद और सहयोग के लिए आपको तकलीफ़ दी है।"

ज़ामिन शाह ने कुछ ऐसे लहजे में बात की कि नवाबदीन को लगा जैसे उसका जमील लौट आया हो। उसे अपने वजूद की अलग हैसियत फिर बहाल होती नज़र आयी।

"क्या यह बेहतर नहीं"–ज़ामिन शाह फिर बोला–"कि गाँव को छह हिस्सों में बाँट दिया जाये। हर हिस्से की निगरानी आप जैसे किसी अक्लमन्द बुजुर्ग के ज़िम्मे हो।" वह एक लमहा रुककर उन दोनों पर अपनी बात के प्रभाव को जानने की कोशिश करता रहा, फिर बोला–"यूँ मेरे लिए काम बहुत आसान हो जायेगा, रहीं आपकी कठिनाइयाँ तो वह आप मेरे सुपुरद कर दें।"

उस वक़्त नवाबदीन कुछ बोला न, क़मरदीन सफ़ेद पोश। उन्हें तो यूँ महसूस हुआ जैसे उनकी अहमियत पहले से बहुत बढ़ गयी हो। फिर क़मरदीन सफ़ेद पोश ने कहा, "तो फिर यूँ करो कि जुमे को गाँव के बाक़ी लोगों को भी बुलवा लो, बैठकर फैसला कर लेंगे।"

"मुझे क्या इनकार है।"–ज़ामिन शाह ने बात ख़त्म करने के से अन्दाज़ में कहा, "जुमे को शाम की नमाज़ के बाद बैठ जायेंगे।

"ठीक है" दुरस्त–कहते हुए दोनों पलट आये।"

जिस जुमे की शाम को गाँव के हर छोटे-बड़े ने इस बात का समर्थन कर दिया, उसी रात इशां[1] की नमाज़ के बहुत देर बाद जामिन शाह ने घर सोये लोगों में से छाँट-छाँटकर कुछ को फिर इकट्ठा किया और उन्हें अपनी हवेली के कमरों में बाक़यदा दावत दी। खाने से फारिग़ होकर हुक्कों की गड़गड़ाहट के दौरान ज़ामिन

1. रात को आठ-नौ बजे के बीच, दिन की पाँचवीं और अन्तिम सामूहिक रूप से पढ़ी जाने वाली नमाज

शाह उठकर खड़ा हो गया। उसने खिड़की से बाहर देखा। बाहर अषाढ़ की चाँदनी हवेली से अनारों के बाग़ तक रास्तों में धुन्ध की तरह फैली हुई थी। रास्तों और खेतों का रंग एक-सा हो रहा था। वह हवेली के इस कमरे में फैली ख़ामोशी के बीच काफ़ी देर खड़ा कुछ सोचता रहा। फिर उसने कुछ लोगों को आवाज़ देकर बुलाया। वे एक लाइन में खड़े हो गये तो उसने पहले वाले शख़्स से पूछा :

"तुम गाँव के फ़ायदे के लिए क्या कर सकते हो?"

"मैं–" वह आदमी अपने सीने पर उँगली रखकर बोला–"फ़ायदे और नुक़सान का तो मुझे इल्म नहीं पर शाह जी–अपन से जब चाहो–लोगों में फूट डलवा लो"–"बस, बस" ज़ामिन शाह बोला "अभी तेरे वक़्त नहीं आया। तू मेरे तख़्तपोश की पिछली तरफ़ बैठ जा।"

फिर उसने दूसरे से पूछा, "तुम्हारे पास क्या है?"

"मेरे पास–मेरे पास शब्द हैं जनाब।"

"शब्द!" वह हैरान होकर बोला, "शब्द क्या होते हैं?"

"भरम"–वह कुछ परेशान-सा हो गया।

"जी हाँ–भरम–यह वह खिड़की है जिसके द्वारा हम दूसरों के सीनों में झाँक सकते हैं। दरअसल यह एक ताक़त है जो हर किसी के पास नहीं होती।"

"मगर मैं पूछ रहा हूँ कि तुम क्या कर सकते हो?" ज़ामिन शाह ने दो टूक बात की।

"मैं इस ताक़त को पुरअसर अन्दाज़ में इस्तेमाल करने का हुनर जानता हूँ।"

"मेरी समझ में तुम्हारी बातें नहीं आ रही हैं।" ज़ामिन शाह ने रुककर बात बढ़ाई, "मगर यूँ लगता है तुम्हारी बातों से कि तुम ख़तरनाक आदमी हो–वह ख़ामोश रहकर बहुत देर तक सोचता रहा। फिर उसने फ़ैसला सुनाने के अन्दाज़ में कहा–"तुम खजूर वाले तकये में बसेरा करो और शब्दों को माँझते रहो।"

तीसरे और चौथे आदमी ने कहा "हम मात्र पत्र लिख सकते हैं।"

"तो फिर जब तक मैं तुम्हें न बुलाऊँ तो तुम भी इसके साथ वहीं रहो और इसका साथ दो।"

वे तीनों जब हवेली के बाहर निकल कर रास्ते में घुल-मिल गये तब आख़िरी व्यक्ति ने अपने आप रुक-रुककर कहा– "मैं तुम्हारे लिए दुआ कर सकता हूँ–इस गाँव के अधिकतर लोग मेरे मुरीद हैं–जब कहीं बारिश नहीं होती तब मैं बारिश के लिए दुआ करता हूँ।" ज़ामिन शाह ने उसे हवेली के अन्दर भेज दिया। ज़ामिन शाह प्रतिदिन सुबह अपने वफ़ादार कुत्तों की फ़ौज के साथ हवेली से निकलता,

तन पर रोज़-बरोज़ उजले कपड़े, मूँछें कुछ और भी ऊपर उठी हुईं, हाथ में बन्दूक, साथ में बहुत से बन्दूक वाले, गाँव भर में फिरा करता। खेत-खलियान में जो चीज़ पसन्द आ जाती आप ही आप हवेली पहुँच जाती और फिर उसका पहुँचना रोज़ का क्रम बन जाता।

बरस पूरा हुआ, मेले ठेले के बाद नयी फ़सल की कटाई हो चुकी हिस्से बँट गये तो लोगों ने अपने हिस्से के गेहूँ एक ख़ास मकान में रख दिये। उस रात ज़ामिन शाह के डेरे पर एक हंगामा सा रहा। वह जब आया था तो उसके हिस्से के गेहूँ, घी, नक़दी आदि निश्चित कर दी गयी थी, मगर साल-भर गाँव में कोई क़त्ल न होने की वजह से लोग उसका असल हिस्सा भूल चुके थे और असल से कहीं ज़्यादा दे रहे थे। फिर जब वर्षा शुरू हुई तो ज़ामिन शाह ने गाँव के जवानों को इकट्ठा किया और बरसाती नदी के दोनों किनारों पर मिट्टी डलवाकर इतना ऊँचा बाँध बनवाया कि नदी के बिफरने का ख़ौफ़ दिलों से निकल गया। ख़ूब वाह-वाह हुई और ज़ामिन शाह की इस दूरंदेशी की चर्चा दिनों चलती रही।

मगर एक रात तेज़ तूफ़ानी बारिश में गाँव के सारे बेज़ुबान दरख़्तों ने देखा कि ज़ामिन शाह अपने तमाम साथियों समेत हवेली से निकला और सुबह से कुछ पहले पानी में तरबतर लौटा। सुबह लोग जागे तो उन्हें मालूम हुआ कि पानी गलियों में घुटने-घुटने खड़ा है। बारिश थम चुकी थी किन्तु पानी का ज़ोर बढ़ता जा रहा था। कुछ देर बाद पता चला कि बिफरी हुई नदी का बाँध तीन अलग-अलग जगहों से टूटा हुआ है। बाँध की मरम्मत होने से पहले ही गाँव के आधे से ज़्यादा मकान बताशों की तरह पानी में बैठ गये थे। दूसरी रात ज़ामिन शाह की हवेली से देर तक अज़ानों की आवाज़ें गूँजती रहीं, उभरती रहीं, कि यह ख़ुदा का क़हर[1] है।

दो दिन बाद गाँव के अपने-अपने हिस्से के निगरां हवेली में जमा हुए। दूसरे अहम फ़ैसलों के साथ इस बैठक में यह भी तय पाया गया कि ज़ामिन शाह की हवेली के पास वाले टीले पर एक बड़ी हवेली बनायी जाये, जिसमें सारे गाँव का गेहूँ सुरक्षित कर दिया जाये।

यूँ लगता था जैसे गाँव के हर व्यक्ति का छुटकारा इसी एक फ़ैसले में निहित है। सबने सारे काम छोड़कर हवेली का निर्माण पूर्ण किया और अनाज को अपने हाथों से उसमें स्थानान्तरित कर दिया। और गाँव का कौन-सा व्यक्ति था जो नमाज़ जुमे के बाद अपने हिस्से का साप्ताहिक गेहूँ लेने के लिए क़तार में खड़ा नज़र न आता था।

---

1. प्रकोप।

पाँच बरस, लम्बा समय होता है। मगर इतना भी नहीं कि गाँव वाले ज़ामिन शाह के गाँव में आने का मक़सद तक ही भूल गए–इसके बावजूद ज़ामिन शाह की हालत रोज़–बरोज़ बदलती गयी–हवेली महल की सूरत में ढल गयी थी और उसके साथ गेहूँ का गोदाम, दो अस्तबल, एक गाँव की ख़ूबसूरत और चुस्त घोड़ियों का, दूसरा गाय, भैंसों का, निर्मित किये गये।

ये अस्तबल–एक फ़ैसले के तहत, गाँव की सफ़ाई की ख़ातिर निर्मित किये गये थे कि जिनमें गाँव की गायें, भैंसें और घोड़ियाँ बाँधी जाने लगीं। चारे का सारा प्रबन्ध ज़ामिन शाह ने अपने ज़िम्मे ले लिया था। हर शख़्स निश्चित समय पर आता, अपनी गाय को दुहता, दो थन अपने लिए, एक ज़ामिन शाह और उसके कुत्तों के लिए और चौथा उस चारे के बदले जो ज़ामिन शाह के ज़िम्मे था।

बहुत थोड़े समय में लगभग सभी ने जान लिया था कि गायें सूखकर काँटा हो रही हैं। गायें वास्तव में सूख रही थीं और कुत्तों के गाल लटक रहे थे, पर दम मारने की मजाल किसे थी। ज़ामिन शाह अब वह ज़ामिन शाह तो था नहीं जो सब्ज़ कपड़ों में, मूँछों को तेल में भिगोकर एक बन्दूक लिए रक्षक और चौकीदार की सूरत में इस गाँव में दाख़िल हुआ था। अब तो वह कुछ और ही था। गाँव के वे लोग जो पहले इसके साथ अपना खानदानी रिश्ता जोड़ा करते थे, अब इसका रिश्ता पैगम्बरों से जोड़ रहे थे।

फिर जिस बरस ज़ामिन शाह ने अपनी हवेली के क़रीब नया ट्यूबवेल लगवाया, उसके दूसरे दिन गाँव में कुछ ऐसी हवा फैली कि बहुत से घराने सुनसान हो गये। बहुतों को शक था कि उनके कुओं का पानी ज़हरीला हो गया है। मगर ज़बान तक किसी के कुछ न आया और ज़ामिन शाह के कहने पर ही तमाम कुएँ बन्द करा दिये गये। ले देकर एक ही कुआँ बचा था जो गाँव के एक तरफ़ काफ़ी हटकर था। आधे से ज़्यादा गाँव वाले इसी पर आश्रित थे। अचानक एक रोज़ सरदार ख़ाँ ने क़मरदीन सफ़ेद पोश को आकर बताया कि बड़े कुएँ का पानी काफ़ी नीचे उतर आया है।

"कितना नीचे–?" उसने मैली आँखों को मलते हुए हैरत से पूछा।

"चाचा–" सरदार खाँ बोला, "पूरी चारपाई की बान असल डोर के साथ बाँधकर भी गिराओ–तो डोल गीला होकर रह जाता है।"

"अल्लाह मुझ पर और मेरे गाँव वालों पर रहम करे", क़मरदीन सफ़ेद पोश बड़बड़ाया, और फिर वह बड़ के पेड़ पर लटकी हुई चमगादड़ों को देर तक घूर कर देखता रहा। उसकी निगाहें, परे इसलिए न जा सकी थीं कि गुज़रा हुआ ज़माना

बेहद हसीन और बेहद दूर था। वह आहिस्ता से बोला–"मैं सात बरस का था, उस वक़्त इस कुएँ का पानी सूख गया था। उस वक़्त तो गाँव में यह बरसाती नदी भी न थी, जो अब रेत बनकर मरी पड़ी है। लोग बूँद-बूँद को तरस गये थे। सारी नमाज़ें, सारी दुआएँ बेकार गयीं तो हर शख़्स दूसरे को शक की निगाहों से देखने लगा था।...फिर जोहड़ों का पानी पीपीकर हैजा फूट पड़ा तो सारा गाँव उजड़ गया था...चन्द लोग बचे थे जो उँगलियों पर गिने जा सकते थे। फिर एक दिन अचानक कुएँ का पानी ऊँचा हो गया। लोगों का ख़्याल था कि वह बदनियत शख़्स जिसकी वजह से प्रकोप आया था, हैजे का शिकार हो गया है"–क़मरदीन सफ़ेद पोश हुक्के की नै को मुट्ठी में दबाइ मसलता रहा। उसने अब तक एक भी कश न लिया था। फिर उसने लमहा भर बाद बात बढ़ाई..."...अबके फिर वही कुआँ हैं...वैसे ही दिन हैं...सिर्फ़ गाँव में अब के जोहड़ नहीं है...यूँ लगता है जैसे कुछ होने वाला है।" उसने रुककर सरदार ख़ाँ से पूछा–"क्या एक ट्यूबवेल में इतना पानी होता है कि सारे गाँव के लिए काफ़ी है...?"

सरदार ख़ाँ ख़ामोश रहा तो क़मरदीन उसके साथ उठकर बाहर निकल आया। दोनों चलते हुए नदी के पुल पर आ गये। रेत की एक सुरमाई लकीर लहराती हुई गाँव को दो हिस्सों में काट रही थी। एक साँप था जो मोड़ काटते हुए, सूरज की सीधी किरणों में कहीं पारा, कहीं मिट्टी होकर रह गया था। मुरझाये झुके ख़ामोश दरख़्त यूँ लगते थे जैसे फाँसी पर लटके हों।

क़मरदीन ने नदी में उतर कर सुरमई मिट्टी को हाथ में लिया और मुट्ठी को यूँ भींचा जैसे उसमें से पानी निचोड़ रहा हो। सरदार ख़ाँ चला गया तो वह बहुत देर तक नदी के किनारे बैठा रहा और सोचता रहा। दूर क्षितिज पर दृष्टि जमाकर। उसने वही पहली-सी तस्वीर, गाढ़े और उजले रंगों वाली तस्वीर, देखनी चाही, मगर उसे वहाँ सियाह धब्बे और टेढ़ी लकीरों के सिवा कुछ नज़र न आया।

कच्चे कोरे बरतनों और शरीरों से उठने वाली महक, चमक, ख़ुशबू और रोशनी, दूध की बसान्ध और छाँछ की मिठास, लहलहाते खेतों का झूमर और सरसों का पीला समन्दर, सब यूँ गुम हो चुके थे जैसे सामने वाली पगडण्डी बंजर कुमादों में दफ़न हो चुकी हो। दिन ढलते ही वह घर चला आया...नमाज़ पढ़ी, दुआ माँगी और बिस्तर पर यूँ लेट गया जैसे मौत का इन्तज़ार कर रहा हो...।

नवाबदीन बड़ वाले डेरे पर बैठा था जब उसे दोनों ख़बरें एक साथ मिलीं यानी कुएँ का पानी उतर गया है और उसका जमील पन्द्रह बरस बाद गाँव लौट आया है। दोनों ख़बरें उसके लिए इतनी अचानक थीं कि उसकी समझ में नहीं आ

रहा था कि ख़ुश हो या रोए...मगर वह रो पड़ा...शायद इसलिए कि बेटे का पिता पानी हुआ तो पानी साथ छोड़ गया था...।

वह फ़ौरन उठा और पहले बड़े कुएँ पर आया...झुककर उसने बीसियों लोगों की तरह आँखें फाड़-फाड़कर नीचे अन्धे कुएँ में घूरा...उसकी नज़रें कीचड़ में लथ-पथ हो गयीं।...पनिहारनें ख़ाली घड़े उठाये लौट रही थीं, पीपल के दरख़्त पर से कौओं का गिरोह काएँ-काएँ करता हुआ उड़ा और कुएँ के आसपास चक्कर लगाने लगा। यूँ लगता था जैसे उन्हें कुएँ का भेद इन्सानों से ज़्यादा मालूम हो...!

एक कोहराम था जो यहाँ-वहाँ, इधर-उधर, चौक में, गलियों में, छतों पर, हर तरफ़ मचा था। वह पलटकर घर पहुँचा तो जमील खड़ा था, उसका बड़ा लड़का। पन्द्रह वर्ष पूर्व वह ऐसा ही था, जब चुपके से घर छोड़कर चला गया था। कुछ देर तक नवाबदीन उसे यूँ देखता रहा जैसे परख रहा हो। फिर आगे बढ़ा, भीगी आँखों से उसकी तट पेशानी चूमी और पल्लू आँखों पर डालकर ख़ामोशी से अन्दर आ गया।

"बाबा..." जमील कहने लगा...तू मुझसे अब तक नाराज़ है..."मगर मैं अपने किये पर शर्मिन्दा नहीं हूँ...जब मैं गया था...तो कुछ न था, पल्टा हूँ तो बहुत कुछ हूँ....मैंने बहुत काम सीखे हैं। बाबा बहुत कुछ पढ़ा है...मैं यहाँ स्कूल खोलूँगा... और इल्म को आम लोगों तक फैलाऊँगा...हाँ बाबा...क्यों?"

"तब तो तुम ट्यूबवेल भी लगा सकते होगे? लगा सकते हो ना?"

"हाँ हाँ...मैं ट्यूबवेल भी लगवा सकता हूँ। पर यह काम तो कोई और भी कर सकता है। मैं जो स्कूल खोलूँगा उसमें..."

"तू बेटा..." नवाबदीन उसी आवाज़ में बोला, "तू स्कूल बेशक मत खोल, बस जल्दी से आज ही एक ट्यूबवेल लगा दे, गाँव के लोग प्यासे बैठे हैं।...आज ही जल्दी से...।" जमील हँसा...ट्यूबवेल तो कई दिनों में लगता है...पर यह तू क्या कह रहा है बाबा?"

"मैं जो कुछ कह रहा हूँ सच है, बेटा...गाँव के लोग न जी सकेंगे...और गायें, भैंसें और खेत...।" वह ख़ुद ही रुककर सिसक पड़ा।

जमील कुछ न समझा था। हैरान खड़ा नवाबदीन को ताकता रहा...उसे शक हो रहा था कि नवाबदीन उम्र के उस दौर को समय से पूर्व ही छू रहा है, जहाँ आदमी बहकी-बहकी बातें करने लगता है। सोच विचार का यह सिलसिला ज़्यादा देर न चल सका था कि धड़ाम से मौलवी सालेह मोहम्मद दहलीज़ के अन्दर आन गिरा...उसके एक पाँव में जूती थी...और पेशानी पसीने से तर थी...।

"चाचा..." वह हकला कर बोला, "कुआँ पानी...कुएँ का पानी...पानी...।"

नवाबदीन ने उसे कन्धे से पकड़ कर झँझोड़ा, "...क्या हो गया है तुझे?"

एक मिनट तक मौलवी सालेह मोहम्मद मुँह खोलकर साँस लेता रहा और फिर बोला, "...ज़ामिन शाह की हवेली में धड़ा-धड़ कुआँ खोदा जा रहा है, ज़ामिन शाह फरिश्ता है...उसने अपने सारे आदमी लगा दिये हैं कुएँ पर...एक ट्यूबवेल पहले है...दूसरा इस कुएँ के बाद लगा दिया जायेगा...सारा गाँव...पानी पानी हो जायेगा...!"

एक लमहे के लिए नवाबदीन की आँखों में रोशनी उतरी और आहिस्ता-आहिस्ता उसके चेहरे पर फैल गयी।...वह मुस्कुराने लगा और पहली बार जमील को यूँ अपनी बाँहों में समेट लिया जैसे फिर से जवान हो गया हो...उसकी भुजाओं की मच्छलियों में ताज़ा ख़ून उबल पड़ा...पुरजोश अन्दाज में उसने जमील की पेशानी फिर चूमी और उसका गाल थपथपाकर कहा, "तू अब जायेगा तो नहीं?"

जमील ने इनकार में सिर हिला दिया। उसके चेहरे पर पन्द्रह बरस पहले वाली मासूमियत थी। व्यग्रता की स्थिति में हाथ मलते हुए और पाँव झटकते हुए नवाबदीन ने फिर कहा, "...तू अन्दर चलकर बैठना बेटा! यहाँ दहलीज़ में क्यों खड़ा है?... मैं ज़रा ज़ामिन शाह की हवेली तक जा रहा हूँ।...तुझे भी मिला दूँगा उससे..." वह जल्दी से बाहर लपक पड़ा।

एक क़यामत थी जो गाँव पर टूटी थी...पानी लेने के लिए ख़ाली कनस्तरों, मटकों और बाल्टियों, बरतनों की टेढ़ी-मेढ़ी क़तारें सरक रही थीं...ट्यूबवेल शोर मचा रहा था।...हर कोई अपनी बारी की प्रतीक्षा में था...सूखे होंठों पर ज़बानें फिर रही थीं...चेहरे ख़ौफ़ से पीले पड़ गये थे...और दृष्टि यूँ क्षितिज पर जमी थी–जैसे वहाँ कोई समुन्दर हो।...

यहाँ से सौ गज़ परे कुछ लोग कुदाल लिये ज़मीन खोद रहे थे...एक आदमी कमर कमदर गड्ढ़े में खड़ा कुदाल चला रहा था।

ज़ामिन शाह छत पर खड़ा था। उसके साथ उसके बन्दूक वाले रक्षक थे... वह मुस्कुरा रहा था...यूँ जैसे लुटे-लुटे लोगों के ज़र्द चेहरों और ख़ाली मटकों को देखकर उसे ख़ुशी हो रही हो।

वह बहुत देर खड़ा इसी दृश्य को देखता रहा। फिर उसने नूरे चपन को बुला कर कहा, "सबसे नीचे जाकर कह दो कि आज रात यहाँ बुलावा है। बस मग़रिब की नमाज़ पढ़ते ही यहाँ चले आयें...और अब ट्यूबवेल बन्द कर दो..."

नूरे ने पहले ट्यूबवेल बन्द किया फिर घोषणा की। ट्यूबवेल बन्द होते ही पानी के चोबचे पर लोगों की भीड़, भँवरियों के छत्ते की तरह मँडराई और देखते ही देखते

चोबचा यूँ हो गया कि चाटो तो जुबान गीली न हो।

जब मग़रिब की नमाज के बाद सब जमा हो गये तब नूरे चपन ने ही बुलन्द आवाज से पुकारा..."लोगो!...सुनो...सुनो कि यह बात भी तुम्हारी भलाई की है...।" आवाज़ों का शोर भिन-भिनाहट में बदलता हुआ गुम हो गया। एक सन्नाटा था जो हर तरफ़ तन गया था। नूरे ने दोनों हाथों से भोपूँ बनाया और चिल्लाकर बोला, "बताओ तुम्हारे लिए पानी ज़रूरी है या दूध?" हर ज़बान पर ये शब्द थोड़ी देर के लिए चिपक कर रह गये। फिर ख़ामोशी छा गयी। फिर भीड़ में से कोई व्यक्ति आगे बढ़ा और चीख़कर बोला, "...पानी!"

"पानी! पानी! पानी!"

सबने ज़ोर लगाकर यह शब्द दोहराया।

"सबको पानी मिलेगा" अब जामिन शाह ख़ुद बोला। "लोगो! तुम्हें मरता हुआ नहीं देख सकता। मैं ज़रूर तुम्हारे लिए पानी का प्रबन्ध करूँगा। कुएँ और खोदे जायेंगे। पानी मिलेगा और वह तुम्हारा होगा।"

सप्ताह भर में ही दो छोटे कुएँ और खोद दिये गये। पानी हर घर में पहुँचने लगा और दूध शहर में...।

शुरू में लोगों को महसूस न हुआ लेकिन चन्द ही रोज़ बाद सबने उस व्यक्ति की खोज शुरू की जिसने आगे बढ़कर सबसे पहले पानी को दूध पर प्राथमिकता दी थी। वह कौन था? वह कौन था? कोई यह न जान सका। फिर लोगों ने देखा हवेली की दीवारें पुख्ता हो गयी हैं और उन पर चाँदी जैसा रंग फेर दिया गया है। छतों पर सुनहरे उभरे और दूध के बदले आने वाली क़ालीनें और दरियाँ अन्दर बिछने लगीं। यहाँ तक कि मखमली परदों ने अन्दर के सारे हुस्न को, सारी गन्दगी को अपने में छुपा लिया। और फिर, बड़ी हवेली के दायें किनारे जो रास्ता अनार बाग़ की तरफ़ जाता था, उस पर ज़ामिन शाह के साथियों की हवेलियाँ यूँ उभरने लगीं जैसे ज़मीन से उग रही हों।

नीम वाली मस्जिद के साथ ही जहाँ मौलवी सालेह मोहम्मद अपने दो मोढ़े रखकर अक्सर भाषण दिया करता था, आज भी बहस चल रही थी। मौलवी सालेह मोहम्मद ज़ोर देकर कह रहे थे कि "यह सब कष्ट अल्लाह के भेजे हुए हैं, कर्म तो हमारे हैं ही बुरे, न हम नमाज़ दिल लगाकर पढ़ते हैं, न मस्जिदों में जाते हैं। और ज़कात[1]...तोबा...तोबा, कौन है जो इसकी परवाह करता है?"

"सच है" जमील बोला, "मगर सिर्फ़ दुआएँ क्या कर सकती हैं। कुछ रचनात्मक कार्य होना चाहिए।" वह एक पल रुका होगा। नवाबदीन ने उसे हाथ से बहुत चुप

1. आय पर दिया जाने वाला दान।

कराने की कोशिश की मगर वह फट ही पड़ा, "मेरे पास ढाई हज़ार रुपये हैं, आप लोग कुछ रुपये और जमा कर लें तो गाँव के इस हिस्से में भी ट्यूबवेल लग सकता है। और जब एक ट्यूबवेल लगेगा तो फिर आप देखेंगे कि कई ट्यूबवेल लगेंगे। और जब पानी आपका हो जायेगा तो आपका दूध भी आपको मिलेगा और गेहूँ की बुवाई हो सकेगी जिसे आप भूल चुके हैं।" वह अभी ख़ामोश नहीं हुआ था कि लोग बिखरने लगे थे। उन्होंने अपनी गाँठों को मज़बूती से भींच लिया था। कुछ इधर-उधर निकल गये और कुछ मौलवी सालेह मोहम्मद के साथ मस्जिद में चले गये।

रात क्या हुई ज़ामिन शाह की हवेली रोशन हो गयी। मौलवी सालेह मोहम्मद तख़्त पोश के पास बैठकर सब कुछ बता रहा था। जब वह सब कुछ कह चुका तब ज़ामिन शाह ने तीन शब्द दोहराये। "जमील, ट्यूबवेल, दूध।" उसे पानी पर से प्रभुत्व समाप्त होता दिखाई दिया और उसके साथ दूध की वह नहर भी जिसका अब वह अकेला मालिक था। इस वक़्त वह बहुत चिन्तित और परेशान था और बात-बात में सिर हिलाने वाले साथियों के बीच गहरी सोच में बैठा था।

क्षण भर बाद उसने मौलवी सालेह मोहम्मद से पूछा, "जमील के पास अपनी कोई बन्दूक भी है?"

"है...है" सबने कहा।

जवाब में ज़ामिन शाह ने एक लम्बी 'हूँ' के बाद कहा, "नूरा चपन कहाँ है?" नूरा आया तो ज़ामिन शाह ने सबको बाहर भेज दिया।

"थोड़ा-सा गन्दा ख़ून तुझे बहाना होगा...", वह एक क्षण रुककर बोला, "इसमें तेरी भी और मेरी भी भलाई है।"

"मुझे क्या इनकार है", नूरा बेसाख्ता बोला।

"बताऊँगा नहीं, बस जो कुछ कहता हूँ करता जा। सारी बातें तो कल नमाज़ इशाँ के बाद होंगी। तू इतना कर ले कि अपनी बन्दूक, जो बक्स में डालकर दफ़न की हुई है, निकाल लेना। और सुनो, कारतूस सिर्फ़ एक चाहिए...बस!"

उसी लमहे मुंशी अज़ीज़ ने अन्दर प्रवेश किया। वह शहर से दो माह बाद लौटा था और ज़ामिन शाह का ख़ास आदमी होने की वजह से किसी भी समय हवेली में बिना रोक-टोक आ सकता था।

"क्या समाचार है?" ज़ामिन शाह खड़ा हो गया।

"सब ठीक है शाह जी।" मुंशी अज़ीज़ ने कहा। दोनों हवेलियों के गेहूँ बिक गये हैं और आधी से ज़्यादा गायें, भैंसे मण्डी में खड़ी हैं, और...?"

"और ज़मीन का क्या हुआ?" ज़ामिन शाह ने बात काटी।

"ज़मीन तो जाते ही ख़रीद ली थी, बस इसी नवे को हवेलियाँ कुछ ही दिनों में उभार दूँगा।"

"जगह तो अच्छी है न?"

"अच्छी..." मुंशी अज़ीज़ ने चबाकर कहा–"उस जैसी ज़मीन तो सारे शहर में न होगी। चारों तरफ़ दरख़्त हैं, सर सब्ज़, हरे भरे।"

"तू बड़े काम का आदमी है मुंशी...।" ज़ामिन शाह ने कहा और सन्दूक में से दो थैलियाँ उसे देते हुए बात बढ़ाई, "तू अभी वापस चला जा और काम को जिस तेज़ी से कर सकता हो पूरा कर।"

मुंशी अज़ीज़ ने जिस तीव्रता से कमरे में प्रवेश किया था, उसी तीव्रता से बाहर निकल गया था। दूसरे दिन जब रात ज़रा भीगी तो ज़ामिन शाह नूरे चपन और बन्दूक को लेकर नवाबदीन के खेत में आ गया। खेत के एक किनारे खड़े होकर ज़ामिन शाह ने नूरे को सारी बात समझायी। नूरा पहले तो ज़रा कसमसाया मगर फिर सँभल गया। ज़ामिन शाह सोचते रहे, कोण बनाते रहे। फिर घोड़ी को एक दूर के दरख़्त से बाँध दिया गया। नूरे ने जी कड़ा किया और अपनी जाँघ से तहमद उठाकर, लटके हुए गोश्त को रबर की तरह खींचकर, ज़ामिन शाह की बन्दूक की नाल मज़बूती से पकड़ और गोश्त के एक सिरे पर जमा कर बोला, "मैं 'हूँ' कहूँ तो दाग़ देना" फिर एक लाम्बी साँस लेकर ज़बान को दाँतों से चबाकर बोला, "हूँ"। बन्दूक चली तो शीशम के दरख़्त से कोई पक्षी उड़ा और 'सां····सां' करता हुआ उनके सिरों से निकल गया। ज़ामिन शाह हवेली लौट आया।

घायल नूरे को उठाने वाले पहले से तैयार थे, उन्होंने पहले नूरे की घायल जाँघ पर पट्टी बाँधी। फिर चीख़-पुकार मचाते हुए उसी स्थिति में गलियों में लिये-लिये फिरते रहे। फिर इक्के पर डाल कर शहर की तरफ़ चले गये।

सुबह हुई तो बच्चे-बच्चे की ज़बान पर जमील का नाम था।

छोटी-मोटी गवाहियाँ तो थीं ही, मगर ज़ामिन शाह की गवाही मामूली बात न थी। जिसने जमील की ललकार भी सुनी थी और बन्दूक हाथ में लेकर भागते भी देखा था। जब पुलिस गाँव होकर पलटी तब जमील मय अपनी बन्दूक के उनके साथ था। मौलवी सालेह मोहम्मद को तो जैसे एक बहाना हाथ आ गया था। वह नूरे पर हुए जुल्म को जगह-जगह उठाये फिरता था। उसने ऐसे-ऐसे धुआँधार भाषण दिये कि लोग ग़ुस्से में आपे से बाहर उस हद तक होते चले गये कि नवाबदीन छुपा-छुपा फिरने लगा।

फिर सबको पता चला कि सात बरस की क़ैद के लिए सात माह भी मुकदमा न चला। बस तीन महीने लगे और फ़ैसला हो गया। नूरा अस्पताल से आ गया था। अभी तक वह हवेली से बाहर लाठी के सहारे लँगड़ा कर चलता था, क्योंकि ज़ामिन शाह की ख़ुशी इसी में थी।

गाँव पर ख़ौफ़ की एक तह और आ जमी थी। लोग चाबी के खिलौनों की तरह चलते-फिरते थे। जीना दूभर था। फिर यूँ हुआ कि पानी भरने के लिए भी समय निश्चित हो गया। और उन्हीं अवसरों पर जब कभी दस-दस की टोलियों में पनिहारिनें पानी भरने गयीं तो अक्सर आठ-आठ और नौ-नौ की संख्या में लौटीं कि ज़ामिन शाह के दोनों लड़के जवान हो गये थे।

यह सिलसिला ऐसा चला कि एक धूल की तरह सारे गाँव में उड़ने लगा। धूल उड़-उड़कर लोगों के सिरों पर पड़ने लगी। शुरू में इतना हुआ कि वह नाक पर पल्लू बाँधकर गुज़रते रहे मगर फिर इसकी भी ज़रूरत न रही।

पर जिस रात सुगंरा हवेली से पानी लेकर न पलटी, मौलवी सालेह मोहम्मद को लगा कि सात चूल्हों की राख उसकी दाढ़ी में आ अटकी हो। वह नंगे पाँव हवेली की तरफ़ भागा। शुरू में तो उसे लगा था कि उसके सारे जिस्म पर उपलों की आग बाँध दी गयी हो, किन्तु जैसे-जैसे वह हवेली के पास पहुँचता जा रहा था, उसे आग कुछ सर्द होती हुई महसूस हो रही थी। उसकी गति ज़रा धीमी हुई थी कि तहमद उसके पाँव से उलझ गया और चौधरियों वाली बैरक के मोड़ पर वह ऐसा लड़खड़ा कर गिरा कि ज़मीन उल्टी दिखाई दी। फिर उसकी आँखों में नीले-नीले तारे नाचे, फिर दायरे बनने लगे। उसने दीवार से टेक लगाकर सामने देखा तो उसे याद आया कि जब नूरां भी एक दिन पानी भरकर न लौटी थी तो गुल मोहम्मद धोबी फ़रियादी बनकर उसके पास आया था, "तेरा आना-जाना हवेली तक है, मेरी नूरां को वापस दिला दो मियाँ जी! ज़रूर उसे शाह जी के बेटे ने छुपाया होगा।"

उस दिन मौलवी सालेह मोहम्मद लाहोक पढ़कर रास्ता बदल गया था–मगर आज काँपती कलाई से मौलवी सालेह मोहम्मद ने उठने की कोशिश की। उसके सामने नाचने वाले दायरों में सारी तस्वीरें, सारी परछाइयाँ उभर-उभर कर झाँकने लगीं, उसकी बड़ी-बड़ी गोल आँखों से आँसू उबल रहे थे।

थोड़ी देर बाद सँभलकर वह उठा और सिर को झटक कर सामने की खाल फलांगने की कोशिश में फिर लुढ़क गया। उसके हाथ सियाह कीचड़ में लत पत हो गये। उसने हाथों की तरफ़ देखा तो उसे यूँ लगा जैसे वह आईशा, ऐशू के मेहँदी लगे हाथ हों जो शादी के चार रोज़ पहले जाने कहाँ ग़ायब हो गये थे। सारा गाँव कहता था...भाग गयी....भाग गयी।...

पर सजावल यह न कहता था।

वह मोची तो था ही, पर बाप भी था। वह अपनी रम्बी से हवेली की तरफ़ कितने इशारे करता रहा। उसने मौलवी सालेह मोहम्मद के सामने क़स्में खाकर, रोकर, सब कुछ बताया था। पर जवाब में उसने कुल इतना कहा था, "ख़ून अपना गन्दा हो, तो आसमान पर नहीं थूकते।"

मौलवी सालेह मोहम्मद को सीने में एक हूक-सी उठती हुई महसूस हुई। क्या मेरा ख़ून भी गन्दा है? उसने अपने आपसे सवाल किया। मुझे यह सब कुछ पहले क्यों याद न था? क्यों याद न आया? उसने कीचड़ भरे हाथ मुँह पर मल लिये। आँखें खोलीं तो पूरा गाँव एक नयी सूरत में नज़र आया। उससे पहले जैसे उसने आँखें खोलकर इस दृश्य को देखा ही नहीं था। वह उठा, चला, तेज़-तेज़ फिर भागने लगा और भागता हुआ हवेली के अन्दर जा पहुँचा।

ज़ामिन शाह सबके बीच बैठा हुक्का पी रहा था। एक पल के लिए सिर्फ़ नज़रें फेर कर उसने सालेह मोहम्मद की तरफ़ देखा और नै चूस्ता रहा।

मौलवी सालेह मोहम्मद का मुँह खुला था और वह भरे-भरे साँस ले रहा था। उसने कीचड़ भरे हाथ फैलाये मगर वह लाश के हाथों की तरह यूँ लुढ़क गये जैसे वास्तव में उनमें ख़ून का कोई कण बाक़ी न रहा हो। फिर उसने आँसुओं से धुली आँखों को खोला। पलकें आहिस्ता-आहिस्ता यूँ उठायी जैसे वह चोरी करते हुए सन्दूक खोल रहा हो। बहुत देर तक उसकी नज़रें ज़ामिन शाह के क़दमों पर ही गड़ी रहीं। फिर आहिस्ता-आहिस्ता उभरती हुई ठोड़ी, मुँह, नाक और फिर आँखों में डूब गयी। उसने कुछ कहना चाहा। हकलाया, फिर कोशिश की और कहा, "शाह जी!"

"हाँ, हाँ..." हुक्का बराबर गुड़गुड़ा रहा था।

"मैं सुग़रा को लेने आया हूँ", उसने अपनी सम्पूर्ण शक्ति जुटाकर बस इतना कहा कि शायद उसमें शक्ति हो इतनी थी। लहजे में न जोश था न गुस्सा। वह तो यूँ बोला था जैसे सुग़रा को सुसराल से लेने आया हो।

"तुझ जैसे वफ़ादार आदमी से मुझे यही उम्मीद है।" ज़ामिन शाह बोला, "तुम बड़े हिम्मत वाले हो, मुझे ख़ुशी हुई। क्या वास्तव में सुग़रा तुम्हारी बेटी है?"

"ज़ामिन शाह जी...." मौलवी मोहम्मद रुँधी हुई आवाज़ में बोला, "यह क्या पूछा है आपने...मैं क्या जवाब दूँ?"

"ख़ैर मुझे मालूम होता कि यह आपकी बेटी है तो...शायद इसका झूमर न गिरता...मेरा लड़का अभी नादान है और एक इन्सान है...और गलतियाँ इन्सान ही किया करते हैं। मैं उसे समझा दूँगा। बहरहाल तुम सुग़रा को ले जाओ।" ज़ामिन

शाह ने इशारा किया। एक औरत सुग़रा को सिसकियों में लिपटी लिपटायी ड्यूटी में छोड़ गयी। उसकी पेशानी पर ख़राशें थीं, ओढ़नी छलनी हो गयी थी और छातियाँ कि जिन पर नील पड़े थे नंगी होकर ढलक रही थीं।

मौलवी सालेह मोहम्मद ने पहली बार शायद ज़िन्दगी में पहली बार, नंगी सुग़रा पर निगाह डाली थी। उसकी आँखों में खौलता हुआ पानी रिस आया। निगाहें धुँधलायी तो नंगी छातियों पर पर्दा-सा पड़ गया। शायद यही वह लमहा था जब राख भी होती तो जल उठती। और मौलवी सालेह मोहम्मद बहरहाल राख न था। उसने खुश्क होंठों पर ज़बान फेरते हुए काँपती हुई बुलन्द आवाज़ में कहा "ज़ामिन शाह, यह किस बात का बदला दिया है तूने मुझे...भाषण देने का...? हर जुमे पर तुम्हारी नेकियाँ बयान करने का? मैंने तुम्हारा नाम खुत्बे[1] में लेने का प्रस्ताव रखा था..."

"तुझे इन तमाम सेवाओं का प्रतिफल मिलता रहा है।" ज़ामिन शाह ने हुक्का छोड़ दिया, "वह बाग़ात, वो खेत जो दिन-प्रतिदिन तेरी इज़्ज़त बढ़ाने का कारण बने हैं, तेरा बाप तेरे लिये छोड़ गया था? कच्चे से पक्का मकान तो तू अपनी सारी ज़िन्दगी में भी नहीं बनवा सकता था। फिर ज़बान खोलता है!"

साँस के अन्दर जैसे पिसी मिर्च उड़ गयी हो...मौलवी सालेह मोहम्मद साँस रोक सकता था, न ले सकता था। उसने धूल से अटे क़दम उठाये और कीचड़ भरे हाथों से सुग़रा को बग़ल में लेकर हवेली से निकल आया। हवेली से घर तक रात के अँधेरे ने उन पर परदा डाल दिया था। रास्तों की धूल उड़कर सीनों में आ बसी थी और क़दमों की रोशनी में रास्ता टटोल रहे थे।

यह रात पिछली ज़िन्दगी की तमाम रातों से लम्बी थी। ज़ामिन शाह के लिए उसके जिस्म के अंग-अंग में नफ़रत भर गयी थी। वह उसके विचार मात्र को भी ठोकर मारता था। उसका ख़्याल था कि वह ज़िन्दगी भर हवेली के क़रीब भी न भटकेगा। उस पर लानत भेजेगा और लोगों को रोकने के लिए वह सारी कोशिशें, जो उसके बस में होंगी, करेगा। मगर जैसे-जैसे दिन चढ़ा उसे महसूस हुआ कि वह ख़ुद भी अपने बस में नहीं है। जब प्यास से गला सूखने लगा और सारे घड़े को उलट कर एक बूँद पानी भी न मिला तो उसे लगा कि वह करबला में खड़ा है। वह मातम करे या पानी की तलाश। उस वक़्त उसे जमील बहुत याद आया। वह आज ख़ुद बिल्कुल जमील की तरह बेबस, बेगुनाह और अकेला था।

दोपहर होने को आयी सब्र का बाँध अब टूट रहा था। अन्दर सुग़रा घुटनों में

---

1. शुक्रवार की नमाज़ से पहले पढ़ा जाने वाला प्रवचन।

सिर दिये सिसक रही थी। खाया किसी ने कुछ न था। अब ज़बान काँटा होकर तालू से चिपकने लगी थी। मौलवी सालेह मोहम्मद उठकर बाहर गया। ख़ाली घड़े को दो एक बार बजाया। फिर उठाकर लुटे-लुटे क़दमों, ख़ौफ़, नफ़रत और बेचारगी के मिले-जुले जज़्बात के साथ हवेली की तरफ़ चला गया।

फिर विचित्र घटना घटी। एक सुबह जब गाँव वाले जागे तब उन्होंने देखा कि नहर लबालब भरी बह रही है। आश्चर्यचकित लोग पागलों की तरह भागे। ओक भर-भर के पानी पिया, नहाने और छींटे उड़ाने लगे। तरसे हुए चेहरों पर रौनक़-सी आ गयी थी। पानी क्या था एक शक्ति थी, हर व्यक्ति ने उस शक्ति का संचार अपने अन्दर तक महसूस किया। हवेली की प्रभुसत्ता शायद टूटने वाली थी।

फिर ज़ामिन शाह और नूरे के बीच रंजिश पैदा हुई जिसने बढ़ते-बढ़ते एक झगड़े का रूप धारण कर लिया। और यूँ कई राज़ गेहूँ पकने की महक के साथ-साथ लोगों तक पहुँचे। ज्यों-ज्यों घुटन ख़त्म होने लगी, एक जोश था जो बीती हुई कड़वाहट में रचकर उबलने लगा।

पहले जवानों ने लाठियों पर लोहे की मूठें चढ़ायी फिर मौलवी सालेह मोहम्मद के घर के साथ चौपाल जमने लगी और देखते-देखते हवेली के ख़िलाफ़ सारे गाँव वालों के ख़ून में नफ़रत का ज़हर पूरी तीव्रता के साथ रच गया। अब लोग खुलेआम ज़ामिन शाह के बारे में अच्छी-बुरी बात करने लगे थे। क्या वक़्त आ गया था कि मौलवी सालेह मोहम्मद, नूरा और नवाबदीन एक हुक्के के आसपास बैठने लगे थे।

फिर एक रोज़ जुमे की नमाज़ में मौलवी सालेह मोहम्मद ने कुछ इस ढंग से बातें कीं कि लोग नमाज़ पढ़ते ही एक जुलूस के रूप में ढल गये और ज़ामिन शाह के विरोध में नारे लगाने लगे। नारे बढ़ते जा रहे थे। जब नारे अपनी चरम सीमा पर पहुँचे तो लोगों के चेहरे क्रोध की गर्मी से सुर्ख हो गये और उन्होंने हवेली का रुख़ किया। यूँ लगता था जैसे हवेली से अनारों वाले बाग़ तक का इलाक़ा राख होकर रह जायेगा। ज़ामिन शाह ने अपनी बन्दूकों से थैले उतारे। बन्दूक का मुक़ाबला लाठियों से न हो सकता था। बहुत ख़ून बहा, मगर जोश बढ़ता गया।

बन्दूकों पर फिर थैले चढ़ गये। अबके ज़ामिन शाह ने सारे गाँव वालों को रसूल[1] का वास्ता दिया मगर किसी ने परवाह न की। शाम तक लोग ग़म व गुस्से का इज़हार करते रहे। रात हुई तो पलट आये। ज़ामिन शाह जानता था कि वह दूसरी सुबह फिर आने वाले हैं। उसने रात-ही-रात अपनी बहुमूल्य वस्तुएँ इकट्ठा कीं और मुंशी अज़ीज़ के सुपुर्द करके उन्हें शहर भिजवा दिया। फिर उसने अपने ख़ास ख़ादिम ग़ुलाम अली को बुलवाया और अलग कमरे में ले जाकर बोला, "तेरी यह

1. देवदूत

क़िस्मत न थी, तेरा नाम किसने सुना होगा। पर ख़ुदा को यही मंजूर था।" वह एक क्षण ख़ामोश बैठा रहा। फिर अपनी सुनहरी दूरबीन वाली बन्दूक उसे थमा कर कहने लगा, "...ले यह अब तेरी है, इससे तू अपनी और मेरी चीज़ों की हिफ़ाजत करना। मेरा विचार है लोग तुझे अवश्य ही स्वीकार कर लेंगे।"

उसी रात उसने कुछ ऐसी डबडबायी आँखों से हवेली के बाहर क़दम रखा कि मौलवी सालेह मोहम्मद भी इतनी बेबसी की हालत में न निकला होगा-और मुंशी अज़ीज़ के बसाये इलाक़े में जा बसा....

दूसरी सुबह जब लोग हवेली पहुँचे तो पता चला कि ज़ामिन शाह भाग गया है। सारा तनाव एक क्षण में इतना ढीला हो गया कि किसी ने यह जानने की ज़रूरत महसूस न की कि कौन व्यक्ति ऊपर खड़ा बोल रहा है। सब ग़ौर से उसकी बात सुनने लगे।"

जब ग़ुलाम अली ने कहा "...तुम्हारी गायें, भैंसें, बहुत जल्द तुम्हें मिल जायेंगी" तो लोगों ने ख़ुशी से कहा, "नारा-ए-तकबीर"। जब उसने कहा, "इस गाँव की हर औरत मेरी इज़्ज़त है।" लोग पुकारे 'अल्लाह अकबर'। जब उसकी आवाज़ उभरी, "–अब तुम रातों को चैन की नींद सो सकोगे, कोई कुत्ता तुम्हें काटेगा नहीं।" तो मौलवी सालेह मोहम्मद चिल्लाकर बोला, "इस शख़्स पर ख़ुदा की रहमत।" क्षण-भर में ही लोग सारी कड़वाहट, सारी परेशानियाँ, पिछला सब कुछ भूल चुके थे। वही हवेली जिसे कुछ देर पहले वह राख में बदलना चाहते थे, उन्हें दूध की तरह बेदाग़ दिखाई देने लगी और वह ख़ुशगवार आवाज़ों के भँवर में डूबते-उभरते वापस चले गये।

ग़ुलाम अली ने दूसरे ही दिन हवेली के तमाम कुत्तों को गोली मारने का हुक्म दे दिया और लटके हुए गालों वाले और फूले-फूले पेट वाले सब कुत्तों को हवेली से बाहर निकाल मैदान में खड़ा करने के बजाय बड़े अस्तबल में ही गोली का निशाना बना दिया गया।

मौलवी सालेह मोहम्मद ने अपनी मण्डली में इस पर बड़ी ख़ुशी मनायी। "... सैकड़ों कुत्ते मार दिये एक ही बार में..." उसने जाँघ पर हाथ मारकर सब पर निगाह डाली।

"मरा तो एक भी नहीं" नवाबदीन ने कहा, "सब ज़ख़्मी होकर इधर-उधर होकर भाग गये और फिर पिल्ले जिनकी तादाद हज़ारों तक है, उन्हें पूछा भी नहीं, सब थोथनियाँ उठाये पहले से ज़्यादा ख़तरनाक सूरत में चियाऊँ-चियाऊँ करते फिर रहे हैं।"

"धीरे-धीरे सब हो जायेगा भाई! ग़ुलाम अली आख़िर इन्सान ही तो है कोई ख़ुदा तो नहीं।"...ग़ुलाम अली इन्सान ही था....ख़ुदा न था। उसने भी गाँव के महत्त्वपूर्ण

लोगों की लिस्ट नये सिरे से बनवायी, फिर उन्हें हवेली बुलवाया और बोला, "मैं चाहता हूँ तुम में से वह इस हवेली में आकर रहे, जो सरदार कहलाये...वह जो तुम्हारे दुख-सुख जानता हो, जिसे तुम सब चाहो या जिसे सारे गाँव वाले पसन्द करें, किन्तु इसके लिए शर्त यह है कि वह व्यक्ति सरदार बनने का ऐसा प्रमाण दे कि लोग उसे मान लें, बस मुझे यही कहना है..."

मण्डली बिखरी तो हर शख़्स का दिल उछल कर हलक में आ गया। वे किसी सोच में डूबे घरों की तरफ़ रवाना हुए। घर पहुँच कर उन्होंने अपने-अपने लिबास बदले। फिर इत्र लगाया, बाल सँवारे और नीली-पीली कलफ़ लगी पगड़ियाँ एक जाल की तरह सारे गाँव में फैल गयीं। दिन को हर पगड़ी वाला अपने आपको बेहतर साबित करने के लिए गला फाड़ता और रात को ज़ख़्मी कुत्ते आसमान को देख-देखकर रोते।

लोग गिरोह में बँट गये थे। कोई हल जोतने वाला न था। बैल सारा दिन सींग हिलाते और घंटियाँ बजाते। ये कैसे गिरोह थे कि हर पगड़ी वाले के साथ दो, चार, दस और हर पगड़ी का रंग अलग। कुछ ऐसे भी थे जो नंगे पाँव और नंगे सिर थे। ख़ाली पेटों पर हाथ रखे वह ख़ाली दिमाग़ से आसमान को तका करते। हवेली के अस्तबल की दीवार ढह गयी थी। पिल्ले हज़ारों की तादाद में निकल आये थे और रंग-बिरंगी पगड़ियों के बीच आसपास जमा हो रहे थे और अक्सर बस्ती वालों को और दर्शकों को काट भी खाते थे।

कोई भी बस्ती वालों को बचाने वाला न था। सब अपने आपको हवेली के ऊपरी हिस्से में खड़ा देखना चाहते थे। मौलवी सालेह मोहम्मद लाठी लेकर अपने घर से निकला। उसने ऊँचे चबूतरे पर खड़े होकर कहा "...लोगो...मैं तुम्हारी रक्षा करूँगा...न सिर्फ़ दुनिया में बल्कि आखेरत में भी, तुम्हें ईमान दूँगा, तुम्हें सही रास्ता दिखाऊँगा...मैं तुम्हारा रक्षक हूँ...तुम मुझे ज़ामिन शाह की हवेली दिला दो...मैं वहाँ मस्जिद भी बनवाऊँगा, लोगो...सुनो...लोगो सुनो सुनो!"

फिर नूरा आया। उसने कहा, "...सब लोग मेरी बात सुनें। मैं ही तुम्हारे लिए कुछ कर सकता हूँ, क्योंकि मेरे पास बन्दूक है।"

नवाबदीन ने पुकारा, "...दोस्तो ये सब लोग दग़ाबाज़ और मक्कार हैं...कोई तुम्हारा हमदर्द नहीं, इनकी बातें न सुनो...आओ अपने खेतों की तरफ़ चलें और काम करें...!"

मगर नवाबदीन को कौन सुनता है। सिर्फ़ मौलवी सालेह मोहम्मद की आवाज़ अब ज्यादा साफ़ और बुलन्द सुनी जा सकती थी। वह बोल रहा था, "...तुम ज़िन्दा

या मुरदा अल्लाह की तरफ़ लौटने वाले हो, इसीलिए अल्लाह की रस्सी मज़बूत पकड़ो और उसकी तरफ़ लौट आओ। तुम जो कुछ ज़ामिन शाह की खिदमत में पेश करते रहे हो, वही अल्लाह की राह में ख़र्च कर सकते हो और अल्लाह की राह जैसा कि तुम जानते हो मस्जिद से शुरू होती है...जहाँ मैं खड़ा हूँ...जहाँ तक पहुँचने के लिए कोई रुकावट नहीं...लोगो...लोगो सुनो! यह अल्लाह का फ़रमान है..."

दूसरी मस्जिद से भी लाउडस्पीकर की चीख़ बुलन्द हुई। फिर आवाज़ आयी "...निकलो अल्लाह की राह में, चाहे तुम बोझिल हो या हल्के, दोस्तों, सिर्फ़ इतनी बात सुन लो कि मैं मस्जिद से बोल रहा हूँ। यह जामा मस्जिद है जिसका हक़ पहले है...लोगो...लोगो...ऐ लोगों..." नूरा बोल रहा था–नवाबदीन दम बख़ुद था। कुछ और जमघटे भी थे जहाँ गर्मागर्म भाषण हो रहे थे...फिर सब आवाज़ें लाउडस्पीकर की आवाज़ों के साथ गड्डमड्ड हो गयी।

अज़ाव, दावत, बन्दूक, नर्क, लाठी, रोटी, मकान, ईंधन, कर्तव्य, जामा मस्जिद, कदीमी मस्जिद, क़रीबी मस्जिद...

एक शख़्स ने बीच चौराहे पर खड़े होकर अज़ान दे दी...बेवक़्त की अज़ान... लोग कभी एक चौक की तरफ़ और कभी दूसरे चौक की तरफ़ भाग रहे थे। कुछ नवाबदीन के आसपास इकट्ठा होकर उसकी डूबती आँखों को तक रहे थे।

कुछ नूरे के पास थे...कुछ दूसरी टोलियों के साथ...थोड़े से जामा मस्जिद की तरफ़ जा रहे थे। और कुछ मौलवी सालेह मोहम्मद की मस्जिद की ओर। क़दम धीमे होते जा रहे थे और एक शब्द था जो कि हर चेहरे पर लकीरें बना रहा था। एक गिरोह की तरफ़ जाते हुए लोग दूसरे गिरोह की तरफ़ मुड़कर देखते थे और फिर किसी और दिशा की तरफ़ निकल जाते थे।

ज़हनों और बिखरे हुए होशहवास के साथ लोगों ने मीनारों की तरफ़ देखा। उनके क़दमों में लरज़िश थी और आँखों में मायूसी की राख...।

सूर्य अस्त हुए काफ़ी समय गुज़र चुका था और अँधेरा इस बस्ती पर एक राज़ की तरह उतर रहा था।

–अनुवाद : **परवेज़ अहमद**

गाय

अनवर सज़्ज़ाद

अनवर सज़्ज़ाद की हैसियत सारी उर्दू दुनिया में अकेली है। वे राजनीति में शामिल हैं और दबे-कुचले अवाम के लिए लड़ते हैं। वे साहित्य और राजनीति दोनों रण में शामिल हैं। अनवर सज़्ज़ाद प्रतीकों का सहारा लेकर गहरी बात कहते हैं और उनके अफ़साने पाकिस्तान के अवाम की ज़िन्दगी का आईना हैं। वे नारा लगाते हैं और जेल जाते हैं लेकिन वे लेखन को नारा बनाने के विरोधी हैं। पिता डॉक्टर थे, स्वयं भी डॉक्टर हैं। कभी मस्जिदों में अजान देते थे, बाद में चित्रकारी करने लगे और अब कहानियों की तरफ़ मुड़ चुके हैं। पाकिस्तान आर्ट काउंसिल के अध्यक्ष भी रह चुके हैं। वे नयी समाजवादी व्यवस्था के पक्षधर हैं।

—सम्पादक

एक रोज़ उन्होंने मिल कर फ़ैसला किया था कि अब गाय को बुचड़खाने में दे ही दिया जाये।

"अब इसका धेला नहीं मिलता।"

उनमें से एक ने कहा था।

"इन मुट्ठी-भर हड्डियों को कौन ख़रीदेगा।"

"लेकिन बाबा मुझे अब भी यक़ीन है। अगर इसका इलाज बाक़ायेदगी से..."

"तुम चुप रहो जी। बड़े आये अक़्ल वाले।"

निक्का चुप कर के एक तरफ़ हो गया और बाबा अपनी दाढ़ी में अक़्ल को कुरेदता हुआ उसके बड़ों के साथ सर जोड़कर बैठ गया था।

मैं जब ज़बान हिलाता हूँ तब ये बूचड़ बन जाते हैं। जिस रोज़ से मैंने अपने को पहचाना है उसी रोज़ से चितकबरी को भी जाना है और जिस रोज़ से ये लोग

इसे बूचड़खाने ले जाने की सोच रहे हैं उसी दिन से मैं हर लमहा यतीम होता जा रहा हूँ। यतीम होता हूँ। मैं क्या करूँ? ये सब मुझ पर हँसते हैं कि मैं इसकी इतनी खिदमत क्यों करता हूँ।

"आप इसे बूचड़खाने के बजाय अस्पताल क्यों नहीं भेज देते।" निक्के से नहीं रहा जाता।

"तुम नहीं समझते, यह ठीक नहीं हो सकती। इसके इलाज पर पैसा ख़्वामख़्वाह क्यों ख़र्च किया जाये। मैं नासमझ हूँ...अभी कल ही तो माँ ने धागे में पन्द्रहवीं गिरह लगायी थी।"

"आप इलाज करा के देखें तो सही!"

"बड़ों की बातों में दख़ल न दिया करो।"

"मेरा जी चाहता है कि मैं आप सब को बूचड़खाने दे आऊँ।"

फिर सब ने मिलकर गाय की जंज़ीर पकड़ी थी। लेकिन जैसे गाय को भी सब कुछ मालूम था। वह अपनी जगह से एक इंच नहीं हिली थी। उन्होंने मार-मार कर उसका भुरकुस निकाल दिया था। निक्का एक तरफ़ खड़ा पथराई हुई आँखों से सब कुछ देख रहा था। समझने की कोशिश कर रहा था।

"शाबाश मेरी चितकबरी, मेरी गाय, मेरी गऊ माता, हिलना नहीं, तुम नहीं जानतीं ये लोग तुम्हारे साथ क्या सुलूक करने वाले हैं, जाना नहीं, हिलना नहीं वरना, वरना, नहीं तो..."

गाय अपनी जगह पर अड़ी, मुड़-मुड़कर उसकी तरफ़ देखती रही थी। ज़रा हटकर गाय का बछड़ा खूँटे के साथ रस्सी से बँधा बेतअल्लुक़ बैठा था। हड्डियों पर लाठियों की बौछार उसे सुनायी नहीं देती थी। निक्के के कान भी बन्द हो रहे थे, रफ़्ता, रफ़्ता।

सारे बुजुर्ग हाँफते हुए फिर सर जोड़कर बैठ गये थे। फिर फ़ैसला हुआ था कि अगर यह अब चल भी पड़ी तो मुमकिन है रास्ते में खम्भा हो जाये इसलिए बेहतर यही है कि इसे ट्रक में डालकर ले जाया जाये। ट्रक में तो इसे उठाकर भी लादा जा सकता है।

अगले रोज़ ट्रक भी आ गया।

ट्रक की आवाज़ पर गाय ने मुड़कर देखा था। आँखें झपकी थीं और फिर खोली में मुँह डाल दिया था। जहाँ निक्का चारा डालकर अभी-अभी ट्रक को देखने गया था।

"आप लोग इसे वाक़ई..."

उसे यक़ीन नहीं आया था।

"नहीं तो हम मज़ाक़ कर रहे हैं क्या?"

एक ने कहा था।

"बाबा, यह गाय मुझे दे दो। मैं इसे..."

"हकीम की औलाद।"

दूसरे ने कहा था।

"बाबा इसके बगैर मैं...."

"मजनूँ का बच्चा।"

तीसरे ने कहा था।

चौथा-पाँचवाँ, "सारे बुजुर्ग साले एक से एक हैं और बाबा जो अपनी दाढ़ी को, अक़्ल का गढ़ समझता है, जाने इसे क्या हो गया है।"

बेटे! ट्रक वाले को दस रुपये देकर भी हम बहुत फ़ायदे में रहेंगे।'

"आ, कमबख़्त सौदागर मुझसे लो रुपये। मुझसे यह लो लेकिन मेरी मुट्ठी में इस वक़्त तो हवा है। जब, जब मैं बड़ा हो जाऊँगा..."

हा, हा, हा, हा,

"जब मैं कमाने लगूँगा।"

हा, हा, हा, हा,

'तब तक तो चितकबरी की हड्डियों का सुरमा बन गया होगा। मैं-मैं क्या करूँ।'

इनमें से एक, गाय को लाने के लिए खोली की तरफ़ गया था। निक्का भी इसके पीछे-पीछे हो लिया। यूँ ही देखने के लिए। बड़े ने इसकी जंज़ीर खोली थी। गाय ने खोली में मुँह मार के दाँतों में पट्ठे दबाये थे, मुड़ के निक्के को देखा था और जाने के लिए खुर उठाया था।

"न, न, न।"

निक्का चीख़ा था।

"बको मत।"

गाय खड़ी हो गयी थी।

"हे, हे, हे।"

बड़े ने ज़ोर लगाया था।

"न, चितकबरिये। न, न।"

"चुप भी रहोगे या खींचूँ ज़बान।"

निक्के ने ज़बान को क़ैद कर दिया था। बड़े ने फिर जंज़ीर को झटका दिया था।

"चलो मेम साहब। ट्रक वाला तुम्हारे बाप का नौकर नहीं जो सारा दिन खड़ा रहे।"

गाय की आँखें बाहर को निकल आयी थीं। ज़बान क़ैद में फड़फड़ा कर रह गयी थी। लेकिन वह हड्डियों का ढाँचा मात्र वहीं का वहीं था। निक्का मुस्कुराया। फिर फ़ौरन ही उदास हो गया था।

"यह तो बिक भी चुकी है। इसे जाना ही होगा। मुझे अब भी यक़ीन है कि अगर थोड़ी-सी रक़म लगा कर इसका इलाज बाक़ायेदगी से किया जाये तो, तो... लेकिन मैं इन बुज़ुर्गों का क्या करूँ। काश! मैं हकीम ही होता। इस बछड़े को शर्म नहीं आती माँ के जिस्म पर नील पड़ रहे हैं और यह बाहर खड़ा उल्लू के पट्टों की तरह देखे जा रहा है।"

ज़बान फड़फड़ा कर रह गयी थी।

फिर इनमें से एक को बड़ी अच्छी सूझी थी। उसने गाय की दुम पकड़ कर इसे तीन-चार बल दिये थे। वह पीठ के दर्द से दूर भागी थी। इसने निक्के की तरफ़ देख कर क़हक़हा लगाया था। पीठ का दर्द गाय को हाँकता हुआ बिलकुल ट्रक के पास ले आया था। निक्के का दिल बहुत ज़ोर से धड़का था।

"डरफ़टे मूँ, लानत लिख लानत।"

ट्रक वाले ने गाय के चढ़ने के लिए ट्रक से ज़मीन पर तख़्ता लगा दिया था। गाय ने तख़्ते पर खुर रखा।

"न चढ़ना।"

"इसकी ज़बान काट लो–यह गाय को वरग़लाता है, डराता है।"

निक्का फिर मुँह बन्द करके पीछे हट गया था। गाय ने पहले तख़्ते को देखा फिर निक्के की तरफ़।

"डरफ़टे मूँ, लानत लिख लानत।"

निक्के का सर शर्म से झुक गया था।

"इसके अलावा मैं और क्या कर सकता हूँ।"

वह अभी तक नहीं डरी थी। फिर उसने मशकूक निगाहों से इधर-उधर देखकर बड़े ज़ोर से फुनकार मारी थी।

मेरी चितकबरी जानती है, जानती है कि वह तख़्ते पर क़दम रखकर ट्रक में चली जायेगी लेकिन वह यह नहीं जानती क्यों-क्यों वह चढ़ना नहीं चाहती।

उन सबने मिलकर उसकी पीठ पर लाठियाँ बरसायी थीं, गाय की टाँगें थिरकी थीं। लेकिन वह अपनी जगह से क़तई नहीं हिली थी। जब उन्होंने मिलकर दूसरा वार

किया तो वह तकलीफ़ से दूर भागने को थी कि बाबा की दाढ़ी में अक़्ल ने जोश मारा था और उसने जमाकर उसके मुँह पर लाठी मारी थी। गाय फिर तख़्ते की तरफ़ मुँह करके सीधी हो गयी थी। बाबा ने हाँफते हुए कहा था,

"आओ बेटू।"

और सबने मिलकर फिर लाठियों का मेंह बरसा दिया था।

निक्का दूर खड़ा था। बिलकुल बे तआलुक़ बेहिस।

"यूँ बात नहीं बनेगी।"

एक ने अपने साँस पर काबू पाते हुए कहा था।

"तो फिर?"

वह ट्रक के साथ टेक लगाये खड़े सोच ही रहे थे कि जाने गाय को क्या सूझी थी। पलट कर यकदम भाग उठी थी और घुल उड़ाती हुई निक्के के क़रीब से बिलकुल अजनबियों की तरह गुज़र गयी थी।

निक्का, "जिस्म का मफ़लूज हिस्सा।"

"देखो, देखो, वह तो बायीं तरफ़।"

एक चौंका था।

"कुदरती बात है।"

बाबा ने अपनी दाढ़ी में उँगलियाँ फेरते हुए कहा था।

गाय अपने बछड़े को चाट रही थी। बाबा की आँखें मक्कार-सी मुस्कुराहट से चमक उठीं।

"इस बछड़े को यहाँ ले आओ–यह चाल तो हमें कल ही चल जानी चाहिए थी। ट्रक के पैसे भी बच जाते।"

निक्का, "मफ़लूज वजूद।"

उनमें से एक ने बछड़े की रस्सी पकड़ी थी। निक्के की ज़बान लरज़ी थी। गाय कुछ सोचती, क़दम उठाती, रुकती, चलती बछड़े के पीछे-पीछे इसके क़रीब से गुज़री थी तो आहिस्ता से निक्के की जबान से गाली फिसली थी। बछड़ा, तख़्ते पर चढ़ के पटौसियाँ मारता हुआ ट्रक में चला गया था। गाय तख़्ते के पास जाकर फिर रुकी थी। बड़ी हैरानी से बछड़े को देख कर आहिस्ता-आहिस्ता गर्दन मोड़ के निक्के को देखा था। एक ने फ़ौरन बग़ल से पट्टों का गट्ठा निकाल के गाय के आगे कर दिया था। उसने चन्द डंठल दाँतों में ले लिये और फिर कुछ सोचकर ज़मीन पर गिरा दिये थे और अगला खुर तख़्ते पर रख दिया था फिर दूसरा खुर।

ख़ुदा मालूम निक्के को क्या हो गया था। यकदम इसके सारे जिस्म में ताज़ह ताज़ह गर्म-गर्म लहू का सैलाब आ गया था। उसके कान सुर्ख हो गये और दिमाग़ बेतरह बजने लगा था। वह भागा-भागा घर में गया था और बाबा की दो नाली बन्दूक़ उतार के उसमें कारतूस भरे थे। इस जुनून में भागता हुआ बाहर आ गया था और कान्धे पर बन्दूक रख कर निशाना बाँधा था।

उसने खुली आँखों से देखा। बछड़ा ट्रक से बाहर गाय के गिराये हुए पट्ठों में मुँह मार रहा था। ट्रक में बँधी गाय बाहर मुँह निकाल कर बछड़े को देख रही थी। उनमें से एक गाय को ले जाने के लिए ट्रक में बैठा था और बाबा एक हाथ से अपनी दाढ़ी में अक़्ल को सहलाता हुआ बाहर खड़े ड्राइवर से हाथ मिला रहा था।

फिर मुझे पता नहीं क्या हुआ। निक्के ने किसे निशाना बनाया। गाय को, बछड़े को, ड्राइवर को, बाबा को या वह अभी तक निशाना बाँधे खड़ा है।

कोई वहाँ जा के देखे और आके मुझे बताये कि फिर क्या हुआ। मुझे तो सिर्फ़ इतना पता है कि एक रोज़ उन्होंने मिलकर फ़ैसला किया था कि—।

–लिप्यन्तर : **जेबा अलवी**

चालाक भेड़िया

मैमूना अंसारी

मैमूना अंसारी लाहौर में अध्यापन करती हैं। कहानियाँ और आलोचना में विशेष रुचि है। तरक्की पसन्द ख्यालात की महिला हैं। पति स्व. अहराज नक़वी लखनऊ में प्रगतिशील लेखक संघ की उर्दू शाखा के सचिव रह चुके थे। मैमूना अंसारी ने मिर्ज़ा हादी रुस्वा पर काम किया है। यह कहानी उनकी अप्रकाशित रचना है।

—सम्पादक

जंगल का बादशाह शेर मरने के क़रीब था। तमाम जानवर चिन्तित बैठे थे। एक जगह जमा होने का मक़सद यह था कि बादशाह की मौत से पहले उसके उत्तराधिकारी का फ़ैसला हो सके। बादशाह की औलादें अभी कमसिन थीं और कोई उसकी जगह सँभालने के योग्य नहीं था। सल्तनत के बाशिन्दे सर जोड़े इस गम्भीर समस्या का हल खोजने में व्यस्त थे। हालाँकि इनमें से ज़्यादातर के दिलों में चोर था और बहुत से जानवर इस मौक़े पर अपने को शेर का उत्तराधिकारी बनाने की फ़िक्र में थे। खुफ़िया जोड़-तोड़ के अलावा कुछ जानवर अपने पक्ष में ऊँचे-ऊँचे दावे पेश कर रहे थे। हाथी इनमें सबसे आगे था, उसका कहना था–

"मैं जानवरों में सबसे लम्बा-चौड़ा हूँ। मेरी चिंघाड़ का मुक़ाबला शेर की दहाड़ से किया जा सकता है। मेरे ग़ुस्से और रोब-दाब के सामने सभी झुक जाते हैं। दरअसल जंगल की हुकूमत पर मेरा ही हक़ है।"

ऊँट का दावा था–

"जानवरों में सबसे लम्बा आकार मेरा है। जोश-ओ-इन्तक़ाम का यह आलम है कि तैश में आ जाऊँ तो बड़ी-से-बड़ी खोपड़ी पलक झपकते ही उतार लाऊँ और फिर दुश्मन से जंग करने में मेरे साहस और धैर्य तक भला कौन पहुँच सकता है,

महीनों बिना दाना-पानी दुश्मन का घेराव किये पड़ा रहता हूँ। जब तक इन्तक़ाम की आग ठण्डी न पड़ जाये हर नेमत से मुँह मोड़े रहता हूँ। चुनांचे तख़्ते हुकूमत पर मेरा हक़ है।"

घोड़े का तर्क था–

"सिर्फ़ शरीर नहीं मन भी सुन्दर है। वफ़ादारी और ईमानदारी में कोई मेरा मुक़ाबला नहीं कर सकता। भला ऐसे नेक और मुखलिस बादशाह को कौन नहीं पसन्द करेगा।"

यह और इसी क़िस्म के बुलन्द व बांग दावे हो रहे थे। हद तो यह कि लोमड़ी और गीदड़ तक अपनी बुद्धि और योग्यता के राग अलाप रहे थे।

अजब नफ़सा-नफ़सी का आलम था। कान पड़ी आवाज़ सुनायी न देती थी। ऐसी अव्यवस्था जंगल में पहले काहे को हुई होगी। उधर शेर ज़िन्दगी और मौत की कशमकश में मुब्तला था। उसके गले की ग़ुर्राहट और भी तेज़ हो गयी थी। बस वह चन्द लमहों का मेहमान था। लेकिन सबसे आश्चर्य की बात यह थी कि भेड़िया जो शेर से प्रेम का सबसे ज़्यादा दम भरता था, इस भीड़ से ग़ायब था। मगर इस वक़्त किसी को किसी की ख़बर ही कहाँ थी जो कोई उसे ढूँढ़ता। हर एक इस इन्तज़ार में था कि बादशाह के सलाहकार किसके हक़ में फ़ैसला करते हैं।

एकाएक फड़फड़ाहट सुनायी दी और एक सफ़ेद कबूतर ताड़ के एक ऊँचे से दरख़्त पर आकर बैठ गया। यह इस बात का इशारा था कि सलाहकार किसी नतीजे पर पहुँच चुके हैं और अब उनका फ़ैसला सुनाया जाने वाला है।

सब जानवर ख़ामोश हो गये। तभी जंगल का चोबदार सारस गम्भीर अन्दाज़ में क़दम उठाता हुआ जानवरों के जलसे की तरफ़ आता दिखाई पड़ा। ख़ामोशी और गहरी हो गयी। सारस सबके क़रीब पहुँच कर रुक गया। फिर वह बहुत इत्मीनान से एक पैर पर खड़े होकर जानवरों से सम्बोधित हुआ–

"आदरणीय हैवानो,

"सलाहकार समिति का फ़ैसला है कि शेर का उत्तराधिकारी उसी जानवर को बनाया जायेगा, जो सबसे सुन्दर, बेइन्तहा ताक़तवर और सबसे ज़्यादा फुर्तीला होगा। अब तुममें से जो कोई भी इन ख़ूबियों का दावेदार हो सामने आ जाये।"

जानवरों में एक बार फिर वही शोर बुलन्द हुआ। सबको इस बात पर ग़ुस्सा था कि सलाहकारों ने ऐसी शर्तें रख दी हैं जिनको कोई भी जानवर पूरा नहीं कर सकता। हर एक बिफरा हुआ था और सब एक दूसरे को फाड़ खाने को तैयार थे। कान पड़ी आवाज़ सुनाई न देती थी। सफ़ेद कबूतर पर फड़फड़ा-फड़फड़ा कर रह

गया था और सारस अपनी गर्दन हिला-हिला कर जानवरों को ख़ामोश कराने की कोशिश करता रहा लेकिन ऐसी अराजकता थी कि कोई किसी की सुनने को तैयार न था। इसी अफ़रा-तफ़री में लोमड़ी ने गीदड़ को इशारा किया और दोनों मजमे से बाहर खिसक आये। कुछ दूर पहुँचकर लोमड़ी बोली।

"भाई गीदड़—कुछ मालूम है, ऐसे वक़्त पर तुम्हारे चचा जान भेड़िये कहाँ ग़ायब हैं। अगर कोई दूसरा दावेदार पैदा हो गया तो मुसीबत ही आ जायेगी, हमारी सारी मेहनत पर पानी फिर जायेगा।"

"नहीं लोमड़ी", गीदड़ ने जवाब दिया, "चचा जान ऐसे बेवकूफ़ नहीं हैं। मुझे पहले ही मालूम था कि गुलदार, रीछ और उल्लू ऐसा ही फ़ैसला करेंगे। इसीलिए मैंने एक ख़ूबसूरत चीते की खाल तलाश करके ग़ार में छिपा दी थी।' चचा को भी बता दिया था। वह इस वक़्त तक खाल पहन भी चुके होंगे। चलो सारे हालात उन्हें बता दें।"

गीदड़ और लोमड़ी भेड़िये की तलाश में निकल गये। अभी ज़्यादा दूर नहीं गये होंगे कि एक ख़ूबसूरत चीता पहाड़ी से उतरता हुआ नज़र आया। पहले तो लोमड़ी ठिठकी, लेकिन गीदड़ ने उसे यकीन दिलाया कि यह ख़तरनाक दरिन्दा चीता नहीं है। फिर भी लोमड़ी एक झाड़ी में छिप गयी। जब वह दरिन्दा क़रीब से गुज़रा तब उसने भेड़िये की आवाज़ यानी दाँतों का किटकिटाना सुना तो दोनों ने ख़ुशी से छलाँगें लगायीं और एक दूसरे के क़रीब आ गये। गीदड़ भी बग़ल में खड़ा हो गया और बोला, "चचा जान आप तो बिल्कुल चीते मालूम होते हैं।"

तब भेड़िये ने राज़दारी से पूछा, "कहो जानवरों ने क्या फ़ैसला किया?" दोनों ने भेड़िये को सलाहकार समिति के निर्णय से आगाह किया। लेकिन साथ में लोमड़ी ने यह भी कहा, "वक़्त-बे-वक़्त दाँत किटकिटाने की आदत छोड़ दो, जंगल के सभी जानवर तुम्हारी इस आदत से परिचित हैं। अगर किसी ने तुम्हें पहचान लिया तो बड़ी उलझनों का सामना करना पड़ेगा।"

गीदड़ बोला, "ताक़त व क़ूवत में भला तुम्हारा कौन मुक़ाबला कर सकता है। अपनी छलाँग से ज़रा इस पहाड़ी को तो पार कर जाओ, फुर्तीला होना चुनाव की एक ज़रूरी शर्त है।"

भेड़िये ने माथा सिकोड़ा और कहा, "यह कौन-सी बड़ी बात है, मैं इसका अभ्यास कई दिनों से करता रहा हूँ।" यह कहकर उसने छलाँग लगायी और पहाड़ी के पार पहुँच गया। दोनों ख़ुश हो गये, फिर भेड़िये ने पूछा, "अब जानवरों के सामने कैसे पहुँचूँ!" गीदड़ ने कहा, "शेर का रोब-दाब उसकी घन-गरज से क़ायम है और

तुम अल्लाह की इस देन से महरूम हो, तुम दहाड़ नहीं सकते, मैंने बहुत सोच-विचार के बाद एक तरकीब सोची है कि शेर मरते वक़्त आख़िरी मरतवा दहाड़ेगा। मैं तुम्हें क़रीब ही, एक घनी झाड़ी में छिपा दूँगा। जैसे ही शेर की दहाड़ सुनो, तुम उछल कर सबके सामने पहुँच जाना। सब समझेंगे कि यह तुम दहाड़ रहे हो।

भेड़िया राजी हो गया और सलाहकार परिषद के क़रीब ही एक झाड़ी में छिप कर बैठ गया। यकायक मरते हुए शेर ने अपनी सारी ताक़त एकत्रित की और आख़िरी बार दहाड़ा। उसी वक़्त एक छलाँग में भेड़िया जानवरों के सामने था। खौफ़ के मारे, सब जानवर शेर की घन गरज से काँप रहे थे। जब ज़रा हवास ठिकाने हुए और जानवरों ने आँखें खोलीं तब अपने सामने एक ख़ूबसूरत जानवर को खड़े हुए देखा।

"जंगल के जानवरो", दरिन्दे ने उन्हें सम्बोधित किया।

"मैं तुम्हारा बादशाह हूँ, मेरी दहाड़ अभी सुन चुके हो, मैं सुन्दर हूँ, मैं फुर्तीला हूँ।" सब जानवर प्रभावित हो चुके थे। उन्होंने गर्दनें झुका लीं। इस तरह भेड़िये की बादशाहत को सबने क़बूल कर लिया। पूरे जंगल पर ख़ामोशी छायी हुई थी। इस ख़ामोशी को, मक्कार लोमड़ी ने तोड़ा। वह आगे बढ़ी और हाथ जोड़कर बोली, "ये महान् पशु, तेरी बादशाही हमें मंज़ूर। लेकिन आज तक जंगल के जानवरों ने ऐसी धन गरज कभी न सुनी थी। हम सब सहम गये हैं, कृपा करके अब ऐसी आवाज़ न निकालिए।" गीदड़ बोला, "लोमड़ी ठीक कहती है, हम सब की आरज़ू यही है।" भेड़िया दिल-ही-दिल में, इन दोनों की बुद्धिमानी पर ख़ुश था। उसने बड़े रोब से कहा, "अगर हमारी प्रजा की यह दिली ख़्वाहिश है तो हमें मंज़ूर है।" सब जानवरों पर भेड़िये का जादू चल गया। उसकी तेज़ी और गरज ने सबको ख़ामोश कर दिया था। वे उसको बादशाह तसलीम करके अपने-अपने घरों को चल दिये।

अब सारे जंगल पर भेड़िये का राज था। सब जानते हैं कि भेड़िया कितना ज़ालिम और लालची जानवर है। दूसरों को तकलीफ़ देना, उसकी फ़ितरत में दाख़िल है। शेर जानवर का शिकार सिर्फ़ उस वक़्त करता है, जब भूख उसे सताती है, लेकिन भेड़िया ख़ून बहाने में लुत्फ़ महसूस करता है। यही वजह है कि जंगल के जानवर भेड़िये से नफ़रत करते हैं। चुनांचे जंगल का बादशाह बनते ही उस नक़ली बादशाह ने भी इधर-उधर फिरते हुए जानवरों का ख़ून बहाना शुरू कर दिया। वह इतना मोटा हो गया कि चीते की खाल उस पर छोटी होने लगी। लेकिन उसकी हवस का कुछ ठिकाना ही न था। रोज-बरोज़ बढ़ती ही गयी। वह अपनी बदख़ूनी से बाज़ नहीं आता। लेकिन यह सब कुछ बहुत राज़दारी में होता। सिर्फ़ गीदड़ और लोमड़ी इस

राज से परिचित थे और वे दोनों बड़े मज़े में थे। उन्हें हर वक़्त ताज़ा-ताज़ा गोश्त मिला करता। वह दूर-दूर से मासूम जानवरों को घेर कर लाते और भेड़िया उन्हें चीर-फाड़ डालता। वह ख़ून पी लेता और गोश्त में इन दोनों का हिस्सा होता। फिर वह दोनों मक्कार भेड़िये की तारीफ़ करते। उसके गुण गाते-फिरते। जंगल के भोले-भाले जानवर समझते कि सचमुच हमारा बादशाह नेक बहादुर और सब्र करने वाला है, क्योंकि इस नये बादशाह ने आज तक किसी जानवर का ख़ून नहीं बहाया, बल्कि उसको तो किसी ने गोश्त खाते हुए भी न देखा था। जब जानवरों की गुमशुदगी और आये दिन जानवरों की होने वाली चीर-फाड़ की इत्तिला बादशाह को दी जाती, तो वह बड़े दुःख से सब कुछ सुनता और उसकी आँखें नम हो जातीं। वह हुक्म देता कि कोई दरिन्दा किसी का ख़ून न बहाये। लेकिन यह राज़ किसी तरह न खुलता कि भेड़ें-बकरियाँ, हिरन, बारहसिंघे, नीलगाय बग़ैर की चीर-फाड़ कौन करता है और जंगल की आबादी रोज़-ब-रोज़ कम क्यों होती जा रही है। जानवर परेशानी के आलम में एक-दूसरे से सलाह-मशविरे करते, लेकिन लाहासिल। किसी को शक भी न होता कि जानवरों की हत्याओं और उनकी चीर-फाड़ के पीछे ख़ुद उनके बादशाह का हाथ है। बल्कि इस मामले में बादशाह जिस तरह हमदर्दी करता और जानवरों की हिफ़ाज़त के लिए जो क़दम उठाये जाते उससे सबको इत्मीनान हो जाता और सब यह उम्मीद लगा लेते कि बादशाह जल्द ही मुजरिमों का पता लगा सकेगा।

जानवर बादशाह की मेहरबानियों का शुक्र अदा करते और भेड़िया हर ख़तरे से बेख़बर अपनी मनमानी में मसरूफ़ था। वह यह भी भूल चुका था कि उसकी नामुनासिव हरकतें और दूसरों की इक़्तलफ़ियाँ कभी रंग भी ला सकती हैं–क्योंकि वह ज़ुर्म करने का अब आदी हो चुका था। एक दिन का ज़िक्र है जंगल का जासूस नन्हा ख़रगोश चरता-चुगता फिर रहा था कि उसको एक जगह कुछ जानी-पहचानी चीज़ नज़र आयी। वह क़रीब पहुँचा तो देखा बादशाह की खाल ज़मीन पर पड़ी है। डर से उसके कान खड़े हो गये। नथुने फड़कने लगे और होंठ काँपने लगे। सुन-गुन लेने के लिए उसने चारों तरफ़ देखा। "क्या बादशाह मारा गया? लेकिन ख़ून कहाँ है? फिर यह खाल?" उसके ज़हन में सवाल पर सवाल पैदा हो रहे थे। इतने में उसे आहट महसूस हुई तो क़रीब की एक झाड़ी में छिप गया। उसने देखा एक ख़ून-ख्वार भेड़िया, जिसके दाँतों में एक ख़ूबसूरत हिरन ख़ून से लत-पत दबा हुआ है, चला आ रहा है। ख़रगोश पहली नज़र में ही पहचान गया। "अरे, यह तो वही बदनाम भेड़िया है जो शेर की मौत के दिन से ग़ायब था और तलाश के बावजूद कहीं नजर न आता था। ख़रगोश पर दहशत तारी हो गयी। वह समझ नहीं पा रहा था कि

बादशाह की खाल का क्या मोअम्मा है...कहीं ज़ालिम भेड़िया उसे मौत के घाट न उतार चुका हो, लेकिन यहाँ तो लाश का कोई आसार नज़र नहीं आता। ख़रगोश को दु:ख हो रहा था कि अब ऐसा नेक बादशाह काहे को मिलेगा जिसने आज तक एक भी जानवर का शिकार न किया हो। जो चर-चुगकर ज़िन्दा हो। वह दिल-ही-दिल में उसकी सलामती की दुआ माँग रहा था। वह सोच रहा था कि किसी तरह यहाँ से निकल भागे और जंगल के सब जानवरों को इस हादसे की इत्तिला दे। इस दौरान भेड़िया मज़े ले-लेकर हिरन का ख़ून पीता रहा। फिर थोड़ा-सा गोश्त चखा। इतने में ख़रगोश ने देखा गीदड़ और लोमड़ी दबे पाँव उसके पास पहुँचे और गोश्त खाने में शरीक हो गये। फिर भेड़िये ने अपने पंजे घास से साफ़ किये और उस खाल की तरफ़ बढ़ा तब लोमड़ी बोली, "बादशाह सलामत, क्या और शिकार न करेंगे?"

भेड़िया बोला, "नहीं, आज मैंने बारह जानवरों का शिकार किया, इतना ख़ून पिया है कि नींद आने लगी है, फिर जंगल के जानवर यूँ ही परेशान हैं, कहीं भड़क न जायें।" यह कहकर उसने वही खाल पहनी और छलाँगें लगाता हुआ अपने ग़ार की तरफ़ चला गया। उसके साथ लोमड़ी और गीदड़ भी घने जंगल में ग़ायब हो गये।

नन्हा ख़रगोश ग़ुस्से से काँपने लगा, "बादशाह के भेस में भेड़िये ने पूरे जंगल को बेवकूफ़ बना दिया।" ज़रा दिल ठहरा तो उसने सोचा इस अहम् राज़ से मैं ही पर्दा उठा सकता हूँ। शायद जानवरों को इस तबाही से बचाया जा सके। "पहले किससे कहूँ?" उसके दो जिगरी दोस्त थे। एक कछुआ और दूसरा चूहा। कछुआ दरिया में रहता था और चूहे ने दरिया किनारे एक बड़े पेड़ में अपना बिल बनाया था। ख़रगोश सीधा अपने दोस्तों के पास पहुँचा और उन्हें पूरी कहानी सुनायी। तीनों जंगल के जानवरों की परेशानी दूर करना चाहते थे। लेकिन कैसे? बहुत सोच-विचार के बाद चूहा बोला, "भाई ख़रगोश, मैं तो छोटा-सा जानवर हूँ लेकिन मेरी ख़्वाहिश है कि जंगल के जानवरों को इस फ़रेब से आगाह करके उन्हें इस साज़िश से निजात दिला सकूँ। चन्द दिनों से नौजवान शेर से मेरी मुलाक़ात दोस्ती की हद में दाख़िल हो चुकी है। मैं अक्सर उसके ग़ार में जाकर उससे बातें करता हूँ। उसको मेरे ऊपर भरोसा है। अभी कमसिन है लेकिन बहादुरी और जहानत चेहरे से नुमायाँ है, मैं उससे जाकर कहता हूँ।"

कछुआ बड़ा फ़िक्रमन्द था। उसने कहा, "हाँ, हाँ उसे इत्तिला करना तो बेहद ज़रूरी है। कहीं भेड़िया उस नये शेर का काम तमाम न कर दे, ताकि जंगल पर कभी शेर की हकूमत ही न हो सके और फिर वह हमेशा हमें इसी तरह बेवकूफ़ बनाता रहे। मैं पानी में बैठा हुआ, जानवरों की सलामती और तुम्हारी कामयाबी की दुआएँ

माँगता रहूँगा। मेरे भाई, बस तुम फ़ौरन शेर के ग़ार की तरफ़ रवाना हो जाओ।" ख़रगोश कहने लगा, "हाँ ठीक है, मेरी कुछ मजबूरियाँ है, वरना मैं भी तुम्हारे साथ चलता। अब जाओ सिधारो, अल्लाह के हवाले।"

चूहा शेर की खोह की तरफ़ रवाना हो गया। उसने नन्हे शेर को सब कुछ बता दिया। शेर अभी नौउम्र था, लेकिन जंगल के जानवरों पर होने वाले जुल्म व ज़्यादती का हाल सुनकर उसकी ग़ैरत जोश में आ गयी और वह गुर्राने लगा। लेकिन चूहा बोला, "राजकुमार, अभी आप नातजुर्बेकार हैं, आप नहीं जानते कि लोमड़ी की मक्कारी और गीदड़ की लालच आपके वालिद बहादुर की जान का अजाब बनी हुई थी। मुनासिब तो यह है कि दानिशमन्दी से कोई तरकीब निकालें और जंगल के जानवरों को उस झूठे बादशाह की असलियत से आगाह कर दें, वरना जानवर आसानी से हमारी बात पर यक़ीन न करेंगे। सभी तो बादशाह की नेकी का कलमा पढ़ते हैं। उसके रोब और दबदबे ने उन्हें बुज़दिल बना दिया है। ये सब इतने अहसान परस्त हो गये हैं कि अपने आपको उलझनों में डालने पर आमादा न होंगे। आपने देखा नहीं, आपके वालिद बादशाह बहादुर की मौत पर सब कैसे ख़ुदग़र्ज़ी पर उतर आये थे। नफ़सानफ़सी का आलम था, किसी को जंगल की भलाई का ख़्याल न था। बस सबकी नज़र अपने स्वार्थ पर थी। वरना भेड़िया, गीदड़ और लोमड़ी हमें यूँ बेवकूफ़ बनाने की हिम्मत न करते।"

कमसिन शेर को चूहे के मशूरे से एतराज न हुआ। वह सोच में पड़ गया कि अब किससे सलाह लेनी चाहिए। चन्द लमहों बाद वह बोला, "भाई चूहे, अब इसके अलावा कोई चारा नहीं कि मैं खाला जान से मशविरा करूँ। हालाँकि अब्बा जान ने उनके साथ अच्छा सुलूक न किया था फिर भी वह बेचारी मुझ पर ख़ासी मेहरबान हैं। सारे दाँव-पेंच और करतब वही सिखाया करती हैं। उन्हीं से मशविरा करूँगा।" चूहे ने पूछा, "लेकिन तुम्हारी खाला जान हैं कौन? क्या मैं उनको जानता हूँ?" शेर बोला, "वही खाला बिल्ली।" बिल्ली का नाम सुनते ही चूहे का दम निकल गया, उसकी आँखें चमकने लगीं और कान खड़े हो गये। वह भागने ही वाला था कि शेर ने दिलासा दिया, "नहीं भाई, तुम न घबराओ, खाला जान इस वक़्त सो रही हैं। हाथ-पैर चाट-चाट कर अभी ही उनकी आँख लगी है। लो सुनो वे खर्राटे भी लेने लगीं।" लेकिन चूहे को धड़का लग गया था। उसकी बे इत्मीनानी किसी तौर कम न होती थी। शेर यह देखकर बोला, "अच्छा अब तुम जाओ, कल इसी वक़्त आ जाना, मैं सारी बात कर रखूँगा।"

बिल्ली जब नींद से जागी तो शेर ने पूरा क़िस्सा उसको सुना दिया। वह तो सन्नाटे में आ गयी। उसका तले की साँस तले और ऊपर की साँस ऊपर रह गयी।

फिर उसको तैश आ गया उसके तमाम पंजे बाहर निकल आये। वह ग़ुर्राने लगी। जब ज़रा ग़ुस्सा धीमा और औसान ठिकाने हुए तो उसने शेर के बच्चे से पूछा, "बेटा तुम्हें ये सब किसने बताया।" "मेरे नन्हे दोस्त चूहे ने।" शेर ने कहा। चूहे का नाम सुनते ही बिल्ली के मुँह में पानी भर आया और उसने चारों तरफ़ ललचाई हुई नज़रों से देखा। तब शेर ने कहा, "खाला जान, नन्हा चूहा, जंगल का बहुत बड़ा हमदर्द है, आप अपने चटोरेपन पर क़ाबू पाइए और कोई तरकीब सोचिए।"

बिल्ली को अपनी बदनीयती पर शर्मिन्दगी होने लगी और उसने सर झुका लिया। काफ़ी देर ग़ौर करने के बाद बोली, "यह जंगल के जानवरों की ज़िन्दगी का सबसे नाजुक मसला है। इस वक़्त इत्तिहाद और मकजेहती की बड़ी ज़रूरत है। इसमें कोई शक नहीं कि शेर मरहूम ने हमेशा बड़ी हिम्मत और बहादुरी से जंगल पर हुकूमत की और जहाँ तक हो सका, उसने जानवरों के हक़्क़ की तरफ़ ध्यान दिया, लेकिन जंगल का पुराना निज़ाम बड़ा नाक़िस था। बड़े जानवर छोटे जानवरों के अधिकारों को हड़पने के आदी हो चुके हैं। उनका ख़ून चूसने में उन्होंने कभी हिचकिचाहट नहीं महसूस की। अब ज़माना और है। इस दौर में हम जंगल के छोटे-छोटे जानवरों पंतिगों और कीड़े-मकोड़ों से भी बेनियाज़ नहीं रह सकते। यह छोटे-छोटे जीव कहने को तो बड़े बेहैसियत हैं लेकिन इन्होंने जंगल को बहुत-सी तबाहियों से बचाया है। आने वाले तूफ़ानों की ख़बर दी है और अपने अनुशासन प्रेम की अच्छी मिसालें क़ायम की हैं।

"लेकिन आपका इशारा किस तरफ़ है?" शेर ने उत्सुकता से पूछा।

"ऐ बेटा, यही शहद की मक्खियाँ, च्यूटियाँ वग़ैरा।" बिल्ली ने जवाब दिया।

" लेकिन इस मौक़े पर भला वे क्या हमारा साथ दे सकती हैं?"

"बेटा, ये छोटे जीव बड़े काम के होते हैं, ये उस मुक़ाम की ख़बर ला सकते हैं, जहाँ तुम पहुँच भी नहीं सकते। फिर इनकी मेहनत और सलीके का जंगल का बड़े-से-बड़ा जानवर भी मुकाबला नहीं कर सकता।"

बिल्ली की अनुभव पूर्ण बातें सुनकर शेर हैरान रह गया। उसने सोचा बुज़ुर्गों ने जो इस छोटी-सी चीज़ को खाला कहा है, तो यूँ ही नहीं कह दिया। "फिर मुझे बताइए कि मैं क्या करूँ।"

"बेटे तुम सबसे पहले जंगल के जानवरों का एक खुफिया जलसा करो। शहद की मक्खियों को अपना राजदार बनाओ और उन्हीं के ज़रिये सब दरिन्दों और हैवानों के पास पैग़ाम पहुँचाओ।"

मक्खियों की मलिका के पास जैसे ही यह पैग़ाम पहुँचा, उसने फ़ौरन विश्वास योग्य मक्खियों का एक जत्था शेर के पास भेज दिया और हर तरह से अपने सहयोग

का यक़ीन दिलाया। च्यूटियों ने भी अपने मेहनती कार्यकर्ताओं की एक सेना शेर की खिदमत में भेज दी। ये सब जंगल में आग की तरह फैल गये। एक-एक मिनट की ख़बरें पहुँचाने लगे। जंगल के बहुत से जानवर हक़ीक़त से बाख़बर हो गये। हर एक ने ख़रगोश और चूहे की तारीफ़ की।

आख़िर एक दिन जंगल के जानवरों का बड़ा जलसा हुआ जिसमें जंगल के जानवरों की अक्सीरियत शरीक हुई। लेकिन कुछ दरिन्दे इस एकता को पारा-पारा करने की ताक में थे। इस मौक़े पर मधुमक्खियाँ बड़ी रचनात्मक भूमिका अदा कर रही थीं। उनकी मेहनत, खुलूस और जाननिसारी की सभी तारीफ़ कर रहे थे। च्यूटियों की फ़ौज भी सजगता से अपना काम कर रही थी। शेर और उसके साथी इस हक़ीक़त को समझ गये थे कि जंगल के जानवरों की अक्सीरियत जिसके साथ होगी, कामयाबी उसके क़दम चूमेगी।

हालाँकि कुछ जानवरों पर बादशाह की असलियत ज़ाहिर हो गयी थी। लेकिन ये जानवर बादशाह से डरे हुए थे और इस मामले में मुँह खोलने की हिम्मत न करते थे। जंगल तबाह हो रहा था, जानवरों की तादाद लगातार कम हो रही थी। लेकिन भेड़िये की चिकनी-चुपड़ी बातें और उसके चाटुकारों की झूठी तारीफ़ें ज़्यादातर जानवरों को ग़लतफ़हमी में मुब्तिला किये हुए थीं। लेकिन अब शेर के संकल्प के आगे भ्रम का जाल टूटने ही वाला था। नौजवान और ख़ूबसूरत शेर जंगल को भेड़िये के चंगुल से आज़ाद कराने पर कमर वस्ता था।

इस मौक़े पर बिल्ली ने बड़ी बुद्धिमानी का सबूत दिया। उसने सब जानवरों को एक मरतबा फिर इकट्ठा किया। जलसे में तिल धरने की जगह न थी। मक्खियों की भिनभिनाहट की वजह से कान पड़ी आवाज़ सुनाई न देती थी। शेर ने जानवरों को उनकी ख़ुदग़र्ज़ी, वेहिसी और लालच पर फटकार लगायी और उन्हें शर्मिन्दा किया। शेर ने कहा, "जिल्लत की ज़िन्दगी से मौत बेहतर है।"

जंगल के जानवरों पर बादशाह की असलियत तो खुल गयी थी, लेकिन उससे छुटकारा पाने की तरकीब किसी की समझ में नहीं आ रही थी। बहुत से मासूम जानवर अब भी उसे बादशाह समझते थे।

"सबसे बड़ा मसला यह है कि भेड़िये पर बादशाह की खाल है, उसको उतारना चाहिए, वरना जंगल के लोग हमारी बात समझ न सकेंगे।" शेर ने कहा।

जब बन्दर ने यह सुना तो उसने कहा कि मुझे अगर यह बता दिया जाये कि बादशाह कहाँ अपनी खाल उतार कर रखता है तो यह खिदमत मैं अंजाम दे सकता हूँ। उसकी खाल उड़ा लाऊँगा तो यह पोल खुल जायेगी कि बादशाह की खाल में शेर नहीं भेड़िया है।

शहद की मक्खियों की नेता ने कहा, यह ख़बर मैं बहुत जल्द आपको पहुँचा दूँगी। चन्द मक्खियाँ उड़ीं और कुछ देर के बाद वापस आकर उन्होंने बताया, "ग़ार के दहाने पर जो बड़ का पेड़ है, उसके नीचे गीदड़, लोमड़ी और भेड़िया जमा हैं, वे तीनों किसी जानवर के ताज़ा शिकार का गोश्त खाने में मसरूफ़ हैं।"

जब बन्दर दबे पाँव बड़ की लम्बी-लम्बी शाखों पर झूलता हुए केन्द्र में पहुँचा तो उसने देखा कि सचमुच तीनों ज़ुबानें निकाले, चटखारे ले-लेकर गोश्त खा रहे थे। बादशाह की खाल भी पास ही पड़ी हुई थी। बन्दर मौक़े की ताक़ में था। उसने झपट कर खाल उठा ली और लम्बी छलाँग मारता, उछलता कूदता पेड़ के ऊपरी सिरे पर जा बैठा। उस वक़्त तक जंगल के तमाम जानवर उस पुराने बड़ के पेड़ को घेर चुके थे। भेड़िया तो कुछ समझ न सका, लेकिन लोमड़ी के कान खड़े हो गये। उसने भेड़िये के कान में कहा–

"हुज़ूर, कुछ ख़तरा मालूम होता है।"

भेड़िया घबरा कर पेड़ की घनहरी छाँव और तारीकी से बाहर निकला तो शहद की मक्खियों ने उस पर धावा बोल दिया। च्यूटियाँ उसके कान, नाक और मुँह में घुस गयीं। दरिन्दों ने दहाड़ना शुरू कर दिया। बन्दर के हाथ में बादशाह की ख़ाल थी और वह दाँत निकाल कर खीं-खींकर रहा था।

इतने में शेर की गरज से सारा जंगल गूँज उठा। उसने एक छलाँग भरी और भेड़िये को जबड़ों में दाब कर सबके सामने लाकर पटक दिया।

–प्रस्तुतकर्ता : **शक़ील सिद्दीक़ी**

रब न करे

फ़रीदा हफ़ीज

पाकिस्तान में हर तरह की आज़ादी ख़तरे में है। न्यायपालिका न्याय भ्रष्ट है और न्याय दुर्लभ है। लोगों की सोच पर पहरे हैं, नयी सरकार लोगों के रहन-सहन और पहनने-ओढ़ने के मामले में भी हस्तक्षेप करती है। वहाँ माहौल आतंक और कुण्ठा से बोझिल है नौकरशाही निरकुंश है। क़लम पर फ़ौजी शासकों की संगीनों की निगहबानी है। बावजूद इसके क़लम भयभीत नहीं है। फ़रीदा हफ़ीज की प्रस्तुत कहानी क़लम की निर्भीकता का प्रमाण तो है ही, अतिरंजना और व्यंग्य इसका ख़ास गुण है।

–सम्पादक

मैं जब नंगे सर और नंगे पाँव भागी तब एक ही धुन थी कि जल्दी से माँ के लिए दवा ले आऊँ, ताकि उसे आराम आ जाये। दवा पीते ही उसकी खाँसी बन्द हो जाती थी। मगर इस बार खाँसी इस शिद्दत से उठी थी कि मुझे सर पैर का होश ही न रहा। माँ की हालत देखकर मेरे बहन-भाई खौफ़ज़दा होकर माँ के गिर्द घेरा डाले बैठे थे। कोई भी न था जिसे मैं मदद के लिए पुकारती। डॉक्टर को बुलाने की हिम्मत नहीं थी कि यहाँ रोटी के लाले पड़े थे।

मैं जब डिस्पेंसरी पहुँची तब खिड़की में खड़े कंपाउंडर ने मेरी तरफ़ ध्यान ही न दिया। जब मैंने बार-बार उससे दवा का तक़ाज़ा किया तो उसने पहले मुझे घूर कर देखा फिर डाँट कर सर ढकने को और लाइन में खड़े होने को कहा। लाइन बहुत लम्बी थी और वह दवा देने के बजाय दूसरों के मामलात में ज़्यादा दख़लअन्दाजी कर रहा था। मैं घबराहट में बार-बार दुपट्टा सर पर डालती वह बार-बार सर से सरक जाता और सब लोग मेरी तरफ़ तकने लगते। मेरे पाँव नंगे थे और पथरीली ज़मीन पर भागने की वजह से ज़ख़्मी हो गये थे। मगर मुझे इसकी परवाह नहीं थी।

एक ही फ़िक्र थी माँ की। लम्बी क़तार कम होने में ही न आती थी। लोग लाइन तोड़ कर आगे निकल जाते। मैं बार-बार ढुलकते दुपट्टे को सँभालती रही और डिस्पेंसरी बन्द हो गयी। मैं नाकाम व नामुराद घर पहुँची तो मेरी माँ मर चुकी थी और मेरे बहन-भाई उससे लिपट कर रो रहे थे।

जब ये लोग मेरे घर में दाख़िल हुए तब मैंने उनसे अपने बहन-भाइयों के लिए कुछ खाने को माँगा, वे रात से भूखे थे। मगर उन्होंने मेरी मदद करने के बजाय मुझे गिरफ़्तार कर लिया और यह कह कर यहाँ ले आये कि मैं अपनी माँ की क़ातिल हूँ। अब आप ही इंसाफ़ कीजिए इसमें मेरा क्या कसूर था। अगर मेरा सर नंगा था तो क्या हुआ और अगर मेरा पेट ढका हुआ था तो क्या अन्दर से तो ख़ाली था। मेरे बहन-भाई भी भूखे हैं, मेरी बहनों ने ख़ौफ़ से सर ढक लिये हैं। लेकिन उनके जिस्म और उनकी रूहें नंगी, भूखी और प्यासी हैं। मेरे साथ इंसाफ़ किया जाये, इन लोगों को ग़लतफ़हमी है। मुझे जाने दिया जाये। मेरी माँ की लाश बे कब्र व कफ़न की पड़ी है और...वह कुछ और भी कहना चाहती थी मगर रुक गयी। उसने एक बार फिर इंसाफ़ की अपील की और ख़ामोशी से एक तरफ़ खड़ी हो गयी।

"लड़की, इंसाफ़ की बात मत करो। यह इन्तहाई ख़ौफ़नाक लफ़्ज़ है। हमें इसके ख़्याल से ही ख़ौफ़ आता है। तुम्हें तो सज़ा मिलेगी, तुम नहीं जानतीं, हमारी हुकूमत में रहम की भीख माँगने वालों को सज़ा मिलती है।"

वह लड़की ख़ौफ़जदा हो गयी और अपना सर से ढुलकता दुपट्टा दोनों हाथों से पकड़ लिया।

"अब दूसरे मुजरिम को लाया जाये।"

कारिन्दे एक बूढ़े को कोड़े मारते हुए ले आये। वह बूढ़ा ज़ख़्मों से चूर था और दोनों हाथ जोड़कर रहम के लिए पुकारता था।

"इसका क्या कसूर है?" मुन्सिफ़ ने पूछा।

"यह बूढ़ा बीमार है और अस्पताल में नर्स से दवा माँग रहा था। और नर्स ने तरस खाकर दवा दे दी।"

"कहाँ है वह नर्स?" मुंसिफ़ की गरजदार आवाज़ से सब सहम गये।

"यह रही।"

"मुलजिम को सामने लाया जाये।"

"बोलो, तुमने तरस खाकर दवा दी?"

"नहीं जनाब मैंने बिल्कुल तरस नहीं खाया, इसने मेरे हाथ से दवा छीन ली।

मैं जानती हूँ तरस खाना जुर्म है और बीमार होना बहुत बड़ा गुनाह। अस्पताल तो सिर्फ़ तफ़रीह और छुट्टी काटने के लिए बनाये गये हैं।"

"क्या कहा तुमने बुड्ढे ने दवा छीन ली?" मुंसिफ़ ने बुलन्द आवाज़ में क़हक़हा लगाया। इस कारनामे से बूड़्ढ़े की सज़ा में कमी की जा सकती है। मगर ये बुड्ढे यह तो बताओ तुम बीमार क्यों पड़े?"

"हुजूर मैं यह कैसे बता सकता हूँ, मेरे अख्तियार की बात नहीं। मैं बूढ़ा हूँ अब बीमारियाँ ही मुझे घेरे रहेंगी। यही तो जुर्म है।"

उसने सर को फिर ढका और हैरत से इस अजीबोग़रीब अदालत को देखा। उसने तो सुना था कि अदालतों में मज़लूम के साथ इंसाफ़ किया जाता है। जालिम अपने अंजाम को पहुँचता है, मगर यहाँ तो इंसाफ़ तलब करना ही जुर्म है। उसने रहम भरी नज़रों से बुड्ढे को देखा जो सज़ा के ख़ौफ़ से थर-थर काँप रहा था और ठीक से खड़ा भी नहीं हो सकता था। वह सहारा लेने के लिए दायें-बायें खड़े कारिन्दों की तरफ़ झुक जाता, वह उसे एक झटके से फिर सीधा कर देते। वह बुड्ढा बुलन्द आवाज़ में मुंसिफ़ से रहम की भीख माँग रहा था। अचानक उसकी आवाज़ एक और शोर में दब गयी, कारिन्दे एक नौजवान को घसीट कर ला रहे थे। वह नौजवान हाथ उठा-उठाकर कह रहा था, "मैं बेक़सूर हूँ, मुझे अपनी बीवी से बिल्कुल मोहब्बत नहीं थी। मुझे छोड़ दो, मुझे यहाँ क्यों ले आये हो।" वह ग़म से निढाल मालूम होता था। वह बमुश्किल तमाम अपने आँसू ज़ब्त कर रहा था।

"ख़ामोश", मुंसिफ़ की गरजदार आवाज़ के साथ ख़ामोशी छा गयी।

"बताओ, उसका जुर्म क्या है?"

"हुजूर, यह शख़्स न सिर्फ़ अपनी बीवी से मोहब्बत करता था बल्कि इसका एतराफ़ भी खुलेआम करता था। इसकी बीवी कल अचानक मर गयी तो यह उसके सिरहाने बैठा आँसू बहा रहा था।"

"नहीं हुजूर, देखिए मेरी आँखें एकदम खुश्क हैं। मुझे अपनी बीवी से बिल्कुल मोहब्बत नहीं, मैं उससे नफ़रत करता था।"

"जनाबे वाला आप मुलज़िम के गालों पर आँसुओं की लकीरों के निशान देख सकते हैं।"

मुलज़िम ने घबरा कर अपने गालों पर हाथ रखे और मुस्कराने की नाकाम कोशिश करते हुए कहा, "जनाब यह तो ख़ुशी के आँसू थे।"

"तुम्हें मालूम नहीं, हमारी राजधानी में मोहब्बत करना जुर्म है, मोहब्बत और वह भी बीवी और अपनों के साथ। इसकी सज़ा मौत है।"

"हुज़ूर रहम कीजिए, आपके कारिन्दों को ग़लतफ़हमी हुई। मैं तो बहुत ख़ुश हूँ।" उसने फिर मुस्कुराने की नाकाम कोशिश की तो उसके आँसू निकल आये।

नौजवान की हालत देखकर वह लड़की भी रोने लगी। बे अख़्तियार। वह रोते-रोते बोली, "हुजूर इसकी जान बख़्श दें।"

"मोहब्बत करना जुर्म तो नहीं।" नौजवान के दुःख में वह अपना दुपट्टा भूल गयी। दुपट्टा उसके क़दमों में गिर गया और उसने भागकर मुंसिफ़ के पाँव पकड़ लिये। वह रो-रोकर कहने लगी, "हुजूर हम सब बे कसूर हैं, वह बूढ़ा भी, मैं भी और यह नौजवान भी। हमने आज तक किसी को नुकसान नहीं पहुँचाया, चोरी नहीं की, झूठ नहीं बोला। फिर हमें क्यों सज़ाएँ दी जा रही हैं। हुजूर हम भूखे हैं, हमारे पेट ख़ाली हैं।"

"हट जाओ, इतने सारे जुर्मों का इक़रार तुम ख़ुद कर रहे हो।"

"हुज़ूर इसके सर पर दुपट्टा भी नहीं है।"

"हाँ, यह भी संगीन ज़ुर्म है।"

वह दौड़कर पीछे हट गयी। ख़ौफ़ के मारे उससे दुपट्टा भी न उठाया गया। वह पीछे हटती गयी।

"पकड़ लो इसको और फाँसी दे दो। उसके टुकड़े कर दो, नंगा सर हमारे लिए वाअसे शर्म है।"

ख़ौफ़नाक और वहशी चेहरों वाले कारिन्दे उसकी तरफ़ बढ़े। वह ख़ौफ़ से चीख़ी, "नहीं, नहीं मुझे कुछ न कहो। मैं सर नंगा नहीं करूँगी। कभी भी नहीं।"

वे फिर भी न रुके, उसकी तरफ़ बढ़ते रहे।

"देखो-देखो मेरा सर नंगा है तो क्या हुआ, मेरा पेट खाली है। देखो, ठहरो वहीं, मैं सर को ढक लेती हूँ। मुझे कुछ न कहो; मेरे बहन-भाई..." उसकी आवाज़ हलक़ में अटक गयी। क़दम-क़दम क़रीब आते ख़ौफ़नाक चेहरे उसकी हर राह रोके खड़े थे। बचत की कोई सूरत न थी, उसने चारों तरफ़ देखा। फिर उसने जल्दी से अपना पाँव तक छूता हुआ जिस्म का लिवास उलट कर सर पर डाल लिया।

–अनुवाद : **शक़ील सिद्दीक़ी**

अँधेरे का भागीदार

एजाज राही

"अदीब कभी किसी शख़्स का हामी या किसी शख़्सियत का मुखालिफ़ नहीं होता। उसकी वैचारिक आस्था के हवाले से वर्ग व शोषण विहीन समाज की स्थापना, व्यक्ति द्वारा व्यक्ति का दमन, राष्ट्र द्वारा राष्ट्र का शोषण, एक वर्ग का दूसरे वर्ग पर शासन, पराजित मानवता की पूर्ण मुक्ति की राह में बाधक दमन व अत्याचार की इस त्रासपूर्ण स्थिति में जितनी आवाज़ें उसका साथ देंगी, अदीब उनका हामी और जितने चेहरे साम्राज्य, उपनिवेशवाद, शोषण और पूँजीवाद के पक्षधर होंगे अदीब उनकी मुखालिफ़त करेगा। फिर ऐसे समाज में जहाँ व्यक्ति और वर्ग के स्वार्थ उनकी सामाजिक हैसियत से तय होते हों अदीब ग़ैर-ज़ानिबदार नहीं रह सकता। अत: मेरे नजदीक सच्चे रचनाकार का दायित्व यही है कि वह सच की अभिव्यक्ति के लिए ज़हर के प्याले को मुँह से लगा ले।" ...कहानीकार के संग्रह 'गवाही' की भूमिका से, 1978।

—सम्पादक

इकतीसवीं मंज़िल की सीढ़ियाँ चढ़ते हुए आशंकाओं की असंख्य च्यूटियाँ आहिस्ता-आहिस्ता उसके ज़हन में अपने नन्हे-मुन्ने पंजे मरोड़ती चली जा रही थीं।

अब क्या होगा?

यह सवाल भूत की तरह उसके स्नायु पर सवार होकर उसके तने हुए कन्धों को निरन्तर नीचे धकेल रहा था। क़दम-क़दम तय होती सीढ़ियों के साथ उसके अन्दर से कोई चीज़ टूट-टूटकर चारों तरफ़ बिखरती जा रही थी। पीला-मटियाला धुआँ उसकी गहरी नीली आँखों का गर्द दायरा तंग करता जा रहा था। कभी-कभी ऊपर उठते हुए क़दम आने वाले अपरिचित, अचीन्हें लमहों को आशंकाओं में उलझकर रुक

जाते, मगर फिर अनदेखे लमहों की ख़्वाहिश उसके अन्दर से फिसलती हुई उसके रुकते क़दमों को आगे बढ़ाने लगती। लेकिन फिर वही अब क्या होगा? और अब क्या होगा की ज़द में आने वाली यक़ीन की सारी रस्सियाँ धीरे-धीरे टूटने लगती हैं।

उसने आख़िरी सीढ़ी पर पहुँचकर जब पीछे देखा तो दूर नीचे तक घोर अँधेरा भय की पालथी मारे उसे घूर रहा था। सामने दरवाज़ा बन्द था।

"पीछे गहरा चुप अँधेरा। सामने बन्द दरवाज़ा।"

वह बड़बड़ाया। सोच की चिड़िया दुःख के कंकरों से उसके अहसास को ज़ख़्मी करने लगी। उसने ख़्वाहिश के पिंजरे में बन्द सारे कबूतर उड़ा दिये कि पीछे गहरा चुप अँधेरा और सामने बन्द दरवाज़े ने उसकी पोर-पोर दौड़ती जिज्ञासा की रगें काट दी थीं और अब वह गहरे चुप अँधेरे की तरह ठहराव के उन लमहों से गुज़र रहा था, जहाँ सोच के सारे रंग स्याह हो चुके थे और रोशनी की सारी लहरें दम तोड़ रही थीं।

अज़रा की बे कफ़न लाश—मेरे घर के दरवाज़े पर पड़ी थी। उसके जिस्म के कुछ हिस्सों को गिद्धों ने नोच लिया था, जहाँ से ताज़ा-ताज़ा लहू बहकर ज़मीन के सीने को सैराब कर रहा था। हर दरवाज़े के सामने अज़रा की लाश पड़ी थी और उनके जिस्मों से बहने वाले लहू ने पद्मा को सुर्ख़ कर दिया था। और जब सुर्ख़ पद्मा में सैलाब आया, तो मेरा, हमारा सब कुछ बह गया। अन्ना से बहादुरी के इतिहास के पृष्ठ तक।

बूढ़े फ़ौजी की आँखों के अनुभव की कुठाली से एक-एक शब्द लुहार के हथौड़े की तरह एक नियमितता के साथ उसकी जड़ होती अनुभूतियों पर चोटें लगा रहा था।

"तो फिर क्या अज़रा बे क़ब्रो-कफ़न और गिद्धों के नोचने का खेल बनी रहेगी?" उसकी टाँगों में लहू की सलाखें मोम की तरह पिघलने लगीं। उसने दीवार का सहारा लिया और वहीं बैठ गया।

उसने दरवाज़े में रुककर हाल का जायजा लिया। उसको सब ही चेहरे परिचित नज़र आये। किसी एक चेहरे में भी अपरिचय या घृणा के भाव दिखाई न दिये। आज तो सब ही एक दूसरे का हिस्सा दिखाई दे रहे थे।

"वेलकस ऐल्यूस" बूढ़े फ़ौजी ने हाल के मध्य से नारा लगाया।

"थ्री चेयरज़ फार ऐल्यूस।"

"एल्यूस दी ग्रेट"

"हीरो ऑफ़ दी डे।"

पूरे हाल में एक शोर सा मच गया। वह नाभि तक फिक्र के दलदलों में धँसा हुआ हौले-हौले चलता लोगों के बीच आ खड़ा हुआ।

"दी ग्रेट सुपर मैन"

हमेशा की तरह ज़फ़र ने हाँक लगायी और पहले के ख़िलाफ़ सारा हाल 'दि ब्लैक सुपर मैन' की ताल पर झूमने लगा। उसे यूँ लग रहा था जैसे एक अनजानी ख़ुशी हर एक के रग व रेशे में दाख़िल हो गयी हो। लेकिन वह क्यों अजनबियत महसूस कर रहा था? उसे ये सब अजीब-अजीब-सा क्यों लग रहा था। उसे ये सब श्मशान के गिर्द नृत्य करते प्रेत लग रहे थे। वह अधखुली आँखों के साथ क्षण-क्षण गुम होते दृश्यों की कड़ियाँ जोड़ने लगा। लेकिन बर्फ़ पर स्केटिंग करती सुन्दरियों की तरह हर दृश्य उसकी पकड़ से फिसलता रहा और ग़लीज़ गलियों से फूटने वाली सीलन आमेज अन्धकार के सिवा उसके सामने कुछ न था।

'दि ग्रेट सुपर मैन' अनदेखा भय क्षणों के आहत बदन पर सवार उसके चारों तरफ़ जाल बुनता रहा। उसने उस जाल को तोड़ने की कोशिश की, लेकिन उसके जिस्म के साथ बँधा हुआ आशंकाओं का भारी पत्थर उसे नीचे, लगातार नीचे लिए जा रहा था।

'दि ग्रेट सुपरमैन' अचानक उसे सारा जिस्म लरजता हुआ महसूस हुआ। त्रासपूर्ण क्षणों की सरसराहट उसके चिन्तन के दरीचों पर ख़ौफ़नाक पलों का इतिहास लिख रही थी।

"जलजला" वह बड़बड़ाया और उसने लोगों के जहन के बन्द दरवाजों पर आवाज़ देनी चाही। लेकिन उसकी आवाज़ अपने ही होठों के घेरे को तोड़ न सकी।

"जलजला", उसने चीख़ने की कोशिश की, लेकिन ठाठें मारते हुए समुद्र के शोर में उसकी आवाज़ एक कंकरी की तरह जा सोई।

"ख़ामोश", वह पूरी ताक़त से चीख़ा।

और पूरा हाल एकदम चुप के तालाब में उतर गया और तमाम विस्मित पथरीली आँखें उसके चेहरे पर जम गयीं।

"ज़लज़ला" लरज़ती आवाज़ में उसने एक-एक चेहरे को घूरते हुए कहा।

ज़लज़ला (भूकम्प) एक साथ कई आवाज़ें एक दूसरे के चेहरे पर हैरत की लकीरें खींचने लगीं। "ज़लज़ला लेकिन ज़लज़ला क्यों। हम सब तो उसकी रीढ़ की हड्डी हैं। हम सब-हम सब।"

कई आवाज़ों के बदन से ख़ौफ़ के बच्चे जन्म लेने लगे।

"ज़लज़ला" उसकी आवाज़ पहले की तरह लरज़ती रही। "तुम महसूस नहीं

कर रहे पूरी इमारत काँप रही है। ज़लज़ले ने इमारत की नींव तक को हिला कर रख दिया है।"

"यह झूठ है। इसकी बुनियादें हम हैं और हम सब नफ़रतों की दहलीज़ें पार करके अब एक हो चुके हैं।" कई एक ने विरोध किया।

"ज़लज़ले की कुदालें लमहा-ब-लमहा बुनियादों को खोखला कर रही हैं।" वह सुनी-अनसुनी करके कहता रहा, "लेकिन तुम महसूस नहीं कर रहे। तुम महसूस नहीं करते। तुम हमेशा की तरह इस बार भी महसूस नहीं करोगे।" बूढ़ा फ़ौजी हँसा, फिर दूसरा, फिर तीसरा। और हौले-हौले उसके फ़िक्रज़दा चेहरे पर क़हक़हों का टिड्डीदल टूट पड़ा।

"सुनो" उसने क़हक़हों के कच्चे घरौंदों पर अपनी सोच का पत्थर फेंका।

"अभी कुछ देर में यह इमारत जब रेत के तोदे की तरह पश्चिम से चलने वाली हवा के कन्धों पर ज़रा-ज़रा होकर बिखर जायेगी और हम सब जो हमेशा ख़ुशफ़हमियों की ज़मीन पर भविष्य की फ़सलें बोने के आदी हो चुके हैं, किसी जंगली सड़क की तरह उस तेज़ अक्कड़ की ज़द में आकर अपना वजूद खो देंगे। और फिर कौन जाने–कब किसे इसकी ज़रूरत महसूस हो।"

"लेकिन मैं तो सुलह का समझौता कर चुका हूँ।"

"मैं भी"

"मैं भी"

"हम सब भी"

"हम सब" वह विषभरी हँसी हँसा। हम सब, हम सब क्या है, हम सब कौन हैं–पुतलियाँ–सिर्फ़ पुतलियाँ–लेकिन–रस्सी कौन हिला रहा है।" उसकी आवाज़ कमज़ोर हो गयी थी। "कौन जाने इस ठिठुरा देने वाली सर्दी से बचने के लिए आग चुराने के जुर्म में हम कब तक अन्धे कुएँ में लटके रहेंगे। रस्सी हिलाने वाला यही चाहता है। लेकिन कब तक–आख़िर कब तक–लेकिन वह बूढ़ा कहाँ है।" उसने लोगों में बूढ़े की तलाश करते हुए कहा।

"कौन-सा बूढ़ा। कौन-सा बूढ़ा। हम सब अपने-अपने अस्तित्व को बचाने के लिए सियाह चमकीले रेशों को खुरदुरी सफ़ेदी को नजर कर चुके हैं। तुम किस एक की बात करते हो।"

"वह–जो हमारी तरह आग बोकर अनाज के पकने का इन्तज़ार नहीं करता। उसने कहा था इंजन पर क़ब्ज़ा कर लो–देखो-देखो इमारत फिर काँपने लगी।"

पूरी इमारत लट्टू की तरह घूमने लगी। वह भी लड़खड़ा गया।

"कुदालों की आवाज़ें लोगों को क्यों नहीं सुनायी दे रही हैं। वे उन खुफिया हाथों को क्यों नहीं देख रहे हैं, जो उनकी ख़्वाहिशों के बाग़ में चहचहाती फाख़्ताओं को कत्ल कर रहे हैं।"

उसने सोचा और उसी लमहे उसके कानों में बूढ़े वक्ता की आवाज़ गूँजने लगी, "तुम किधर जा रहे हो।"

बूढ़े वक्ता ने मुरझायी हुई पलकों वाले ज़र्द चेहरों को घूरते हुए एक-एक आँख की दहलीज़ पार करनी चाही।

"तुम किस गाड़ी में सवार हो।"

बूढ़े वक्ता की गोल-गोल तेज़ आँखें मेज़ के इर्द-गिर्द बैठे हुए लोगों के लिए सवाल बनीं, उनके दिलों तक उतरती चली जा रही थीं।

"गाड़ी किस दिशा को जा रही है।"

बूढ़ा वक्ता लफ़्ज़ों की झोली से एक-एक लफ़्ज़ हैरान लोगों की तरफ़ उछालता जा रहा था, "गाड़ी का इंजन कौन चला रहा है।"

लोगों ने एक दूसरे को देखा। फिर सबने नहीं में सिर हिलाया व तमाम नज़रों का बोझ एक दूसरे को लौटाते हुए वे बूढ़े वक्ता की तरफ़ उन्मुख हुए। और बूढ़े वक्ता ने सवालों की बर्छियाँ मेज़ के गिर्द बैठे हुए लोगों के ज़हनों में चुभोते हुए गहरी साँस ली। उसने जेब से रूमाल निकाला। ऐनक के मोटे-मोटे शीशों को साफ़ किया, एक-एक आँख की बारौनी में लिपटी हुई जिज्ञासा को टटोलते हुए बात शुरू की—

"तुम जहाँ भी जाना चाहते हो, उस वक़्त तक मुमकिन नहीं, जब तक इंजन तुम्हारे क़ब्ज़े न हो।" बूढ़े की आवाज़ लरज गयी। "तुम उस वक़्त तक अपनी पसन्द की मंज़िल की तरफ़ सफ़र नहीं कर सकते, जब तक इंजन पर तुम्हारा क़ब्ज़ा न हो।"

उसकी आवाज़ पल-पल स्याह होती शाम की तरह डूबी जा रही थी। और जब वह माथे पर जमे पसीने के क़तरे साफ़ कर रहा था, प्रशंसा के लातादाद कंकड़ उसके बदन से टकरा-टकरा कर चारों ओर बिखरते चले जा रहे थे। बूढ़े ने तकलीफ़ से कराहते हुए कहा, "तुम अपनी दुनिया को अपनी ख़्वाहिशों के मुताबिक़ बनाना चाहते हो तो इंजन पर..."

"इंजन पर क़ब्ज़ा कर लिया?" एक कंपकंपाती आवाज़ आयी।

"किसने..." एक साथ कई आवाज़ें उभरीं।

"उसने जो (उसका बनाया हुआ) रक्षक था।"

"मेरी आशंकाएँ सही निकलीं, अफ़सोस सबकी कोशिशें बेकार गयीं।" रस्सी एक बार फिर हिल गयी।

"अफ़सोस", सबने ख़ौफ़ की क़लम से भविष्य के काग़ज़ पर सन्देहों के दायरे खींचे और स्तब्ध खड़े अपनी-अपनी जात के अन्धे कुएँ में उतरने लगे। पुराने अहदनामे ने, जिसके लफ़्ज़-लफ़्ज़ में गुज़री घटनाओं की तस्वीरें बीतते लमहों का मज़ाक़ उड़ा रही थीं, उन लोगों के पाँव फ़र्श से उखाड़ दिये थे जो नयी ज़िन्दगी के नये अहदनामे के नवीनीकरण के लिए जश्न मनाने जमा हुए थे।

अब उनकी लरज़ती टाँगों ने उनके जिस्मों के बोझ उठाने से इनकार कर दिया। बूढ़े फ़ौजी ने अपने दोनों हाथों को सीने पर इस तरह जमा लिया था जैसे वह ख़ुद को टूटने-बिखरने से बचा रहा हो। उसने पल्टन मैदान में जनरल के उतरते हुए रैंक और झुके हुए झण्डे को टीवी की आँख से देखते हुए कहा—

"अफ़सोस–अब हमें तजुर्बों के ख़ौफ़नाक प्रेत भी नाकाम अमल दोहराने से नहीं रोक सकते कि हम जो अपनी ही ज़मीन को बार-बार फ़तह करने के आदी हो चुके हैं, उत्तरी ध्रुव के सफ़ेद भेड़ियों की तरह आँख झपकने के किसी मौक़े को ख़ाली नहीं जाने देना चाहते, कभी नहीं–कभी नहीं।"

कमज़ोर-सी आवाज़ कमरे में गूँजी और लोगों ने देखा, ऐल्यूस अपने बदन में ख़ुशहाली की आग रौशन करने के जुर्म में पैरोमैथीस की जगह उल्टा लटका अपने होने को श्रद्धांजलि अर्पित कर रहा है।

–अनुवाद : **शक़ील सिद्दीक़ी**

गोधरा कैम्प

●

नईम आरवी

उसके बाल हवा से उड़ रहे थे। चेहरे पर वहशत बरस रही थी और उसने दोनों हाथों से मज़बूती से कँटीले तारों को पकड़ रखा था। बन्द मुट्ठियों से ख़ून की बूँदें इधर-उधर से रास्ता पाकर कलाइयों पर फिसल रही थीं। वह अपने चारों तरफ़ से बेपरवाह चीख़ रही थी, चिल्ला रही थी–

"शम्शु...उद्दीन...शम्शु...द्दीन..."

कँटीले तारों के बाहर रेत के एक टीले के क़रीब काफ़ी लोग जमा थे। अन्दर हाते में चार-पाँच बंगाली औरतें उसे वहाँ से ले जाने की कोशिश में थीं। औरतें उसे बंगाली में कुछ समझाने की कोशिश करतीं मगर वह तो जैसे पत्थर का बुत बनकर रह गयी थी। किसी चीज़ का असर उस पर नहीं हो रहा था। वह जब चिल्लाने के लिए अपना मुँह खोलती तब उसकी बड़ी-बड़ी सियाह आँखों में भय व पीड़ा की चिंगारियाँ-सी उड़ने लगतीं और उसकी आवाज़ सियाह रात के सन्नाटे में किसी भटकती हुई बेचैन आत्मा की आवाज़-सी प्रतीत होती, "शम्शु...शम्शु...उद्दीन..."

टीले के क़रीब उधर से गुज़रने वाले इक्का-दुक्का राहगीर वस्तुस्थिति जानने के लिए कुछ देर के लिए रुक जाते। इस तरह वहाँ अच्छी-ख़ासी भीड़ लग जाती। आपस में कानाफूसी और टीका-टिप्पणी होने लगती।

एक नौजवान लड़का, जो सूरत-शक्ल से मोटर मैकेनिक मालूम होता था, बड़ी देर से लोगों की हवाइयाँ सुन-सुनकर उकता गया था, उसने ख़ास शरणार्थियों वाले लहजे में बताया कि मैं यहाँ से क़रीब रहता हूँ, यह औरत पागल है। हर रोज़ तमाशा करती है। पहले दिन हमें भी बड़ी जिज्ञासा रही। दरअसल बात यह है कि उसका शौहर भी फ़ौज में था, एटाबाद में पोस्टिंग थी। एक दिन मौक़ा पाकर चन्द बंगालियों के साथ, जो उसके साथ फ़ौज में थे, फ़रार होकर ढाका पहुँच गया और

वहाँ मुक्तिवाहिनी के साथ लड़ता हुआ किसी मोर्चे पर मारा गया। उसकी मौत की ख़बर जब उसकी बीवी को मिली तब वह अपना मानसिक सन्तुलन खो बैठी। अक्सर जब उस पर दौरे पड़ते हैं तब वह काँटेदार तारों को पकड़कर इसी तरह चीख़ती-चिल्लाती है। शम्शुद्दीन उसके शौहर का नाम है। नौजवान लड़के ने कहानी ख़त्म करके विजयी अन्दाज़ में उन लोगों की तरफ़ देखा जो एक दायरे में खड़े हुए बड़ी दिलचस्पी से कहानी सुन रहे थे।

"अच्छा तो यह पागल औरत ग़द्दार बंगाली की बीबी है!"

"जी हाँ"

"पागल है?"

"जी हाँ"

"ठीक...ठीक"

तमाशाइयों की भीड़ छँट गयी। थोड़ी देर में वहाँ सन्नाटा छा गया और रेत का टीला तेज़ धूप की गर्मी में सनसनाने लगा। वहाँ से पागल औरत भी जा चुकी थी। काँटेदार तारों में उसकी साड़ी का फटा हुआ पल्लू मुर्दा जिस्म की तरह भूल रहा था। मगर उसकी दिल छील देने वाली चीख़ों की प्रतिध्वनि लम्बे-चौड़े मैदान में अब भी मँडरा रही थी। "शम्शु...शम्शुद्दीन..."

गोधरा कैम्प के क़रीब क़ाफी अरसे से फ्लैट बन रहे थे। रेंग-रेंग कर, आहिस्ता-आहिस्ता। शुरू में थोड़ी-सी दिलचस्पी रही फिर निगाहें उकता गयीं। गाड़ी उधर से गुजर जाती मगर ख़्याल तक न आता कि इस लम्बे-चौड़े रेत के मैदान में बन रहे फ्लैटों में थोड़े दिनों के बाद ज़िन्दगी की गर्मी दौड़ जायेगी। और सुनसान क्षेत्र जहाँ आदम न आदमजाद, आबादी में तब्दील होकर कुछ मुद्दत के लिए इन्सानी निगाहों का मरकज़ बन जायेगा और जब हम उसे देख-देखकर थक जायेंगे तब फिर उसकी तरफ़ से मुँह मोड़कर शान से गुज़र जायेंगे, कभी कहीं ज़िक्र आ जायेगा तो बड़ी उकताहट से कह देंगे, "हाँ गोधरा कैम्प हमारे रास्ते में पड़ता है।"

मगर यह बात भी तय है कि हर काम हमारी सोच के मुताबिक नहीं होता, अक्सर हम जो सोचते हैं, जो मंसूबे बनाते हैं, उसके बिल्कुल उल्टी बातें सामने आती हैं और हमारी कल्पना के खाके पुरज़े-पुरज़े होकर बिखर जाते हैं। गोधरा कैम्प के सामने से गुज़रना मेरा रोज़ का मामूल था और अब उसकी तामीर में मेरी कोई दिलचस्पी न थी लेकिन उस दिन मेरी हैरत की सीमा न रही जब मैंने देखा, दो बुलडोजर बड़ी तेज़ी से अहाते की ज़मीन को बराबर कर रहे थे और उसके चारों तरफ़ काँटेदार तारों की बाड़ लगायी जा रही थी। दूसरे महायुद्ध की फ़िल्मों की

तरह हू-ब-हू जंगी क़ैदियों का कैम्प दिखाई दे रहा था। अहाते के दरवाज़े पर चौकी क़ायम हो चुकी थी और रात के वक़्त भारी-भारी सर्चलाइटों की रोशनी से पूरा इलाक़ा जो हर वक़्त गहरी तारीकी में डूबा रहता था, इस वक़्त दिन का समां पेश कर रहा था–बेशुमार मज़दूर जोर-शोर से काम में मसरूफ़ थे।

मैंने अपना चश्मा साफ़ करके उस तब्दीली को एक बार फिर बड़ी हैरत से देखा तो मेरी सीट के क़रीब बैठे एक अधेड़ उम्र के देशभक्त शहरी ने खशखशी दाढ़ी पर हाथ फेरते हुए कहा, "अलहम्दो लिल्लाह कि ग़द्दार बंगालियों को ग्राउंड कर दिया गया।" "मैं समझा नहीं।" मेरे लहजे की हैरत व मासूमियत का लुत्फ़ लेते हुए वह बोला, "मैं डिफेंस सोसाइटी के जिस बँगले में काम करता हूँ उसका मालिक एक रिटायर्ड कर्नल है, उसने मुझे बताया कि गोधरा कैम्प में जो फ्लैट्स तामीर हो रहे हैं, उनको फ़िलहाल कैम्प में तब्दील कर दिया गया है। उसमें ग्राउंड किये जाने वाले एयरफोर्स के बंगाली अफ़सरों की फेमिली रहेंगी। उन्हें एक तरह से ज़ेरे हिरासत रखा जायेगा।" बड़े मियाँ ने निहायत सावधानी से दाढ़ी में अँगुलियों से कंघी करते हुए कहा, "अजी ये लोग तो संपौलिए निकले, मुसलमान होते हुए कमबख़्त हिन्दुओं से मिल गये। पाकिस्तान को तबाह कर दिया। चार-साढ़े चार फुट के इन काले -कलूटों ने हमें बड़ा तंग किया। अच्छा हुआ जो इनसे छुटकारा मिल गया। आख़िर पाकिस्तान इनका बोझ कब तक बरदाश्त करता।"

गोधरा कैम्प या नज़रबन्दी कैम्प बंगाली खानदानों से आबाद हो चुका था। उधर गुज़रते हुए निगाहें ज़रूर उठ जातीं। छह मंज़िला फ्लैटों की पांच इमारतें एक दूसरे के पहलू में स्वपनिल-स्वपनिल-सी नज़र आतीं। सीढ़ियों के क़रीब ही दीवार के साथ सुबह व शाम के वक़्त चन्द बेंचे डाल दी जातीं। उन पर अक्सर अधेड़ उम्र के बंगाली, जिनकी ठोड़ियों पर चुनगी दाढ़ी उगी होती और जिनकी छोटी-छोटी आँखों के नीचे मकड़ी की जालियाँ तनी होतीं, बड़े ध्यान से 'डान' और 'पाकिस्तान टाइम्स' पढ़ते नज़र आते। लुंगी और बनियान में वे दूर से पहचान में आ जाते। उनके क़रीब ही साँवले-सलोने बच्चे दौड़ते-भागते, चीख़ते-चिल्लाते, गेंद-बल्ला खेलते रहते, कभी कोई बड़े मियाँ, बच्चों के शोर से तंग आ जाते तो रुककर दाढ़ी खुजाते और नाक की फुंगी पर अटके हुए चश्मे के ऊपरी हिस्से से घूरते हुए बड़ी ज़ोर से घुड़कते "ऐ छैले, गुण्डो! गोल करो ना।" कभी-कभी किसी फ्लैट की खिड़की खुलती और कोई औरत अपना सारा बोझ खिड़की पर डालकर चिल्लाती, "ताड़ा-ताड़ी इश्शू।"

यह रोज़ का मामूल था। काँटेदार तारों पर भीगे हुए कपड़े, साड़ी, लुंगी, लिहाफ, बनियान बच्चों के निकर हवा और चमकदार धूप में गोली खाये जिस्मों की तरह झूलते रहते। गोधरा कैम्प में पहरे का बड़ा सख़्त इन्तज़ाम था। मेनगेट पर एक चौकी बनी हुई थी, जिस पर बैठा हुआ सशस्त्र पहरेदार इजाज़तनामे के बग़ैर किसी बाहरी आदमी को अन्दर व अन्दर से बाहर न जाने देता। चौकी के साथ ही कैम्प था जिसमें ड्यिूटी देने वाले सन्तरी अपनी बारी से आराम और छुट्टी के वक़्त गुज़ारते। पागल औरत चीख़ती-चिल्लाती जब कभी काँटेदार तारों को झिझोड़ती हुई अपने हाथों को लहूलुहान कर लेती तो कोई पहरेदार आख़िर इन्सानी ज़ज्बात से मजबूर होकर पहुँच जाता और उसे वहाँ से ले जाने में मदद देता।

काफ़ी दिन गुज़र गये उस मंज़र में कोई तब्दीली न हुई। इलाक़ा वाले भी मायूस हो गये। अलबत्ता जब कभी सफ़र के दौरान बसों व मिनी बसों में सियासत की बात छिड़ जाती तो उसमें बैठे लोग बंगालियों की 'ग़द्दारी' पर दुःख से हाथ ज़रूर मलते। "बंगाली न किसी के होते हैं और न होंगे, एक दिन देखना भारत की भी ऐसी-तैसी कर देंगे।" ..."मुजीब ग़द्दार है, शुरू से अलग होने की साज़िश कर रहा था।" ..."अजी ये सब कहने की बातें हैं, बंगालियों से ज़्यादा वतन से प्यार करने वाला कौन है। पूर्वी बंगाल ने सबसे पहले पाकिस्तान के हक़ में राय दी थी। शेरे बंगाल फज़लुलहक़ ने क़रारदारे पाकिस्तान पेश की थी।"

"बकवास है, क़ायदे आज़म की किसने मुखालिफ़त की थी, जब उन्होंने ढाका में कहा था कि पाकिस्तान की सिर्फ़ एक क़ौमी ज़बान उर्दू है। किन लोगों ने उनके ख़िलाफ़ नारे लगाये, कौन कहता है मशरिक़ी पाकिस्तान को मग़रिबी पाकिस्तान ने लूटा। यह नफ़रत तास्सुब और इलाक़ा परस्सी के बीज कौन बोता है, सबको मालूम है।"

"न मुजीब गद्दार है और न बंगाली साज़िशी न मशरिक़ी पाकिस्तान को मग़रिबी पाकिस्तान के आवाम ने लूटा। दोनों जगहों के आवाम ग़रीब और एक ही जैसे हालात का शिकार हैं, लूटने वाले वहाँ भी चैन से हैं और यहाँ भी आराम से। पाकिस्तान सियासतदानों की काली करतूतों से टूटा, नाइंसाफ़ी और ग़रीबी की वजह से अलग हुआ।" यह पढ़े-लिखे एक तीसरे साहब का तबसिरा था। कुछ लोग सहमति में ज़ोर-ज़ोर से गर्दन हिलाने लगे और जो लोग सहमत न थे वे बदमज़गी से मुँह चलाते हुए खिड़की से बाहर देखने लगते, "कम्युनिस्ट हैं स्साले...कम्युनिस्ट!"

"भाई मियाँ, मैं तो कहूँ कि सारी ज़िम्मेवारी याह्या पर आती है, साले रंगीले ताजदार ने मुल्क का बेड़ा गर्क कर दिया।"

"याह्या क्यों, भुट्टों को क्यों नहीं इल्ज़ाम देते। उसी ने तो कहा था कि ख़ुदा ने पाकिस्तान को बचा लिया। कहाँ बचा पाकिस्तान? टंटा हो गया, मरवा दिया स्साले ने।"

"भुट्टों ने क्या किया?"

"याह्या को ग़लत मशविरा दिया। हुकूमत को अँधेरे में रखा। फ़ौज को जलीलोख्वार किया। क्या महज़ इक़्तदार हासिल करने के लिए।"

"अगर भुट्टो ने ग़लत मशविरा दिया तो याह्या खाँ और उसके सलाहकारों की अक्ल पर क्या पत्थर पड़ गया था। भई! यह क्यों नहीं कहते कि यह सब मार्शल ला का किया-धरा है। जहाँ मार्शल ला, वहाँ सब कुछ मुमकिन। कुसूर तो उन लोगों का है जो इक़्तदार की कुर्सी पर बैठे हुए थे। भुट्टो को नहीं याह्या को पकड़ो जो सियाह-सफ़ेद के मालिक हैं।"

"और वे लोग क्या तुम्हारे बाबा लगते हैं जो धानमण्डी जाते हुए अपनी कारों पर बांग्लादेश का परचम लगाते थे।"

कभी-कभी जब बातचीत इस 'बिन्दु' पर आ जाती तो झगड़े की नौबत आ जाती। तू-तकार के बाद गाली-गलौज और हाथापाई शुरू हो जाती। लेकिन ज़्यादातर तो होता यह कि बहस-मुबाहिसा और कठहुज्जती किसी बड़े हंगामे में तब्दील न होती। चन्द लमहों के बाद जज़्बात में उबाल कम होता तो सब ठण्डे पड़ जाते। वैसे भी दिन भर की जी तोड़ मेहनत के बाद जिस्म के पुर्जे-पुर्जे ढीले हो जाते हैं। लड़ने-भिड़ने की ताक़त कहाँ रह जाती है। इस क़िस्म के बहस-मुबाहिसे और झगड़े के दौरान एक दिलचस्प बात अमूमन नज़र आती। कोई ऊँधता हुआ मुसाफ़िर शोर सुनकर हड़बड़ाकर आँखें खोलता, कुछ देर हालात का जायजा लेता और फिर किसी-न-किसी लहजे में समझदारी के फूल बिखेरता, "भाइयो, आपस में क्यों लड़ते हो, लड़ाने वालों को क्यों नहीं पकड़ते। क्या हमारे नसीब में ऊपर वालों के इशारों पर नाचना और लड़ना ही रह गया है चा...चा...।"

गोधरा कैम्प के क़रीब मिनी बस एक धचके के साथ रुक गयी। काफ़ी देर से मुसाफ़िर खड़े थे। मेरी निगाहें ग़ैरइरादी तौर पर कैम्प की जानिब उठ गयीं। एक बार फिर मुझ पर हैरतों के पहाड़ टूट पड़े। पूरा कैम्प ख़ाली पड़ा भांय-भांय कर रहा था। मुख्य द्वार पर म्यान वाली और झ़ेलम के लम्बे तड़ंगे, बड़ी मूँछों और सुर्ख आँखों वाले पहरेदार भी मौजूद नहीं थे। मेनगेट का एक बड़ा दरवाज़ा तिरछा होकर खुला

हुआ था। मैदान में अख़बारात के फटे हुए सफ़ात, चिपके हुए टीन के डिब्बे, पुरानी चादरें, गन्दे लिहाफ़ के टुकड़े और फटे-पुराने तकियों की रुई हवा के तेज़ झक्कड़ से उड़ती फिर रही थी। बेंचे ग़ायब थीं। चुग्गी दाढ़ी वाले अधेड़ उम्र के बंगाली जो बड़े ध्यान से 'डॉन' और 'पाकिस्तान टाइम्स' पढ़ा करते थे और बच्चों को उनकी शरारतों पर डाँटते थे और वह बंगाली औरतें जो सारा-सारा दिन बावर्चीख़ाने में काम करतीं और कभी-कभी खिड़की से सर निकालकर अपने बच्चों को पुकारती थीं और वे सारे साँवले-सलोने छोटे-छोटे बच्चे और बच्चियाँ जो मैदान में खेलती और लड़ती-झगड़ती थीं, कहीं चली गयी थीं। पाँचों फ्लैटों की इमारतों के कमरे और खिड़कियाँ मुर्दे की आँख की तरह तारीक, गहरी और भयानक दिखाई दे रही थीं। ज़िन्दगी के सारे आसार ग़ायब थे।

मैंने न चाहते हुए भी क़रीबी सीट पर बैठे हुए जुकामशुदा शख़्स से सवाल किया तो उसने सबसे पहले मेरा जायजा लिया। सुड़-सुड़ करती नाक को उसने कई बार अपनी मोटी-भद्दी और निशानज़दा अँगुलियों से पोंछा। बाद इसके उसने भर्राई हुई आवाज़ में जबाब दिया, "बंगाली थे, बांगलादेश चले गये। भुट्टो ने मुजीब और बंगालियों को छोड़कर बहुत बुरा किया। पहले बिहारियों का मसला तय करना चाहिए था। जिन पर वहाँ क़यामतें टूट रही हैं। बेचारे बिहारी...।"

काफ़ी दिनों तक कैम्प वीरान पड़ा रहा। मैं सोचता, अब यह फ्लैट दूसरों को एलाट किये जायेंगे। मेरी ख़्वाहिश थी कि मैं इन फ्लैटों को अन्दर से देखता। बंगाली जिस मानसिक दबाव से गुज़र गये थे, यक़ीनन मुख़्तलिफ़ शक्लों में उसकी निशानियाँ छोड़ गये होंगे। उनका अध्ययन एक दिलचस्प तजुर्बा होता। नये आने वाले तो दीवारों, फ़र्श और छतों पर रंग-रोगन करके उन तमाम निशानियों को हर्फ़ेग़लत की तरह मिटा देंगे। भला उन्हें इस बात से क्या दिलचस्पी हो सकती है।

मामूल की आम्दोरफ़्त में मज़ीद एक हफ़्ता गुज़र गया। गोधरा कैम्प में कोई ख़ास तब्दीली नजर न आयी। मेरी दिलचस्पी धीरे-धीरे कम हो रही थी कि एक दिन फिर बड़ा हैरतअंगेज़ मंज़र फ़िल्मों की तरह निगाहों के सामने घूम गया। बिल्कुल बंगालियों से मिलते-जुलते लोग मैदान में घूम रहे थे। उसी तरह साँवले-सलोने बच्चे मैदान में खेल रहे थे। गन्दे, नंग-धड़ंग। मर्दों के चेहरों पर खाक उड़ रही थी और औरतें थकी-थकी, निढाल, बेज़ान क़दमों के सहारे कामकाज में मसरूफ़ थीं। उनकी आँखों में मायूसी और चेहरे पर दहशत की परछाइयाँ डरावने ख्वाब का क़िस्सा सुना रही थीं। मैं मिनीबस से उतरकर बड़े क़रीब से मुहब्बे वतन (देशभक्त) बिहारियों के पहले लुटे-पिटे काफ़िले का जायजा ले रहा था। पुलिस और फ़ौज

का पहरा न था। बस इतना ही यहाँ से जाने वाले बंगालियों और वहाँ से आने वाले बिहारियों में फ़र्क़ था। बाक़ी सब कुछ एक जैसा था। इन्सान के हाथों इन्सान के क़त्ल होने का हौलनाक मंज़र।

काँटेदार तारों के क़रीब एक अधेड़ उम्र की औरत बैठी हुई ज़मीन पर लकीरें खींच रही थी। बिहारी औरत चाहे कुछ हो जाये सर पर आँचल ज़रूर डालती है। मगर उसका सर नंगा था, साड़ी मैली और उस पर जगह-जगह पैबन्द लगे थे। मुझे क़रीब देखकर सर उठाया। क्या बताऊँ उसकी सादी आँखों में क्या था। वह कई लमहे ख़ाली-ख़ाली निगाहों से घूरती रही। फिर अचानक उठ खड़ी हुई और मेरे क़रीब आकर सवाल किया,

"निहाल मिला था...निहाल, बबुआ निहाल मिल जाये तो कहियो तुम्हारी माँ इन्तज़ार करत है।"

शाम को जब वापस हुआ तो मिनी बस मुसाफ़िरों से खचाखच भरी हुई थी। गोधरे पर गाड़ी पहुँची तो एक नौजवान ने जो सूरत-शक्ल और लिबास से सब्ज़ीफ़रोश मालूम हो रहा था, खिड़की के शीशे जल्दी में खोलकर कैम्प की जानिब देखा। उसके होंठों पर बड़ी मानीखेज (अर्थपूर्ण) मुस्कुराहट थी। उसने अपने दूसरे साथियों से जो पूरी सीट पर क़ब्ज़ा जमाये बैठे थे, कहा, "रशीदे, कल चलेंगे, सुना है बहुत-सी बे आसरा लौंड़ियाँ आयी हुई हैं।"

–अनुवाद : **बादशाह हुसैन रिज़वी**

आने वाले लोग

•

अफ़सर आज़र

बीमार, मुरझाये और उदास चेहरों पर ख़ुशी की लहरें तड़प उठीं, आँखों की बुझी हुई जोत जाग उठी। खुश्क आँखों में पानी तैरने लगा। जो दिल कमज़ोर थे, इस ख़ुशी को बरदाश्त न कर पाये और ख़ामोश हो गये। जो ज़िन्दा बाक़ी बचे रेडियो पर यह एलान सुनकर घरों से बाहर निकल आये और एक-दूसरे को मुबारकबाद देने लगे, ये लोग तादाद में बहुत ज़्यादा थे।

घरों में क़ैद सूखे और रसहीन उरोजों, धँसी आँखों, पिचके हुए गालों, फटे होंठों और चमड़ी चढ़े कंकाल जैसी औरतें भी ख़ुश थीं और वे फैली आँखों बड़े-बड़े सरों, पसलियाँ निकले सीनों और मटकों जैसे पेट वाले बच्चों से हलवा-पूरी पकाने की बातें कर रही थीं। ये वे बच्चे थे जिन्होंने अपने बुज़ुर्गों और बड़ों से स्वादिष्ट पकवानों के क़िस्से और दास्तानें सुनी थीं और जब उनके बुज़ुर्ग उन पकवानों के स्वाद की कल्पना करके चटखारा लेते तो ये बच्चे हैरान होते थे कि आख़िर ये लोग कैसे इस तरह की आवाज़ निकाल लेते हैं।

इन बच्चों ने बाहर निकलकर एक-दूसरे को बताया कि कल उनके यहाँ क्या पकेगा, ये बच्चे न आज गुल्ली-डण्डा खेल रहे थे, न गोलियाँ, न लट्टू नचा रहे थे, न कबड्डी की पालियाँ जमी थीं, उनके होंठों पर ज़िक्र था तो सिर्फ़ इस बात का कि कल उनके यहाँ क्या पकेगा।

ये सचमुच इतनी बड़ी ख़बर थी कि इसके सामने तमाम शौक़ छोटे साबित हो रहे थे। कुछ शौहरों ने ख़बर सुनते ही अपनी बीबियों को गोद में उठाकर नृत्य किया था। ख़ुशी जाहिर करने के लिए कुछ ने पटाखे छोड़े, कुछ ने टीन के ख़ाली डिब्बे बजाये और कुछ ने बिजली के खम्भों को।

इस ख़बर का सम्बन्ध हर व्यक्ति से था। लोग उबला हुआ खाना खा-खाके उकता गये थे। वे छौंकने का स्वाद व गन्ध तक भूल गये थे और उन्हें अपने छोटे-छोटे बच्चों को यह बताने में बड़ी कठिनाई होती थी कि सालन में घी कैसे तैर सकता है।

रेडियो से एलान हुआ था—

"बड़ी मात्रा में घी आयात करने की जो व्यवस्था की गयी थी उसके तहत घी की पहली खेप पहुँच चुकी है। इसमें से हर शहर, क़स्बे और देहात को पूरा-पूरा हिस्सा दिया जायेगा।"

इस ऐलान के साथ ही घी के बारे में सरकारी नीति के बुनियादी सिद्धान्तों को भी स्पष्ट किया गया था।

घी का संकट इसलिए पैदा किया गया था कि लोगों को इसके महत्त्व का एहसास हो जाये और वह इसके इस्तेमाल में सावधानी से काम लें। सरकार चाहती है कि लोग हर चीज़ के इस्तेमाल में बचत से काम लें ताकि विकास योजनाओं के साधनों में कमी न हो क्योंकि प्रगति के बिना समृद्धि सम्भव नहीं।

इस तरह की बातें वे पिछले दस वर्षों से सुनते चले आ रहे थे, परन्तु समृद्धि की पहली लहर भी अभी उन तक नहीं पहुँची थी बल्कि उनके जीवन की आवश्यकताएँ दिन-ब-दिन सीमित होती जा रही थीं।

मगर, आज रेडियो ने घी की आमद की ख़बर देते हुए ऐलान किया था कि घी का आयात इस बात का प्रमाण भी है कि समृद्धि का दौर शुरू हो चुका है।

ख़बरों के बाद तबसरे में कहा गया था, "घी आयात करने का फ़ैसला जनता मात्र के लिए किया गया है हालाँकि हमारा अर्थतन्त्र इतना दृढ़ नहीं है कि घी जैसी चीज़ पर विदेशी धन ख़र्च किया जाये। एक समय था जब चीनी की कमी या उसके मूल्य में थोड़ी-सी वृद्धि पर सरकारें बदल दी जाती थीं और कहा जाता था कि जो काम नुक्ता-चीनी न कर सकी, वह चीनी ने कर दिखाया। लेकिन ये सब तानाशाही के दौर की बातें थीं। वर्तमान सरकार ने जनता में श्रम की चेतना पैदा की है। अब वह विरोध करने के बजाय कठिनाइयों को धैर्य के साथ झेलने और अपनी शक्ति का एक-एक कण श्रम को समर्पित करने का ढंग सीख चुके हैं। यही कारण है कि उत्पादन बढ़ा है और निर्यात में वृद्धि हुई है। विदेशी पूँजी का कोष कई गुना बढ़ गया है। लेकिन अभी तक हम आत्मनिर्भरता के लक्ष्य तक नहीं पहुँच पाये हैं।"

ये वे विशिष्ट वाक्य थे जो रेडियो विभिन्न अन्दाज़ में प्रतिदिन दोहराता था और अब उनके नजदीक ये शब्द बेमानी हो चुके थे और उन पर व्यंग्य के लहजे

में यूँ टिप्पणी करते थे कि उत्पादन में वृद्धि का अर्थ जनसंख्या में वृद्धि है। निर्यात में वृद्धि का संकेत मन्त्रियों, राजदूतों व उच्चाधिकारियों के बच्चों, भांजों-भतीजों को उच्च शिक्षा के लिए बड़ी संख्या में बाहर भेजा जा रहा है और विदेशी धन में वृद्धि का अर्थ यह है कि स्विट्जरलैंड के बैंकों में उच्चवर्ग के लोगों के खाते बढ़ते जा रहे हैं। लेकिन इन टिप्पणियों ने कभी विरोधी प्रदर्शनों और जुलूसों की शक़्ल अख़्तियार नहीं की और इसकी वजह थी महँगाई व व्यस्तता। महँगाई के कारण प्रत्येक व्यक्ति दुगुनी-चौगुनी मेहनत करने पर मजबूर था। हर शख़्स ओवर टाइम करता था। सरकारी कर्मचारियों को भी महँगाई का मुकाबला करने के लिए पार्टटाइम जॉब करने की इजाज़त दे दी गयी थी। प्रत्येक व्यक्ति इन्सान के बजाय काम करने की मशीन में तब्दील हो गया था। बचत योजना के तहत हर व्यक्ति को ज़रूरत की तमाम चीज़ें रोज़ खरीदना पड़ती थीं। राशन का कोटा दैनिक था। मर्द दिन भर रोज़गार में व्यस्त रहते और बच्चों और औरतों की कतारें सुबह से शाम तक राशन की दुकानों पर लगी रहतीं। व्यस्तता की इस स्थिति में विरोध तथा जलसे-जुलूसों का समय ही कहाँ था!

उसी दिन रेडियो ने स्थानीय समाचार में आयातित घी के वितरण की प्रक्रिया भी बतायी, जिसके अनुसार घी के वितरण के लिए नगर को चार भागों में बाँट दिया गया था। प्रत्येक क्षेत्र में वितरण का एक अधिकारी और उसका सहायक नियुक्त कर दिया गया था। घी के वितरण को राष्ट्रीयता का प्रतीक बनाने के लिए घी का कोटा राशन की दुकानों पर नहीं, बल्कि सरकारी पार्टी के क्षेत्रीय कार्यालयों पर होगा। इस फ़ैसले का दूसरा कारण यह था कि राशन की दुकानों की अपेक्षा सरकारी दल के कार्यालयों की संख्या अधिक थी।

रात हुई तो लोगों ने आतिशबाज़ी छोड़कर घी के आयात का जश्न मनाया। यह आतिशबाजी पार्टी के क्षेत्रीय कार्यालयों की ओर से घर-घर वितरित की गयी थी। आतिशबाज़ी का हुस्न दूना करने के लिए बिजली बन्द कर दी गयी थी। इससे पूर्व रेडियो ने घोषणा की थी कि बिजली बन्द करने से न सिर्फ़ आतिशबाज़ी का हुस्न बिखरेगा, बल्कि इससे बिजली की बचत भी होगी।

सरकार इन दिनों बचत कार्यक्रम को सख़्ती से लागू कर रही थी और वैसे भी यह बचत सप्ताह था।

बात यह नहीं थी कि देश में घी पैदा नहीं होता था। देश में घी के बड़े-बड़े कारख़ाने थे, जो देश की अवाश्यकतानुसार घी बना सकते थे। इन कारख़ानों को जनता की भलाई तथा उद्योगपतियों के शोषण से बचाने के लिए सरकारी नियन्त्रण में ले लिया गया था। परन्तु इसके साथ ही देश में पैदा होने वाले घी में ऐसे पौष्टिक

पदार्थों की अभिवृद्धि कर दी गयी थी कि अन्तरराष्ट्रीय स्वास्थ्य सस्थान ने इस घी को मानव स्वास्थ्य के लिए अत्यन्त लाभदायक सिद्ध किया था। यह घी अपने समय का चमत्कार था। इसके इस्तेमाल से मनुष्य के अंग मज़बूत हो जाते थे, शक्ति बढ़ जाती थी, यौवन देर तक क़ायम रहता था, बुढ़ापा देर में आता, इन्सान बीमारियों से बचा रहता और आयु बढ़ जाती थी, लेकिन इन पौष्टिक तत्त्वों के मिश्रण से घी की लागत बहुत ज़्यादा बढ़ गयी थी और यह घी ग़रीब देश के खस्ताहाल लोगों की पहुँच से बाहर हो गया था। अतः सरकार ने देशवासियों के लाभार्थ अत्यन्त दूरगामी निर्णय लिया। उनको सुख और समृद्धि से मालामाल करने के लिए पाँच वर्षों की अवधि के लिए इस चमत्कारिक घी के दूसरे देशों से सौदे कर लिये थे।

घी निर्यात के निर्णय के साथ सरकारी घोषणा में कहा गया था, "हम ऐश्वर्य के दास नहीं हो सकते। ठीक है, स्वास्थ्यवर्धक घी का फार्मूला देश के वैज्ञानिकों ने तैयार किया है लेकिन हम इस राष्ट्रीय पूँजी को मात्र यह सिद्ध करने के लिए व्यय नहीं कर सकते कि हम चटोरे, अच्छा भोजन करने वाले और उदार हृदय हैं। हम इस घी का निर्यात करेंगे, जिससे देश को बहुमूल्य विदेशी धन प्राप्त होगा। हम बीमारियाँ स्वीकार कर लेंगे लेकिन घी नहीं खायेंगे, ताकि हमारी आने वाली पीढ़ियाँ इस अवदान से लाभ उठा सकें। हमें सिद्ध करना है कि हम वह राष्ट्रवासी हैं जो त्याग और बलिदान के अभ्यस्त हैं। हमें आने वाली पीढ़ियों के लिए त्याग करना है। हमें याद रखना चाहिए कि त्याग के बिना कोई राष्ट्र प्रगति नहीं कर सकता। सरकार को आशा है कि प्रत्येक व्यक्ति इस निर्णय का समर्थन करेगा कि देश-प्रेम की माँग यही है।"

उसी दिन टेलीविज़न पर इंटरव्यू देते हुए स्वास्थ्यमंत्री ने कहा था—

"स्वास्थ्यवर्द्धक घी के निर्यात का निर्णय अत्यन्त उचित तथा सामयिक है। हमारे देश में जन्मदर पहले ही बहुत ज़्यादा है और मृत्युदर बहुत कम। हम एक निर्धन राष्ट्र हैं। इस स्थिति में यह घी यदि हमारे देश की जनता के प्रयोग में आया तो जन्मदर और मृत्युदर में व्याप्त यह अन्तर और भी बढ़ जायेगा और सात-आठ साल बाद जनसंख्या में वृद्धि और ऐसी वृद्धि होगी कि लोग जीवित मनुष्यों को खाने लगेंगे। अभिभावक अपना पेट पालने को अपने बच्चों को खाने को विवश हो जायेंगे। क्योंकि इस घी से खुराक दोगुनी-तिगुनी हो जाती है और भूख भी बहुत लगती है। अतः सरकार भविष्य में नज़र आने वाले इस संकट को आमंत्रित नहीं कर सकती।"

अगले दिन बड़े-बूढ़े और बच्चे सुबह तड़के ही उठ बैठे। कड़वी-कसैली चाय पी और सरकारी पार्टी के क्षेत्रीय कार्यालय की ओर चल पड़े। कड़वी-कसैली चाय

पीने पर वे इसलिए मजबूर थे, क्योंकि चीनी में भी स्वास्थ्यवर्द्धक तत्त्व मिलाकर उसे भी निर्यात की वस्तुओं की सूची में शामिल कर दिया गया था। यूँ घी की तरह चीनी भी देश के आर्थिक स्वास्थ्य के लिए घातक घोषित कर दी गयी थी।

सरकारी पार्टी के क्षेत्रीय कार्यालयों पर घी लेने वालों की लम्बी-लम्बी कतारें लग चुकी थीं। चारों ओर सशस्त्र पुलिस के दस्ते उपस्थित थे। लोगों में बड़ा उत्साह था। वे ऊँची आवाज़ में बातें कर रहे थे। पुलिस आफ़िसर बार-बार लाउडस्पीकर से लोगों को ख़ामोश रहने को कह रहा था।

सूरज को भी उस दिन पूरी शिद्दत से चमकना था। समुद्री हवा के तरल सुखद थपेड़ों को भी बन्द होना था। लोग धूप में खड़े रहे, पसीना सर से एड़ियों तक बह रहा था। ज्यों-ज्यों देर हो रही थी लोगों में बेचैनी बढ़ती जा रही थी।

एक बार फिर लोगों में विरोध-स्वर की लहर दौड़ गयी। उसी पल लाउडस्पीकर से सूचना दी गयी कि वायरलेस पर प्राप्त होने वाले सन्देश के अनुसार घी की गाड़ी सरकारी डिपो से चल दी है। इस सूचना पर लोगों की व्याकुलता कुछ कम हुई।

ख़ुदा-ख़ुदा करके घी की गाड़ी वहाँ पहुँची। साथ ही वितरण अधिकारी भी और सशस्त्र गारद भी। वितरण अधिकारी अपनी बख्तरबन्द गाड़ी से उतरा और सीना ताने बड़ी तेज़ी से कार्यालय में प्रविष्ट हो गया। कुछ पलों बाद माइक पर उसकी आवाज़ सुनाई दी—

"मैं आपके हाथों में डिब्बे, पतीलियाँ और दूसरे बर्तन देख रहा हूँ, इससे जाहिर होता है कि आप अभी तक अपने सियाह अतीत से चिपटे हुए हैं, नये पुत्र की नयी आकांक्षाओं से आप परिचित नहीं, इससे जाहिर होता है..."

वितरण अधिकारी का लहजा तीख़ा और तेज़ होता जा रहा था–

"इससे यह भी जाहिर होता है कि अभी तक आप बचत और कम ख़र्च के अर्थ और आत्मा से परिचित नहीं हो सके हैं–"

"हमें भाषण नहीं-घी चाहिए–"

"घी चाहिए...घी दो..." दूसरी तरफ़ से नारा उभरा।

"बकवास बन्द करो" माइक पर वितरण अधिकारी की आवाज़ गूँजी।

"बचत योजना को सफल बनाने के लिए शासन ने करोड़ों रुपये से जो अभियान प्रारम्भ किया है उसका उद्‌देश्य यह नहीं है कि आप फ़ालतू ख़र्चों पर उतर आयें।"

"घी दो–घी दो···" एक स्वर में नारा लगा।

"मैं घी के वितरण का नियम बता रहा हूँ।" वितरण अधिकारी का स्वर उभरा। लोगों ने मौन साध लिया।

"सरकार ने घी के वितरण के लिए जो नियम बनाये हैं वह कम ख़र्च तथा बचत के दर्शन के अनुकूल हैं। इससे आपको पता चल जायेगा कि सरकार आपसे किस प्रकार के कम ख़र्च की आशा रखती है।"

लोग फिर व्याकुल हो उठे। एक दूसरे से बातें करने के लिए पंक्तियों में खड़े लोग आगे-पीछे मुड़े। सशस्त्र पुलिस के जवानों ने बन्दूकें सीधी कर लीं, "आप लोग ख़ामोश रहें।" मोटे बदसूरत पुलिस अफ़सर की आवाज़ गूँजी। वह पंक्तियों में खड़े हुए लोगों को सम्बोधित कर रहा था।

बन्दूकों की नालें अपनी तरफ़ उठी देख लोग सहम गये। वितरण अधिकारी ने कहा—

"आप लोगों को सिर्फ़ अँगुली भर घी मिलेगा... इसका तरीक़ा...।" लोग बिफर गये "अँगुली भर घी"...उनके लहजे में आक्रोश था। भद्दे पुलिस अफ़सर ने भद्दी आवाज़ में फिर कहा, "ख़ामोश", फिर उसने सिपाहियों से कहा, "जवानों अब अगर कोई आवाज़ उठे तो मैं एक...दो...तीन कहूँगा उस समय तक यदि ये लोग ख़ामोश न हों तो तुम बिना झिझक के गोली चला देना..."

सहमे हुए लोग ख़ामोश हो गये। वितरण अधिकारी की आवाज़ फिर बुलन्द हुई, "घी के वितरण का तरीक़ा यह होगा कि इस डिब्बे में, जो घी से लबालब है..." लोगों ने एड़ियाँ उठाकर, पंजों के बल खड़े होकर, गर्दनें निकालकर और लम्बी करके उस डिब्बे को देखा जो उन्हें कबूतर के ख़ून की तरह लाल दिखाई दिया, यह डिब्बा एक बर्फ़ की सिल पर रखा हुआ था।

"हाँ–यह डिब्बा घी से लबालब भरा हुआ है..."

"दिखाओ इन्हें..." उसने अपने मातहतों से कहा। उन्होंने डिब्बे को टेढ़ा करके दिखाया। डिब्बा सचमुच घी से पूरी तरह भरा हुआ था। शायद गर्मी में घी को जमाये रखने के लिए बर्फ़ की सिल नीचे रखी हुई थी।

"देख लिया आपने...? नियम यह होगा...", वितरण अधिकारी ने कहा। वह स्थिति नाटकीय बनाना चाहता था।

"कार्ड में कोटा लिखाने के बाद आप अपनी कनिष्ठि का (सबसे छोटी अँगुली) घी में डालेंगे और बाहर खींच लेंगे। जो घी अँगुली में चिपट आयेगा वही आपका कोटा होगा। प्रति कार्ड एक अँगुली भर घी।"

लोग निराश हो गये और पंक्तियों छोड़कर जाने लगे।

"कोई शख़्स अपनी जगह से न हिले। सभी लोग अपनी पंक्तियों में आ जायें।" वितरण अधिकारी ने कटु लहजे में कहा।

"हमें नहीं चाहिए घी।"

"ले जाओ अपने घर।" "अपनी माँ...।"

विरोध के स्वर उभरे।

"पुलिस..." वितरण अधिकारी ने कहा। सशस्त्र पुलिस के जवान सचेत हो गये। लोगों के बढ़ते हुए क़दम रुके। उन्होंने एक दूसरे को देखा...

"अपनी-अपनी जगह वापस..." वितरण अधिकारी का स्वर ऊँचा था। तनी हुई बन्दूकों को देखकर लोग फिर क़तार में आ गये।

वितरण अधिकारी ने कहा, "सरकार प्रत्येक व्यक्ति को उसका हिस्सा पहुँचाने के लिए कटिबद्ध है। कोई भी व्यक्ति घी के कोटे से वंचित नहीं रह सकता।" और घी का वितरण प्रारम्भ हो गया।

कल्लू की अँगुलियाँ बचपन से टेढ़ी थीं। वह यह टेढ़ापन लेकर ही पैदा हुआ था। घी का वितरण जारी था, उसका नम्बर पच्चीसवाँ था।

उसने अपनी टेढ़ी अँगुली घी में डाली और जब उसकी अँगुली बाहर आयी तो टेढ़ी अँगुली के आँकड़े में चमचा भर घी फँसा हुआ था।

कल्लू सरकारी पार्टी का सक्रिय कार्यकर्ता था। उसकी टेढ़ी अँगुली में चमचा भर घी देखकर, जिसे उसने बड़ी सावधानी से दूसरे हाथ की हथेली पर रख लिया था, लोग उद्वेलित हो गये।

"यह अन्याय है।"

"यह अत्याचार है।"

"हम भी इतना ही घी लेंगे..." कई आवाजें एक साथ उभरीं।

"एक...दो..." मोटे और भद्दे पुलिस अफ़सर ने गिनती शुरू की। पुलिस के जवानों की एड़ियाँ बजीं। उन्होंने इन्सानों की तरफ़ बन्दूकों का निशाना बाँधा। वितरण अधिकारी ने कहा, "घी का वितरण पूरी तरह नियमों के अनुसार किया जा रहा है।" उसने घी के डिब्बे में अँगुली डालने के सरकारी अनुदेशों वाली तस्वीरें लोगों को दिखाई और फिर कल्लू की तरफ़ संकेत करते हुए कहा, "उसकी अँगुली का टेढ़ापन प्राकृतिक है। उससे घी लेना उसका संवैधानिक अधिकार है।

"हम भी अँगुली टेढ़ी करेंगे।" एक उत्साही युवक ने कहा।

"यह विद्रोह है...क़ानून को तोड़ना है।" वितरण अधिकारी ने कहा।

"क़ानून को तुम तोड़ रहे हो।" समवेत स्वर गूँजा।

वर्षों की वंचना पर लगा हुआ भय का बाँध टूट गया।

पंक्तियाँ टूटीं, भीड़ आगे बढ़ी।

तीन तक गिनती पूरी हो गयी।

गोलियाँ चलीं, कई व्यक्ति ज़मीन पर गिरे।

सड़क के काले-गर्म सीने पर ख़ून बहता रहा। कुछ मिट्टी ने सोख लिया। चीख़ें उभरीं, कराहें उभरीं, कई सिसकती हुई जिन्दगियाँ दम तोड़ गयीं।

लोग हार गये। घायलों और लाशों को पीछे छोड़ गये।

घी का डिब्बा बर्रों के ख़ाली छत्ते के समान पड़ा रहा। तीन दिन के लिए क्षेत्र में कर्फ़्यू लग गया।

उसी शाम घी के वितरण के सम्बन्ध में संशोधित आदेश जारी हुआ। जिसके अन्तर्गत तमाम छोटी अँगुलियों को काट देना था।

संशोधित अध्यादेश को लागू करने के लिए पूरे देश में कर्फ़्यू लगा दिया गया। क़साइयों, जर्राहों और डॉक्टरों की टीमों ने तीन दिन के अन्दर टेढ़ी कनिष्ठिकाओं को काट दिया।

लेकिन आने वाली पीढ़ी तमाम की तमाम अँगुलियाँ टेढ़ी लेके पैदा हुई।

–अनुवाद : **बादशाह हुसैन रिज़वी**

रिहाई

●

मिर्जा हामिद बेग

भूमिका–लोहे का भारी फ़न्दा ग़ुलाम के गले का हार था और वह उस भारी बोझ तले दुहरा हुआ जा रहा था। इस हालत में उसने कहा—

"क्या तुम नहीं देखते कि मेरे आक़ा ने मुझ पर विश्वास किया और यह लोहे का टुकड़ा तमाम वक़्त मेरे अधिकार में रहने दिया?"

कहा जाता है, जब उसके आक़ा तक उसकी यह बात पहुँची तो फ़न्दा उतार लेने का हुक्म दिया और कहा,

"अब इसकी ज़रूरत नहीं रही।"

●

अँधेरा बढ़ता जा रहा था और बन्दीख़ाने के बड़े दरवाज़े पर रिहाई पाने वालों के चारों तरफ़ लोगों का एक बड़ा हुजूम इकट्ठा हो चला था।

सबने देखा कि उन दोनों में से एक लड़खड़ाता हुआ दो क़दम चला है। फिर झूलते और हाँफते हुए तन कर खड़ा हो गया। उसने चारों तरफ़ निगाह दौड़ायी और हसरत से हथेलियाँ मलीं। उसे दुःख इस बात का था कि इतने परिचित चेहरों में किसी ने उसकी तरफ़ बाजू नहीं फैलाये। न दो क़दम आगे बढ़ा।

दूसरा ज़मीन पर कम्बल की गठरी में किसी ढेर की तरह जड़वत् था। भीड़ में से किसी एक ने आगे बढ़कर लालटेन की ज़र्द रोशनी उनके दायें-बायें झुलायी। और फिर नीची आवाज़ में सरगोशियाँ शुरू हो गयीं। इतने लोगों में उस तन कर खड़े जवान को कोई पहचान न पाया था। और फ़र्श पर कम्बल की गठरी की पहचान उससे ज़्यादा मुश्किल थी।

रात भीग चली थी और तन कर खड़ा होने वाला जवान हसरत से हथेलियाँ मलता हुआ, दुःख और पीड़ा के बोझ तले दुहरा हुआ चला जा रहा था। आसपास

की सारी आबादी उस तरफ़ टूट पड़ी थी। अब इस मुश्किल का एक ही हल था कि वह अपनी पहचान कराये। उसने यह सोचा और ढहती हुई आवाज़ में सम्बोधित हुआ–

"सुनो–मैं बदनसीब तुम में से ही एक हूँ और इस बन्दीख़ाने में अपनी पहली और आख़िरी पेशी का हाल बयान करता हूँ–क़दम एक साथ उठाते हुए, अकड़ी हुई खाक़ी वर्दियों में, सरकारी कारिन्दों की एक दीवार मेरे आगे थी और पीछे हाँकने वालों का टोला।

"मैं दरम्यान में था और तंग व तारीक ग़ुलाम गर्दिशों में घुटनों और कुहनियों के बल रेंग कर आगे बढ़ रहा था और मेरी ज़बान नीचे चुनी हुई सुर्ख पुख्ता ईंटों को छू रही थी। जब रोशनी में आया हूँ और खाक़ी वर्दियों की दीवार सामने से हटी है तो मैंने देखा कि धुले हुए फ़र्श पर सियाह फ़ुल बूट की चमकती हुई दो ऊपर उठकर मेरे हलक़ को छू रही थी। फिर हुक्म हुआ–"भोंक"

"मैंने जान की अमान चाही और अर्ज गुज़ार हुआ :

"मैं जो कुछ कहूँगा, सच कहूँगा। हुज़ूर मैं बेगुनाह हूँ। मेरा जीना-मरना यहीं था, पर मुझे बहकाया गया और बन्दा उनकी बातों में आ गया।"

उसने इतना कहा और झुकते-झुकते रुकू में चला गया। उसी क्षण फ़र्श पर साँस लेती हुई गठरी में हरकत पैदा हुई। अन्दर वाला पहले घुटनों के बल बैठा फिर उसने अपनी रुँधी हुई आवाज़ में पुकारा—

"नेक लोगों, यह झूठ बकता है। हमें किसी ने नहीं बहकाया। हम तो नीचे की उन कुलबुलाती आबादियों की उखड़ती हुई साँसों के साथ ज़िन्दा रहना चाहते थे। और हमने मिलकर फ़ैसला किया था, तब हम सरपट निकले थे।"

यह सुनकर पहला रुकू की हालत में ही देर तक काँपता रहा, फिर बोला–"हाँ मुझे याद आया, तो साहबों, हमारा इन हालों खुले मैदानों और नीचे की आबादियों की तरफ़ निकलना था कि हर तरफ़ शोर हुआ–

"जाने न पायें–पकड़ो–मारो–।"

फिर रोशनी होती गयी। मैं लमहा भर को एक दीवार की ओर में ठहरा होऊँगा कि हँगामा ख़त्म हुआ और मैंने देखा कि धुँधली दीवार की ओट में ठहरा अँधेरे में किसी ने तेज़ी से आकर मेरे बिल्कुल क़रीब दीवार का सहारा लिया है। मैं साँस रोके खड़ा रहा फिर नये आने वाले के क़रीब होते हुए मैंने देखा, वह दीवार के साथ घिसटता हुआ बैठ जाता था। उसके कन्धों पर सर नहीं था।"

"सर नहीं था?"

भीड़ में से किसी एक ने सवाल किया।

"हाँ उसके कन्धों पर सर नहीं था, वह भागा था और उसी गली में छिपना चाहता था, जहाँ मैं था लेकिन शायद उन्होंने उसे देख लिया और सर उतार लिया और फिर जब वह मेरे क़रीब आया तब उसका सर नहीं था।"

यहाँ फ़र्श पर साँस लेती हुई गठरी ने उसे टोका–

"तुमने मुझे पहचाना नहीं–वह मैं था।"

उस पर वह रुकू में देर तक काँपता रहा। फिर बोला–

"मैं कैसे पहचानता, तुम्हारा सर नहीं था। सो मैंने तुम्हें वहीं रहने दिया और एक बार फिर निकला। उस वक़्त हलकी-हलकी फ़ुहार पड़ रही थी और हवा बहुत ठण्डी थी। एक जगह मुँह के बल गिरा और जब कीचड़ साफ़ किया तो पता चला मेहरे चेहरे नाक-नक़्शा वहीं कीचड़ में कहीं रह गया है। फिर पेश हुआ तो हुक्म हुआ है कि आज़ाद कर दिया जाये। मेरा नाक-नक़्शा अब बाक़ी नहीं, कोई है जो मेरा नाम लेकर पुकारे?"

बेचैन भीड़ ने सुनी-अनसुनी करते हुए फ़र्श पर हिचकोले खाती गठरी को झिंझोड़ा!

"और तुम?"

"मैं–?"

उसकी आवाज़ कहीं दूर से आयी। "मुझे बस इतना याद है कि मैं अकेला रह गया था। फिर इस कच्चे तालाब तक लाया गया हूँ जिसके किनारे हमारी क़तार, गन्दे पानी पर सर झुकाये हुए थी। ऐसे में कोई एक पीछे से संगीन घोंपता चला आ रहा था और दूसरा लात मारते हुए आगे बढ़ रहा था और हम सर न्योढ़ाय आगे को झुके हुए थे। शुरू क़तार से मेरा नम्बर क्या था, यह मुझे याद नहीं। बस एक के बाद एक सबकी तरह लात खाकर मैं जूहड़ में गिरा हूँ। मैंने अपना फ़ैसला उस बोल रहे हुजूम पर छोड़ा।"

इसके साथ ही कम्बल में साँस की धौंकनी तेज़ हुई, फिर उसके चारों तरफ़ की निचली आबादियों से उठते-गिरते हुजूम में से शोर उठा–

"हाँ–हाँ यह हमीं में से है और हम अब तक इस जूहड़ के उबलते हुए कीचड़ में लथ-पथ।"

उस शोर में वह मुर्दा आवाज़ धीरे-धीरे डूब रही थी।

"मैंने अपना फ़ैसला इस बोलते हुए हुजूम पर छोड़ा–आज की शाम धुँधले अँधेरे में हाँकने वालों का टोला मुझे बन्दीख़ाने से बाहर ढकेल गया।"

"देखो, मैं उठता हूँ, कम्बल हटाता हूँ–देखो मेरे कन्धों पर सर नहीं है।"

सब ने देखा कि जब वह उठा है तब बे-सर का एक स्तम्भ था, उसके कन्धों पर सर नहीं था।

और ढलान से उठता हुआ लोगों के सरों का प्रचण्ड तूफ़ान उसके नाम की आवाज़ लगाता, बाज़ू फैलाये, चारों तरफ़ से उस बे-सर के स्तम्भ की जानिब बढ़ रहा था।

–अनुवाद : शक़ील सिद्दीक़ी

झोली

•

सादिक हुसैन

उस शहर में उस्ताद मोदी की बेकरी के केक बहुत ही प्रसिद्ध थे। साख बनाये रखने वाले क़ीमती केक बनाने और सजाने का सूक्ष्म कार्य उस्ताद मोदी एक ख़ास कमरे में अपने हाथों से करता। उस ख़ास कमरे की खिड़की एक बड़ी-गली में खुलती थी। सामने एक होटल था। बैरे बचा-खुचा सालन, नॉन और रोटी के टुकड़े खिड़की के नीचे बेकरी की दीवार के पास फेंक देते। भिखारिनें, उनके बच्चे और कुत्ते जूठन के ढेर से हड्डियाँ उठाकर चचोड़ते तो किर्र...किर्र की आवाज़ें ऊधम मचा देतीं। बच्चे पत्थर पर नल्लियाँ मार-मार गूदा निकालने की नाकाम कोशिश करते। जब कोई-कोई हड्डी हाथ से निकल जाती तो कुत्ते भौंकना शुरू कर देते, एक दूसरे पर झपट पड़ते। अगर कोई भिखारिन गर्भ से होती तो दूसरी भिखारिनें अच्छी-अच्छी हड्डियाँ चुन-चुन उसकी झोली में डाल देतीं। अपाहिज भिखारी सूखी-सूखी रोटी के टुकड़े गले से उतार निश्चिन्तता की साँस लेते।

मैदे को ख़ूबसूरत आकार देना मोदी का पेशा था। अंग्रेज़ों के राज में उसके बाप ने बड़े सुन्दर केक बनाकर नाम पैदा किया और पैसा कमाया।

अपने हुनर के भेद उस्ताद मोदी सीने में सुरक्षित रखते थे। इन भेदों की जमानत उसके बाप ने उसे सौंपी थी और उसके दादा ने उसके बाप को यह सिल-सिला उस ज़माने को पहचानता था जिसमें लोगों ने पहली बार केक की सूरत देखी थी।

उस्ताद मोदी की दिली ख़्वाहिश थी कि वह अपने कला-कौशल को उसके उत्तराधिकारी तक पहुँचा दे। वह जानता था कि ज़िन्दगी का कोई भरोसा नहीं। यह ज़रूरी नहीं इन्सान पहले बीमार पड़े और फिर मृत्यु को प्राप्त हो। उसने अपने दो-जवान बेटों की अचानक मौत अपनी आँखों से देखी थी। इस कड़ुवाहट को दूर करने

के लिए उसने सारा ध्यान अपनी बेकरी में लगा दिया था। उस्ताद मोदी ने एक केक ऐसा तैयार किया जिस पर इन्सान का दिल रखा हुआ था। उस दिल में दो-सुराख थे।

उस्ताद ने वह केक किसी को न दिया। वह केक ज्यों-का-त्यों शो-केस में पड़ा रहा। केक की जवानी ढलने लगी, तरो-ताज़गी झुर्रियों में बदलने लगी। वह बासी होकर एक दिन मर गया। उस्ताद मोदी सोचने लगा कि अब उसकी अपनी जवानी भी ढल गयी है, वह बासी हो गया है, अब वह मर जायेगा। दुनिया छोड़ने से पहले वह अपने धन्धे के भेद फखरी के सीने में उतार देना चाहता था। उसके एक मात्र लड़के का नाम फखरुद्दीन था मगर अपने पराये सब उसे प्यार से फखरी कहकर पुकारते। फखरी बी.ए. पास कर चुका था। वह नौकरी करने के विरोध में था। इसलिए उसने बेकरी में बाप का हाथ बँटाना शुरू कर दिया। फखरी बहुत कम बोलता था। मगर जब भी बात करता उस्ताद मोदी के स्वभाव को कड़ुवा कर देता। उस्ताद को फखरी की बातें विचित्र-सी लगतीं। फखरी अपनी बातें बेझिझक बाप के सामने रखता–'बेकरी में काम करने वालों के वेतन में बढ़ोतरी होना चाहिए। मुनाफ़े का कुछ हिस्सा इन्हें भी मिलना चाहिए।' इसके साथ ही कभी-कभी यहाँ तक कह देता कि अपने ही लिए जीना भी कोई जीना है। उस्ताद मोदी के दिल में यह धारणा-दृढ़ होती गयी कि उसके बाद फखरी सारी सम्पत्ति बर्बाद कर देगा। उसने फखरी को समझाया कि दुनिया में रुपया बहुत बड़ी ताक़त है। अगर वह सम्पन्न न होता तो उसका नाम शहर की सभ्य और शिष्ट लोगों की सूची में न होता।

उस्ताद मोदी अपने कला-भेद की पहली क़िस्त फखरी को सौंप चुका था। अभी बहुत कुछ शेष था। वह स्थिति का निरीक्षण कर पूर्णत: आश्वस्त हो जाना चाहता था। उसे एक खुटका लगा रहता, अगर पेशे की बारीकियाँ फखरी ने किसी को बता दीं तो कारोबार का सत्यानाश हो जायेगा। उसने अपने बाप से सुना था कि व्यापार में साख रीढ़ की हड्डी है। थोड़े दिनों में उसने विश्वास कर लिया कि फखरी पेट में बात रख सकता है इतना कच्चा नहीं। वह अपने बाप की तरह ख़ास कमरे में दरवाज़ा अन्दर से बन्द करके मन लगाकर काम करता। कारीगरों से मतलब की बात करता मगर दिन-त्योहार पर उन्हें अपनी जेब से इनाम दे देता। यह बात उस्ताद मोदी को अखरती।

बेकरी एक भरी और चौड़ी सड़क के किनारे दुकानों की लम्बी लाइन में थी। उसके ऊपर कई कमरों का आलीशान मकान था जिसमें उस्ताद मोदी और उसका छोटा-सा परिवार रहता था। यह सारी संपत्ति उस्ताद मोदी की थी। ऊपर की मंज़िल को जाने के लिए दो अलग-अलग रास्ते थे। एक पक्की सीढ़ी जो बेकरी की बग़ल

से शुरू होकर ड्राइंगरूम के दरवाज़े के समाने समाप्त होती थी, दूसरी, लकड़ी की सीढ़ी जो बेकरी के अन्दर से बलखाती ऊपर निकल गयी थी। काम करते कारीगरों की आवाज़ें बेकरी से उठकर ऊपर की मंज़िल तक पहुँच जाती थीं। आज बेकरी में पूर्णतः निस्तब्धता थी। कारीगर काम छोड़छाड़ बाहर निकल गये थे। कोई बराबर की दुकान के निकट बैठा सिगरेट पी रहा था, किसी ने चाय वाले के पास अड्डा जमा रखा था, कोई धूप सेंक रहा था।

उस्ताद मोदी ने ड्राइंगरूम की खिड़की में पड़ी चिक की ओट से बाहर झाँका, लोग आपस में खुसर-पुसर कर रहे थे। एक लड़के ने चाक से दीवार पर लिख दिया 'हमारी तनख़्वाहें बढ़ाओ।' उस्ताद मोदी ने चिटखनी चढ़ा ली। आज उसका दबदबा डगमगा रहा था। इससे पहले तो बेकरी और घर में उसकी बात क़ानून की हैसियत रखती थी। उसके मन में पहली बार इच्छा जागी कि इन प्रतिकूल परिस्थितियों में किसी से राय लेनी चाहिए। फखरी बाहर गया हुआ था, मगर उसका मौजूद होना, न होना बराबर था। कुछ इसलिए भी कि उस्ताद मोदी अपने बेटे से परामर्श लेना अपना अपमान समझता था। वह आईने के सामने जाकर खड़ा हो गया, अपना चेहरा देखा, सिर के बाल सफ़ेद, गालों पर झुर्रियाँ, ठोड़ी के नीचे लटकती खाल–अब तो उठते-बैठते समय उसके घुटनों में दर्द होता था, काम करते समय हाथों की अँगुलियाँ थर-थराने लगती थीं। डॉक्टर ने तो कह दिया था कि यह लकवा होने के आसार हैं।

अचानक बेकरी में आवाज़ें सुनाई देने लगीं। उस्ताद मोदी दरवाज़ा खोलकर लकड़ी की बलखाती सीढ़ियों से नीचे उतर आया। फखरी कोट की जेब में हाथ डाले खड़ा था। कारीगर अपना-अपना काम कर रहे थे, उमंग-उत्साह उनमें नये सिरे से आ गया था, मैदे में मुक्कियाँ लगायी जा रही थीं, अंडे फेंटे जा रहे थे, साँचों में लोशन चुपड़ा जा रहा था, तन्दूर के अन्दर आग के शोले उठ रहे थे। उस्ताद मोदी बेटे की बाँह पकड़ कर कमरे में ले गया–

"फखरी बेटा! ये लोग काम पर वापस कैसे आये?"

"मेरे हुक्म से।" बेटे ने धीरे से जवाब दिया।

उस्ताद मोदी कमरे से बाहर निकल गया। उसे दुःख हुआ, कल तक बेकरी में सिर्फ़ उसका हुक्म चलता था।

फखरी ने ख़ास कमरे का दरवाज़ा अन्दर से बन्द करके आस्तीनें चढ़ा लीं। वह साबुन से हाथ धोकर मेज़ के सामने खड़ा हो गया। उसके हाथों की अँगुलियाँ काम करने लगीं। कभी आहिस्ता, कभी जल्दी। जब उसके हाथ रुक जाते तो उसके भीतर का द्वन्द्व उसकी आँखों में साफ़ दिखाई देने लगता। उसे अपने भीतर बेचैनी महसूस

होने लगती। उसे लगता जैसे वह बूढ़ा हो गया है, कमर दोहरी हो गयी हो, सिर के बाल सफ़ेद हो गये हैं। सर्दियों की रात में वह एक दुकान के नीचे पड़ा थर-थर काँप रहा है, खाँसते-खाँसते उसका बुरा हाल हो गया है। पिछली सर्दियों में उसने एक बूढ़े भिखारी को इसी स्थिति में देखा था, एक हृदय विदारक दृश्य देखकर वह दौड़ता हुआ अपने घर चला आया था। उसकी साँसें तेज़-तेज़ चल रही थीं।

"फखरी बेटा क्या बात है?" माँ ने पूछा।

"माँ! मुझे एक घुस्सा चाहिए।"

"तुम परेशान नज़र आ रहे हो!"

"माँ! माँ!! समय नष्ट न करो, मुझे एक घुस्सा तुरन्त चाहिए।"

माँ ने बड़े सन्दूक से एक घुस्सा निकालकर बेटे को दे दिया। फखरी बाहर जाने लगा तो उस्ताद मोदी की आवाज़ आयी–

"कहाँ जा रहे हो?"

"उस भिखारी के पास! वह जो सर्दी से काँप रहा है।"

"और यह घुस्सा?"

"उसे देने जा रहा हूँ।"

"क्यों?"

"इसलिए कि इस धुस्से पर उस भिखारी का हक़ है।" उस्ताद मोदी बेटे की बात सुन सोच में पड़ गया।

आज केक बनाते हुए अतीत की यह घटना उसकी आँखों के सामने घूम गयी। वह अपने अन्तर्द्वन्द्व को केक के अंग-अंग में भरने लगा। दोपहर के खाने का समय हो गया था। दो-चार बार ऊपर से बुलावा आया। मगर वह अपने काम में उसी तरह डूबा रहा। अचानक किसी ने दरवाज़ा खटखटाया। फखरी ने दरवाज़ा खोला। सामने उस्ताद मोदी खड़ा था।

"शाबाश मेरे बेटे, मैं ख़ुश हूँ कि तुम जी लगाकर काम करते हो।"

"शुक्रिया!"

"ठाँय! ठाँय!!" एकाएक उस्ताद मोदी को यों अनुभव हुआ जैसे किसी ने उसके सीने पर गोलियों की बौछार कर दी। वह वितृष्णा भरी दृष्टि से मेज़ पर रखे केक की तरफ़ देख रहा था। केक पर बूढ़े भिखारी की आकृति बनी थी। हड्डियों का ढाँचा, जिस्म पर चीथड़े, नंगे पाँव, धूल में अटे सिर के बाल, गले में...उस्ताद मोदी को लगा, वह आकृति अपनी आँखों में ढेर से सवालों को लिए बढ़ी चली आ रही है।

"कौन ख़रीदेगा यह केक?" उस्ताद मोदी ने आर्त्त स्वर में कहा।

"हर चीज़ बेची नहीं जाती।"

उस्ताद मोदी ने आव देखा न ताव केक उठाकर बाहर फेंक दिया। "साहब जादे! लोग हमारी दुकान पर दुःख-दर्द की तस्वीरें ख़रीदने नहीं आते।" उस्ताद मोदी यह कहकर ऊपर चला गया। फखरी ने बढ़कर खिड़की से बाहर झाँका। जूठन के ढेर के पास भिखारिनें, भिखारी एक नंग-धड़ंग बच्चे के शरीर और सिर पर चिपके केक के लोदें और फुटकियाँ हाथों से समेट-समेट, चपड़-चपड़ खा रहे थे। एक भिखारिन बच्चे का सिर ज़बान से चाटने लगी। दूसरी भिखारिन फखरी को आशा भरी दृष्टि से देखते हुए बोली—

"ख़ुदा तुम्हारा भला करे, थोड़ा-सा और फेंक दो!"

जब कभी आवश्यकता पड़ती उस्ताद मोदी फखरी को अपने पास बुला लेता। एक दिन वह ख़ुद चलकर बेटे के पास आया।

"फखरी बेटा!"

"जी, अब्बा जी!"

"यह देखो!"

उस्ताद मोदी ने अपने दोनों हाथ हवा में फैला दिये। अँगुलियाँ काँप रही थीं पतझर में गिरने से पहले सूखी-पीली पत्तियों की तरह। उस कँपकँपाहट से किसी बूढ़े पेड़ के टूटने की-सी आवाज़ सुनकर फखरी को दुःख हुआ।

"बेटा! यह मेरी प्रतिष्ठा का प्रश्न है।"

"कहिए, क्या आदेश है?"

"मैंने अपने घनिष्ठ अन्तरंग मित्र से वायदा किया था कि उसके बेटे के पहले जन्मदिन पर ऐसा केक बनाऊँगा जिसे देखकर लोग हतप्रभ रह जायेंगे। मेरे हाथ काम की बारीकियों का साथ नहीं दे रहे हैं।"

"जन्मदिन कब है?"

"परसों।"

"आप निश्चित रहें।"

उस्ताद मोदी ने निश्चितता की साँस छोड़ी और आश्वस्त हो गया। उसने केक की रूपरेखा अपने मस्तिष्क से निकालकर फखरी को सौंप दी। फखरी ने कड़े परिश्रम से जन्मदिन का केक तैयार किया। जब उस्ताद मोदी ने ख़ास कमरे में प्रवेश किया तो उसके मुँह से विस्मय के साथ निकला 'सुब्हान अल्लाह!' केक में नीचे से लेकर ऊपर तक हर चीज़ फखरी के कलात्मक कौशल को प्रमाणित कर रही थी।

उस्ताद मोदी की अनुभवी आँखें जो बाहर और भीतर का निरीक्षण कर रही थीं, भावावेश में गीली हो गयी।

जब उस्ताद मोदी ने केक से दृष्टि फेरी तो फखरी खिड़की से बाहर देख रहा था।

"फखरी।" उस्ताद मोदी बोला। उसके स्वर में सन्तुष्टि, विश्वास, आशीर्वाद के मिले-जुले भाव थे।

फखरी ने पलट कर देखा। उसकी आँखों से आँसू बह रहे थे।

"क्या बात है बेटा?"

फखरी ने अँगुली से बाहर की तरफ़ इशारा किया।

उस्ताद मोदी ने बढ़कर खिड़की में से बाहर देखा–

भिखारिनें, झोलियाँ फैलाये जूठन के ढेर के पास खड़ी थीं। एक भिखारिन नंग-धड़ंग बच्चे के सिर पर हाथ रखकर बोली–

"ख़ुदा तुम्हारा भला करे, इस बार झोली में फेंकना!"

–अनुवाद : **प्रमोद पाण्डेय**

अपराह्न का पतझड़

•

रशीद अमज़द

रशीद अमज़द की गणना पाकिस्तान के प्रमुख कहानीकारों में होती है। उनका उभार इस सदी की सातवीं दहाई में हुआ। इस तरह से वे पाकिस्तान की दूसरी पीढ़ी के कहानीकार हुए। उन्होंने ऐसे समय की पृष्ठभूमि में लिखना प्रारम्भ किया, जब पाकिस्तान में तानाशाही और प्रजातान्त्रिक आकांक्षाओं के बीच जबरदस्त संघर्ष चल रहा था। तानाशाही से क्षुब्ध, असन्तुष्ट लोगों के पास संवादहीनता का गहरा अँधेरा था। नये भविष्य की तड़प तो थी पर परिकल्पनाओं में धुँधलापन था। रशीद अमज़द की कहानियों में बेचैनी है, ग़ुस्सा है और धारदार हथियारों के रेले में भीतर तक धँस जाने की कोशिश है। उन्होंने 1966 से लिखना प्रारम्भ किया और तभी से उनके पाठकों में लगातार वृद्धि हो रही है।

रशीद अमज़द अपने को प्रेमचन्द की परम्परा का कहानीकार मानते हैं। उनका कहना है कि जो प्रेमचन्द चाहते थे, वही मैं भी चाहता हूँ लेकिन मैं प्रेमचन्द जैसी कहानियाँ नहीं लिख सकता क्योंकि हम दोनों के बीच समय का लम्बा अन्तराल है।

—सम्पादक

उसने लम्बी साँस ली और कहने लगा–"मैं जिन्दा रहना चाहता हूँ।" ब के होंठों पर एक अजीब रहस्यमयी मुस्कान ने आँख खोली— "ज़िन्दगी एक सतरंगा कबूतर, इसके सारे रंग किसने देखे।"

उसने चुटकियों से चाँदनी को पकड़ने की कोशिश की, बहती चाँदनी उसकी उँगलियों से फिसल कर इधर-उधर निकल गयी।

"एक ख्वाब—मात्र एक ख्वाब।"

ब ने हुँकार भरी— "ख्वाब मगर अकेले का नहीं।"

वह तेज़ी से मुड़ा–"दूसरा कौन?"

ब मुस्कुराया–"वही जिसे दिखाने के लिए हम सब कुछ करते हैं।"

वह मुस्कुराई–"तुम बाहर क्यों नहीं निकलते?"

"बाहर नहीं तो कहाँ हूँ?"

वह खिलखिला कर हँसी—"बाहर आने के इन्तजार में।"

"और इन्तजार एक कड़वा फल है।" ब ने उसके कन्धे पर खड़े होते हुए घोषणा की और दीवार के दूसरी तरफ़ कूद गया।

चाँद गहरी-गहरी साँस ले रहा था और अँधेरे में पाँव के नीचे चरमरा रहा था। वह थोड़ी देर पहले तोड़े गये फूल को पत्ती-पत्ती करने लगा।

वह पत्तियों पर पाँव रखती हुई आयी—"हाय!"

"एक घण्टा तीन मिनट लेट।"

उसने लापरवाही से कन्धे झटके और बोली—"शॉपिंग के लिए निकल गयी

उसके चेहरे पर बहुत से रंग आँखमिचौली खेलने लगे—"मैं।"

"मुझे मालूम था तुम इन्तजार कर रहे होगे।" वह हँसी—"तुम और कर ही क्या सकते हो।"

"तुम मेरी तौहीन कर रही हो।"

"मैं सिर्फ देर से आने की वजह बता रही हूँ।"

"वजह—ख़ुद को सुरक्षित रखने की एक ढाल—हुँह।"

उसके करीब बैठ गयी और नर्मी से बोली—"तुम शब्दों से खेलते हो।" "शब्द तो टूटी हुई कमानें हैं"—ब ने धीरे से उसका कन्धा दबाया—"और हम तो सिर्फ़ तामील करते हैं।"

अँधेरे में उसके बाप की आँखें घात लगाकर हमला करती हैं—"जो मैं कहता हूँ वह करो।"

वह सहम कर माँ की ओर देखता है।

माँ की आँखों में भय ने घोंसले बनाये हुए हैं, वह सर झुका लेती है।

वह अपने आप में सिमटने लगता है—सिमटता ही चला जाता है।

उसके सामने खड़ी आँखों में आँखें डाले देखती रही, फिर शब्दों को चबा-चबा कर बोली— "बिना माँगे कभी कुछ नहीं मिलता।"

उसकी आँखों में एक लहर-सी उछली लेकिन दूसरे ही क्षण डूब गयी—"मेरे पास माँगें हैं, शब्द नहीं।"

ब ने उसके सर पर स्नेहपूर्वक हाथ फेरा और बोला—"कभी-कभी ऐसा भी

होता है कि बिना माँगे ही मिल जाता है, मगर सामान्यतः ऐसा नहीं होता। तलब एक तेज़ रफ़्तार गाड़ी है जो दौड़ती ही रहती है, कभी नहीं ठहरती।"

उसने कन्धे झटके—"लेकिन मैं दूसरों की तरह इस गाड़ी के पीछे नहीं दौड़ सकता।"

ब मुस्कुराया—"दौड़ तो तुम अब भी रहे हो।"

"नहीं! मैं बिल्कुल अलग हूँ।"

"हम अलग होते हुए भी दूसरों के अन्दर ही होते हैं।"

वह उछल कर खड़ा हो गया–"मैं किसी के अन्दर नहीं। मैं अपना चेहरा ख़ुद बनाना चाहता हूँ।"

ब देर तक हँसता रहा फिर बोला–"अपना चेहरा हम ख़ुद तो बना सकते हैं लेकिन उसकी पहचान दूसरे ही करते हैं। अपनी पहचान के लिए हमें दूसरों के पास जाना पड़ता है।"

"नम्बर?" बूढ़े एकाउंटेंट ने ऐनक के धुँधले शीशों में से उसे घूरा।

"ई.टी.ई. 237.04।"

एकाउंटेंट ने पे रोल पर निशान लगाया और वेतन का टोकन उसकी ओर बढ़ा दिया। नोट गिनते हुए उसने आँखों-ही-आँखों में लेन-देन का जोड़ घटाव पूरे पृष्ठ पर कर लिया और दस-दस के दो नोट निकाल कर पैंट की पिछली जेब में रख लिये।

"तो आज तुम्हें तनख़्वाह मिली है।"

"हाँ। और मैं बड़ी मुश्किल से बीस रुपये बचा सका हूँ।"

"तुम बेवकूफी की हद तक स्पष्टवादी हो।" वह आहिस्ता से बोली—"और यह अच्छी बात नहीं।"

बेयरा चाय ले आया। इस दौरान वह चुपचाप उसे देखता रहा। बेयरा चाय और कवाब रखकर चला गया तो वह बोला—"मुझमें बहुत-सी बातें अच्छी नहीं।"

"हाँ" उसने मुँह दूसरी ओर कर लिया—"तुम डैडी से न मिलना, उन्हें ऐसे लोग ज़रा भी अच्छे नहीं लगते।"

केबिन की छत में बड़ा-सा सूराख हो गया और तेज जलता सूरज ठीक उसके सर पर नाचने लगा।

"अपनी पहचान कराओ।" ब ने सिसकारी ली और क़रीब से गुज़रती हुई एक औरत को देखकर होंठों पर ज़बान फेरने लगा।

औरत कुछ दूर जाकर बस स्टॉप पर खड़ी हो गयी और मुड़-मुड़कर उनकी ओर देखने लगी।

ब ने चटखारा भरा और बोला—"बस औरत ने अपनी पहचान दो मिनटों में करा दी है और तुम दो साल से उससे मिल रहे हो मगर अभी तक यह भी नहीं जान सके कि वह तुम्हें समझती क्या है?"

"तुम मुझे क्या समझती हो?"

"मैं–मैं तुम्हें—बस अच्छा आदमी।"

"सिर्फ़ अच्छा आदमी—" उसके चेहरे पर घने काले बादल छा गये।

"यहाँ मेरा मतलब है।"

"क्या?"

"यही कि तुम अच्छे आदमी हो मगर—"

"मगर क्या?"

वह हँसी—"यह कि तुम ज़रूरत से ज़्यादा अच्छे हो और—"

"और ऐसे लोग तुम्हारे डैडी को पसन्द नहीं।"

"हाँ।" उसने सर हिलाया।

"और तुम्हें?"

वह कुछ देर नाख़ून से नाख़ून खुरचती रही फिर आहिस्ता, बहुत ही आहिस्ता से बोली—"मैं भी तो इसी दुनिया में रहती हूँ।"

घनी स्याह रात सारे जंगल में फैल गयी। गहरे घुप अँधेरे में वह सर से पाँव तक भीग गया।

बहुत देर बाद वह जंगल से बाहर निकला—"वाकई तुम इसी दुनिया में रहती हो?"

ब चुपचाप उसे चाय पीते देखता रहा उसने प्याली मेज पर रख दी और डूबी हुई आवाज़ में बोला—"उसके बाद हम चुपचाप उठे, ख़ामोशी से बाहर आये और कुछ कहे बिना अपने अपने रास्तों पर हो लिये।"

ब अब भी चुप रहा।

"मैं क्या करूँ?"

ब के होंठ उसके चेहरे में दफन हो गये।

"मैं क्या करूँ?"

गहरी अलिफ ख़ामोशी।

उसने ब को कन्धों से पकड़ कर झिंझोड़ डाला।

ब मिट्टी के खिलौने की तरह गिर कर जमीन पर बिखर गया।

सुनसान, वीरान सड़क पर धुंध चुपचाप क़दम-क़दम चल रही है। सलाखों

वाली खिड़की के पीछे, पथराई हुई आँखों से दूर से किसी के आने की तमन्ना में वह देर से यूँ ही खड़ा है।

नौकर आता है और कहता है—"बेगम साहिबा खाने की मेज़ पर आपका इन्तजार कर रही हैं।"

"आ रहा हूँ।" वह जाने से पहले फिर वीरान सुनसान सड़क को देखता है—यह सड़क कितनी वीरान और उदास है।

उसे ख़याल आता है कि दस साल पहले होटल वाली घटना के दूसरे दिन जब बह उसके डैडी से मिलने आया था तब यह सड़क—!

वह सलाखों में से बाहर झाँकता है।

सुनसान वीरान सड़क पर धुँध अकेली ही क़दम-क़दम चल रही है।

–अनुवाद : **जावेद इक़बाल**

तकाजा कोई दिन और

•

रजिया फसीह अहमद

पाकिस्तान की महिला लेखिकाओं ने अपने लेखन में जिस सामाजिक-राजनैतिक चेतना का परिचय दिया है वह महत्त्वपूर्ण होने के साथ सम्भवतः बेनजीर भी है। मौलिक रूप में यह परम्परा पाकिस्तान की नहीं उर्दू भाषा की है। विभाजन के पूर्व डॉ. रशीद जहाँ और इस्मत चुगताई इस परम्परा को बढ़ाने में काफ़ी महत्त्वपूर्ण भूमिका अदा कर चुकी हैं। रजिया फसीह अहमद इसी परम्परा की कड़ी हैं। उनकी कहानियाँ मुख्यतः असहमति और आक्रोश की कहानियाँ हैं। वे भ्रष्ट सामाजिक व्यवस्था का पोस्टमार्टम करते हुए लगातार विखण्डित होते मानवीय मूल्यों और दिन-दिन ज़्यादा बेसहारा होते जाते पाकिस्तानी नागरिक के प्रति गहरे लगाव और चिन्ता को अभिव्यक्ति देती हैं। स्त्री की हैसियत को कम करने के तमाम प्रयासों का विरोध भी वे करती रही हैं। यह कहानी हिन्दी में पहली बार प्रकाशित हो रही है।

—सम्पादक

उस अर्द्ध सरकारी संस्था की साधारण-सी इमारत के सामने मैं एक तुच्छ चींटी से भी क्षुद्रतर बना निरुपाय खड़ा रह गया।

उस महान संस्था का भवन न ऐसा सुन्दर था कि आदमी के दिल में सौन्दर्य बोध घर कर ले, न इतना भव्य कि रोब छा जाये। मगर महानता का सम्बन्ध आदमियों की शक्ल और सूरत से नहीं बल्कि उनके व्यक्तित्व से होता है और व्यक्तित्व कल्चर की तरह उन असंख्य चीज़ों का समूह है, जिनमें से कुछ का नाम लिया जा सकता है और कुछ को केवल महसूस किया जा सकता है।

दरवाज़े पर चौकीदार मौजूद था और अन्दर जाने वालों को 'स्वागत कक्ष' का रास्ता बता रहा था। स्वागत कक्ष वह जगह नहीं है, जहाँ आपका स्वागत होता है

बल्कि वह जगह है, जहाँ मुनकिर नकीर आपसे पूछताछ करके अन्दर प्रविष्ट होने का परमिट देते हैं। स्वागत कक्ष में जो साहब ड्यूटी पर थे, वे अभी-अभी बाथरूम गये थे, अतः चौकीदार ने अपने विशेष अधिकार का प्रयोग करते हुए मुझे अन्दर जाने की आज्ञा दे दी। कुछ क़दमों के बाद उन ही की जैसी वर्दी में उनकी जाति के एक सदस्य ने आ पकड़ा—

"आपको किससे मिलना है?"

"किसी भी साहब से।"

"किसी भी साहब तो मीटिंग में हैं।"

"क्या मतलब?"

"मतलब यह कि नाम बताइए।"

"जो साहब मीटिंग में नहीं होंगे, उनसे मिल लूँगा।"

"सारे बड़े साहब मीटिंग में हैं।"

"दफ़्तर में कोई तो होगा।"

"सिर्फ़ जूनियर साहब लोग हैं। क्या आप पहले कभी यहाँ नहीं आये?"

"मुद्दत बाद आया हूँ।"

"तभी!"

"क्या मतलब?"

"मतलब यह कि आपको यह तक नहीं मालूम कि रोज़ इस वक़्त मीटिंग होती है?"

"रोज़? कब-से-कब तक?"

"जब सब अफ़सर जमा हो जाते हैं, तब से जब तक कैंटीन वाला चाय भेजता है तब तक।"

"क्या चाय अन्दर जा चुकी है?"

"नहीं अभी नहीं गयी।"

"तो मैं किसी जूनियर से मिल लूँ।"

"आपकी मर्जी। मगर यह उनसे मिलने का वक़्त नहीं है।"

"क्यों?"

"इस वक़्त वे दोस्तों से मुलाकात करते हैं या दोस्त लड़कियों को टेलीफ़ोन करते हैं।"

"मगर मुझे भई सिर्फ़ एक चेक वसूल करना है।"

"ओहो तो पहले बताया होता। सीधी-सी बात है, एकाउंट ब्रांच में लिये चलता हूँ। काम बन जाये तो कुछ चाय-पानी के लिए इस सेवक को प्रदान कर दीजिएगा।"

"क्या कहा! अब यह सिलसिला यहाँ भी शुरू हो गया?"

"जी ऐसी कोई बात नहीं है। यह चीज़ मैंने इंट्रोड्यूस की है। यहाँ लोग नयी-नयी बातें इंट्रोड्यूस करते रहते हैं जो बाद में परम्पराएँ बन जाती हैं। मैंने सोचा मैं भी कोई काम शुरू करूँ जो बाद में भाई-बन्दों के काम आये। देखिए जनाब कोई नयी बात तो है नहीं। हर जगह होता है। और तो और हर ईद पर डाकिये, नाम के चौकीदार और गटर साफ़ करने वाले घर से आ-आकर पैसे ले जाते हैं तो अगर यहाँ चेक वसूल करने वाला अपनी ख़ुशी से हम सेवकों को कुछ दे जाये तो क्या हर्ज है? सेवा हमारा कर्तव्य है।"

एकाउंट ब्रांच में मेरा चेक तैयार नहीं था।

"आपका प्रोग्राम किस तारीख़ को हुआ था?" पूछा गया।

"मुझे मालूम नहीं क्योंकि मुझे सूचना नहीं दी गयी थी।"

"यह कैसे हो सकता है?"

"हो सकता है। रिकॉर्डिंग के वक़्त मुझ से वादा किया गया था कि मुझे प्रोग्राम की सूचना दी जायेगी, जो नहीं दी गयी।"

"कॉन्ट्रेक्ट पर क्या तारीख़ दर्ज थी?"

"कोई तारीख़ दर्ज नहीं थी। सादे कॉन्ट्रेक्ट पर मुझसे दस्तखत कराये गये थे।"

"रिकॉर्डिंग किस दिन हुई थी?"

"तीन महीने पहले की कोई तारीख़ थी और मैंने इसे याद रखना ज़रूरी नहीं समझा था।"

"बहुत मुश्किल है। आपको महीना भी याद नहीं।"

"हिसाब लगा लीजिए। तीन महीने पहले कौन-सा महीना था।"

मेरे पथ-प्रदर्शक ने उँगलियों पर जल्दी-जल्दी हिसाब लगा कर महीना बताया।

"तारीख़ तो आपको मालूम होनी चाहिए।" एक और मेज़ से एक और साहब ने जिरह की।

"जब यहाँ से कोई बतायेगा ही नहीं तो आप ही बताइए तारीख़ कैसे मालूम होगी?"

"मगर आपको यह कैसे मालूम हो गया कि आपका प्रोग्राम हो गया।" तीसरी मेज़ से तीसरे साहब ने मुझे घेरा।

"ग़लती से या इत्तफाक से किसी साहब ने मुझसे बातों-बातों में इसकी चर्चा की।"

"ओहो—फिर तो बड़ा मुश्किल काम है। नया साल शुरू हो चुका है। यह तो पिछले साल का क़िस्सा हो गया।"

"साहब देख लीजिए। रजिस्टर आपके पास है। बेचारे शरीफ आदमी हैं। और वैसे भी आजकल आपके पास कोई काम नहीं है।" मेरे पथ प्रदर्शक ने मेरी सिफ़ारिश की।

"यह तुमने कैसे समझ लिया कि हमारे पास कोई काम नहीं है?" तीखे लहजे में पूछा गया।

"साहब मैं संस्था की दाई हूँ। मुझसे क्या बात छिपी है।"

एक साहब ने अपना रजिस्टर देखा—"इस नाम का कोई चेक नहीं...साहब ज़रा देखिए इनका कोई कॉन्ट्रेक्ट है?"

मेरा नाम-पता और प्रोग्राम का नाम-पता पूछने के बाद...साहब ने बताया कि इस नाम का कोई कॉन्ट्रेक्ट कभी उन तक नहीं पहुँचा।"

हम दोनों कमरे से बाहर निकल आये।

"आप कैंटीन में चलकर एक प्याली चाय पियें। इतनी देर में मीटिंग ख़त्म हो जायेगी।"

"नहीं मैं इतनी देर में किसी जूनियर से मिल लेता हूँ।"

"आपकी मर्जी। मैंने बताया था कि इस वक़्त वे व्यस्त होते हैं।"

"तो वह ख़ाली किस वक़्त होते हैं?"

"साहब इस संस्था में कभी कोई ख़ाली नहीं होता। मैं भी सौ काम छोड़ के आपके साथ फिर रहा हूँ।"

"तो आप चले जाइए। अपना काम कीजिए।"

"चलिए मैं आपको किसी साहब के कमरे तक छोड़ आऊँ।"

एक कमरे के बाहर से ही मालूम हो गया कि साहब टेलीफ़ोन पर किसी से राजो न्याज में व्यस्त हैं। वहाँ से बचाकर वह मुझे ऐसे कमरे में ले गया, जहाँ से क़हक़हों की आवाज़ आ रही थी। मैंने कमरे में प्रवेश किया। कमरे में जितने लोग बैठे थे, सब पर अचानक जैसे ओस सी पड़ गयी। मैंने अपना नाम बताया। एक साहब जिनसे मेरा मामूली-सा परिचय था, उठे और सबसे मेरा परिचय कराया और सबका परिचय मुझसे कराया। इब्ने बतूता, जामे जहाँ नुमा, सिकन्दर फाराबी, खिज्रे सब्ज पोश, ग़ज़ल नज़्म-आबादी, नज़्म-ग़ज़ल आबादी वग़ैरह-वग़ैरह।

बारी-बारी सबसे हाथ मिलाकर जैसे ही मैं बैठा, सब मुझे भूल गये और बातों का सिलसिला वहीं से जोड़ दिया, जहाँ से टूटा था। क़हक़हे चरम सीमा पर थे कि टेलीफ़ोन ने हस्तक्षेप किया। इब्ने बतूता निकटतम थे। हाथ बढ़ाकर उठा लिया–

"कौन साहब...देखिए मैं पूछ रहा हूँ कि आप कौन बोल रहे हैं। नहीं बताते तो मैं फ़ोन रखता हूँ...जी! किन साहब से...इब्ने बतूता! अभी तशरीफ नहीं लाये...

खिज्रे सब्ज पोश...मीटिंग में हैं...ग़ज़ल नज़्म आबादी का यह नम्बर नहीं है...नज़्म ग़ज़ल आबादी आजकल छुट्टी पर हैं..." और खट से उन्होंने टेलीफ़ोन रख दिया। इसके बाद भी फ़ोन ने कई बार हस्तक्षेप किया और हर बार यह पूछने पर कि कौन साहब बोल रहे हैं, फ़ोन फ़ौरन रख दिया गया।

मैं उठ आया। किसी को कानों-कान ख़बर न हुई। एक दीवार के साये में वह पथ प्रदर्शक पुनः विराजमान थे।

"कुछ कामयाबी हुई?" उन्होंने पूछा।

"नहीं।" मैंने कहा।

"असल में सारा झगड़ा यह है कि आपको दिन और तारीख़ याद नहीं।" वह फिर मेरे साथ हो लिये।

"हाँ! असल झगड़ा यही है।" मैंने कहा। सीढ़ियाँ उतरते ज़रा मेरा पाँव रपटा। मैं गिरते-गिरते सँभल गया। फिर भी हल्की-सी खराश आ ही गयी। वह शुभचिन्तक बहुत परेशान होकर बोले—

"इसका अच्छी तरह इलाज करवाइएगा।"

"मामूली चोट है।" मैंने कहा।

"चोट तो मामूली है मगर यहाँ की हवा बहुत ख़राब है। मेरे वालिद साहब कुछ दिन इस संस्था में रहे। एक दिन गिर गये। हल्की-सी खराश आयी। मगर फिर वह नहीं पनपे। सारे जिस्म में ज़हर फैल गया।"

"क्या यहाँ की हवा ज़हरीली है?" मैंने घबराकर पूछा।

"जिसको रास आ जाये उसके लिए अमृत है।"

"शायद तुम्हें रास आ गयी है।"

"जी हाँ। चालीस साल से यहाँ हूँ और मेरे बेटे को भी देख लीजिएगा, इंशा-अल्लाह यहीं से रिटायर होगा।"

"तुम्हें यह जगह बहुत पसन्द है?"

"साहब जगह बुरी नहीं है। पढ़े-लिखे लोग हैं। लड़ते भी हैं तो तमीज से—आप जनाब से। गला भी काटते हैं तो सलीके से। जगह बुरी नहीं है। आपका अनुभव ग़लत रहा है। मैं नहीं चाहता कि आप इस संस्था के लिए कोई ग़लत विचार लेकर जायें। मुझसे जो कुछ हो सकेगा करूँगा। आप यूँ कीजिए कि मुझे अपना फ़ोन नम्बर दे दीजिए।"

"मेरे यहाँ फ़ोन नहीं है।"

"दफ़्तर में?"

"दफ़्तर में भी नहीं है।"

"ओहो! तो सारा क़िस्सा यह है।" उन्होंने ठण्डी साँस ली। "शायद आपने यहाँ किसी को बता दिया है कि आपके पास कोई टेलीफ़ोन नम्बर नहीं है।"

"जाहिर है।"

"यह ग़लती आपने कब की?"

"जब प्रोग्रांम रेकॉर्ड हुआ था।"

"ओफ्फोह—तभी! आपने तो गजब कर दिया। आपसे टेलीफ़ोन नम्बर पूछा गया होगा?"

"हाँ पूछा गया था।"

"फिर आपने क्या कह दिया?"

"मैंने कहा मेरे पास टेलीफ़ोन नहीं है।"

"हाय हाय, आज कोई इस शहर में ऐसा है जिसके पास फ़ोन नम्बर न हो।"

"हज़ारों-लाखों लोग हैं," मैंने कहा, "जिनके पास फ़ोन नहीं है।"

"ओहो, साहब मैं टेलीफ़ोन की बात नहीं कर रहा, नम्बर की बात कर रहा। देखिए अव्वल तो हर दफ़्तर में कोई-न-कोई नम्बर होता है। और कुछ न सही तो बॉस का ही सही। दफ़्तर में न हो तो पड़ोस में, मुहल्ले में कहीं-न-कहीं नम्बर होता है। अगर न भी हो तो साहब नम्बर बनाने में क्या देर लगती है। उन्हें कौन-सा आपको फ़ोन करना है।"

"फ़ोन नहीं करना तो नम्बर क्यों पूछते हैं?"

"जनाब आप शक्ल से भी भोले लगते हैं और हैं भी भोले। बात यह है कि फ़ोन नम्बर आपका रुतबा मालूम करने के लिए पूछा जाता है। अगर आपके दफ़्तर के दो फ़ोन नम्बर हैं और घर पर भी फ़ोन है तो इसका मतलब यह है कि आपको रुपया मिलना चाहिए। आपको ज़रूरत होगी। वैसे भी आपकी अमानत है आप तक पहुँचनी चाहिए। अगर आपके पास एक फ़ोन है, तब भी! खैर जब आप आयेंगे तब थोड़ी खींचा-तानी के बाद चेक मिल जायेगा। लेकिन अगर आपके पास सिरे से फ़ोन नहीं है तो फिर माफ कीजिए, आप इन पैसों का क्या कीजिएगा। अच्छा है संस्था में पड़े रहें। किसी के काम आयेंगे। और फिर जैसा कि मैं आपको बता रहा हूँ, ऐसे लोग तो विरले ही होते हैं, जिनका टेलीफ़ोन न हो।"

"मैं नहीं मानता कि इस शहर में हर एक के पास टेलीफ़ोन है।"

"हर एक के पास फ़ोन नहीं है, हर एक के पास खाने और पहनने को भी नहीं होता। मगर यूँ प्रत्येक के सामने आदमी मुँह फाड़कर तो नहीं कह देता। मुझे देखिए,

कहने को तो मेरे पास भी फ़ोन नहीं है मगर असल बात यह है कि खत लिखने की आदत तक छूट गयी है। अपने घर जब बात करनी होती है तब घर के पास दुकान है, पैगाम दे देता हूँ कोई बच्चा आ जाता है।"

"तो फिर अब कोई उम्मीद है?"

"मुश्किल है, बहुत मुश्किल है, मगर नाउम्मीदी कुफ़्र है। आप यूँ कीजिए कि किसी दिन कहीं से टेलीफ़ोन करके अपना कोई फ़ोन नम्बर उन्हें बता दीजिए फिर आप अनुरोध कीजिए कि चेक मिल जाये। शायद देखिए उम्मीद पर दुनिया कायम है।"

"अच्छा भई शुक्रिया।"

"साहब बुरा न मानें तो एक बात कहूँ।"

"ज़रूर कहो।"

"इन संस्थाओं में इस तरह नहीं आना चाहिए। चौकीदार से कहिए बड़े साहब ने बुलाया है। पन्द्रह मिनट से वह आपकी प्रतीक्षा कर रहे हैं। और सीधे उनके दफ़्तर की तरफ़ जाइए। बाद में आप इधर-उधर मुड़ भी सकते हैं। एक बात और भी याद रखिए।"

"वह क्या?"

"यहाँ के सब छोटे-बड़े अफ़सरों के नाम याद रखिए। हमेशा पूछिए फलाँ है। साहब वाहब न लगाइए। और एक बात और—"

"वह भी कह दो।"

"आते रहा कीजिए।"

"क्या मतलब?"

"मतलब यह कि आते रहा कीजिए।"

"चाहे कोई काम न हो।"

"अरे साहब काम तो आने जाने से निकलता है, प्रोग्राम भी इसी तरह निकलते हैं, कॉन्ट्रेक्ट भी इसी तरह निकलते हैं और चेक भी इसी तरह निकलते हैं। इस वक़्त-यहाँ जितनी पब्लिक नज़र आ रही है, अगर उनमें से एक भी किसी काम से आया हो तो सौ जूते मार लीजिए। आप कभी शक्ल न दिखायें, ऊपर से कह दें कि फ़ोन नम्बर नहीं है, तीसरे बड़े साहबान के पास जाने के बजाये ऐसे जूनियर अफ़सरों के पास जायें जो आपको जानते न हों तो काम कैसे निकल सकता है।"

"मगर तुम तो कह रहे थे कि तारीख़..."

"अजी तारीख़ को गोली मारिए। यहाँ लोगों को सन् याद नहीं हैं। आप भी क्या बात करते हैं।"

"तो फिर?"

"बस मेरी बातें याद रखिए। इंशाअल्लाह बेड़ा पार होगा। जगह बुरी नहीं है। आपका तर्जुबा और माफ़ कीजिए। आपका तरीक़ा ग़लत है। मुझे तो ताज्जुब इस बात पर है कि यह एक प्रोग्राम भी आपको कैसे मिला—अच्छा ख़ुदा हाफिज।"

इस अर्द्ध सरकारी संस्था की साधारण-सी इमारत के आगे मैं एक तुच्छ चींटी से भी क्षुद्रतर बना निरुपाय खड़ा रह गया। महान संस्था का वह महान व्यक्ति लपाक-झपाक इमारत में कहीं ग़ायब हो गया।

–अनुवाद : **जावेद इक़बाल**

जुलूस

●

रहमान मुजनिब

ख़ान मोहम्मद लोहार इब्न लोहार के सेंडो बनने में उसकी सोच और कोशिश से कहीं ज़्यादा उसके बाप शेर मोहम्मद जां बाज़ की लातों और घूसों का दख़ल था। दिन में कम-अज-कम एक बार उसकी लात-घूसों से ज़रूर खातिर होती और यही खातिर उसके बदन को मजबूती और ताक़त देती। इधर शेर मोहम्मद जां बाज़ खुरियों, हथौड़ियों, नाख़ूनतराश और कीलों से लदा-फंदा चर्मी थैला लेकर गाड़ी मुहल्ले में बैलों को खुरियाँ लगाने जाता। उधर नेक सीरत और मेहनती बेटा मुहल्ले के लड़कों को आवाज़ देकर कंचे खेलने लग जाता, ऐसे में जो उससे जीतने की कोशिश करता, वह उस लड़के की पिटाई कर देता। कभी-कभार वह दो-दो, तीन-तीन लड़कों की पिटाई करके वर्जिश का शौक़ पूरा कर लेता। उसके बाद उसका बाप आकर लातों-घूसों से उसी तरह खातिर करता।

जब इस मार-पीट और जिस्म को बनाने का कोर्स पूरा हुआ तो शेर मोहम्मद जां बाज़ इस दुनिया से रुखसत हो गया। ख़ान मोहम्मद सेंडो उसका जां नशीन हुआ। गाड़ी मुहल्ला उसके हिस्से में आया जिससे बिल्कुल लगी हुई टकियाइयों की गली थी।

ख़ान मोहम्मद को बाप की ज़िन्दगी में उस गली का रुख करने की जुर्रत न हुई। लेकिन अब वह आज़ाद था। उसने इस आज़ादी से फ़ायदा उठाते हुए एक दिन गली का रुख कर ही लिया। ख़ुशबूदार-बदबूदार बदन, लिपे-पुते चेहरे, घुन लगी जवानियाँ और कटी हुई पतंगें नज़र के सामने आयीं। उसका लिबास ख़ासा पुरकशिश था, धोती यों बाँधे हुए था कि मोटी-मोटी गठीली पिण्डलियाँ नज़र आ रही थीं। उस पर खद्दर का सलूका आस्तीनों से बेनियाज़ था। उसके बाजुओं की मछलियाँ, जो हथौड़े की तरह सख़्त थीं, साफ दिख़ाई दे रही थीं। ऐसा गबरू

नौजवान तो पहली ही बार गली में आया था। जिस औरत से आँखें चार कीं, उसी ने मुस्कराकर, नखरा दिखाकर हाथ के इशारे से अपनी तरफ़ बुलाया। जब बिल्लोरी बुलबुल के पास से गुज़रा तब उसने ख़ान मोहम्मद सेंडो के बाजू पर इस ज़ोर से पंखा मारा कि डंडी टूट गयी।

"ने! तुझे क्या हुआ है, अपने में तो है?" वह नीम तुर्श होकर बोला।

"बड़ा ज़ोर है तुझमें।" बिल्लोरी बुलबुल बोली।

"सँभाल के जो रखा है।"

"किस माँ के लिए सँभाल के रखा है?"

वह औरत थी। औरत न होती तो ज़रूर बायें हाथ का थप्पड़ रसीद करता, जिसे खाकर शायद ही कोई माई का लाल अपने पाँवों पर खड़ा रह पाता। वह आगे बढ़ गया। बिल्लोरी बुलबुल मुस्कुरायी और बोली—

"अरे! खफ़ा हो गया, सुन तो!"

जब उसकी फूल बरसाने बाली मुस्कुराहट बेकार गयी तो वह लपकी और उसके बाजू से लटक गयी। उसने बाजू झटक दिया। वह गिर पड़ी। आधी गली तर्य करने के बाद ठण्डी खोई पर आकर खड़ा हो गया जहाँ मांझा माश्की (भिश्ती) दूसरों के गुनाह धोने और गली की नालियों को गुनाहों की गन्दगी से पाक करने के लिए पानी भर रहा था। ख़ान मोहम्मद सेंडो को देखकर उसे ताज्जुब हुआ। लेकिन फिर उसने सोचा; "एक दिन तो आदमी को यहाँ आना ही पड़ता है।"

"बैठ यार हमारे पास भी चार घड़ी।" मांझे माश्की ने कहा।

वह बैठ गया। दोनों ओर बनी कोठरियों और चौबारों वाली यह गली जो अपने ही अन्दर दबी-भिंची पड़ी थी, पूरे शहर के लिए ख़तरे की वजह थी। माँझा माश्की और ख़ान मोहम्मद सेंडो एक थड़े पर बैठ गये। मोटी ताज सिगरेट के लिए परेशान थी। कर्ज की रकमें इतनी बढ़ गयी थीं कि अब कोई उसे सिगरेट देने के लिए तैयार न था। फ़ीरोजाँ को कुछ ज़्यादा ही गर्मी लग रही थी। गरेबान खोले तेज़-तेज़ पंखा झल रही थी। फ़ीरोज़ाँ की सामने वाली कोठरी में साज-सिंगार करके बैठी उसके गाहक तोड़ने की कोशिश में लगी रहती। तालेआँ का घर वाला उसके लाये हुए नये लाचे (तहमद) को बाँध रहा था। ज़ेबू अपनी उखड़ी हुई जवानी पर उदास-सी बैठी थी। कभी उसके बदन में भी शोले नाचते थे लेकिन अब तो बुझी हुई राख के सिवा कुछ भी न था।

ख़ान मोहम्मद सेंडो नज़रें फाड़ कर उसे देख रहा था और गली की बिखरी हुई टूटी-फूटी कहानियों को समेटने की कोशिश कर रहा था। तमन्ना जान घबराकर

कोठरी से बाहर निकली। एक हरामजादा जाते-जाते उसके तकिये के नीचे से दस का नोट लेकर चम्पत हो गया। उसने इतनी ग़ालियाँ सुनायीं कि इन मरदूद की सात पुश्तों के लिए काफ़ी थीं। दारां और बुद्धां सिगरेट का धुआं ख़ान मोहम्मद सेंडो पर फेंकती हुई आगे निकल गयीं।

"गश्तियाँ कहीं की!" बिल्लोरी बुलबुल ने दूर से कहा।

ख़ान मोहम्मद ने बिल्लोरी बुलबुल पर तवज्जोह दी। हल्की-हल्की, दबी-दबी मुस्कुराहट उसके होंठों पर निकल आयी थी। माँझे माश्की ने उस पर जज़्बो मस्ती की सी कैफियत तारी होते देखी तो बोला—"यह नागिन है नागिन, मेरे यार!" लेकिन मेरा यार तो किसी और ही दुनिया में पहुँच गया था। फिर जब उसने अपना आख़िरी हथियार आज़माने की ग़रज से खड़े होकर लम्बी अंगड़ाई ली, तो वह होशो-हवास खो बैठा। उस अंगड़ाई की लम्बाई-चौड़ाई में कायनात सिमट आयी थी। वह गीत बनकर फिजाँ में तैरने लगी। अभी अंगड़ाई का नशा हिरन न हुआ था कि शहर लाहौर की एक नामवर शख़्सियत शराब के नशे में धुत्त गली में आन टपकी। उन साहब के लिए ये औरतें टपके के आम थीं। बिल्लोरी बुलबुल ने अंगड़ाइयाँ लेने के बाद आराम महसूस किया तो सुलगाने के लिए सिगरेट होंठों में रखा ही था कि जीजे जांगली ने दो अँगुलियों से खींचकर अपने होंठों में रख लिया।

"अड़िया! मज़ाक के लिए मैं ही रह गयी थी। उस चौबारे वाली छम्मक-छल्लो को भी कभी पूछ लिया कर।"

इस पर जीजे जांगली की वो रंग जाग गयी है जो सिर्फ़ शराब पीने पर जाग जाती है। छम्मक-छल्लो छज्जे में तख़्त पोश पर बड़े अन्दाज़ में नीम दराज़ थी। उसने कहा, "नीचे आ गश्ती!"

और गश्ती बिना हीलोहुज्जत नीचे आ गयी। उसके आते ही उसने ऐसा कुलादा भरा कि वह दुहरी हो गयी और उसकी चीख़ निकल गयी। जीजे जांगली ने क़हक़हा दाग़ा। उस पर दो आतिशे का असर था। एक माल्टा मिट के अद्धे का और दूसरा अपने हौदे का। उसने छम्मक छल्लो को यों झंझोड़ा-भंभोड़ा जैसे चूहे-बिल्ली का खेल हो रहा हो। छम्मक-छल्लो चीख़ती, चिल्लाती रही, वह उसे तोड़ता-मरोड़ता रहा। तमाशाइयों की भीड़ लग गयी। लेकिन किसी ने जीजे जांगली को न टोका। कुएँ के करीब की कोठरी से एक टकयाई बोली— "तोबा! कितना ज़ालिम है। इतने लोग जमा हैं और कोई बेचारी को बचाता नहीं।"

ख़ान मोहम्मद सेंडो ने यह आवाज़ सुनी और झुरीझुरी-सी ली।

फिर बिल्लोरी बुलबुल बोली, "बसकर जीजे, बसकर! मर जायेगी!" "चुपकर गश्तिये!"

अब तो ख़ान मोहम्मद सेंडो की रग़े हिम्मत फड़की। वह चिल्लाकर बोला— "ठहर जा कंजरा!"

एकदम नयी और ग़ुस्सा दिलाने वाली आवाज़ सुनकर जीजे जांगली आपे से बाहर हो गया। आज तक उसे किसी ने यों न ललकारा था। उसने छम्मक-छल्लो को एक तरफ़ फेंका। हस्ब मामूल जेब में से कड़कड़ चाकू निकाला और सँभल कर खड़े होने की कोशिश करने लगा। हुजूम छँट गया और तमाशाई दूर-दूर हो गये। ख़ान मोहम्मद सेंडो चर्मी थैले में से लम्बे दस्ते वाली हथौड़ी निकाल कर उसकी तरफ़ आया। जीजे जांगली ने चाकू हवा में लहरा कर बुड़क मारी तो बदन का सन्तुलन बिगड़ गया और वह चकरा कर दीवार से जा लगा। ख़ान मोहम्मद सेंडो ने बालों से पकड़ कर उसे झटके दिये और ज़मीन पर पटका, फिर बालों से पकड़ कर उसे उठाया फिर ज़मीन पर पटका। आधी दर्जन बार यह अमल दोहराया तो जीजे जांगली का भुरकस निकल गया। उसके हाथ से चाकू लिया और बन्द करके उसके आगे फेंक दिया। उसकी दिलेरी देखकर बिल्लोरी बुलबुल उसके साथ लग कर यों खड़ी हो गयी जैसे वह उसकी ही हो।

"माँ का यार! भेड़ों में आकर भेड़िया बनता है।" ख़ान मोहम्मद सेंडो ने नफ़रत भरे अन्दाज़ में कहा।

जीजे जांगली बमुश्किल उठा और अपने दुश्मन से नज़रें मिलाये बग़ैर वहाँ से चला गया। उसकी हुकूमत का दस साला सुनहरी दौर ख़त्म हो गया था। सारी औरतें कोठरी से निकल कर गली में आ गयी। मुफ्तखोर फिर जमा हो गये।

बिल्लोरी बुलबुल बोली— "अड़िया। तुझे चिढ़ने की क्या ज़रूरत थी।"

ख़ान मोहम्मद सेंडो ने इस बेकार जुमले का कोई जवाब न दिया। वहाँ से चला आया। उसके अन्दर सख़्त हलचल मची थी। बुरी तरह मीठी-मीठी सुइयाँ-सी चुभ रही थीं। यह चुभन या लज्ज़त, यह बेकरारी उसे बेचैन किये दे रही थी। जी चाहा कि वहीं बिल्लोरी बुलबुल के पास चला जाये। लेकिन सेंडो के होते हुए भी हिम्मत न हुई। वह आप ही अपने आगे दीवार बन कर खड़ा हो गया था। हैरान था कि यह दो टके की छोकरी किस तरह उसकी नज़र में आ गयी और ज़िन्दगी के तार हिलाने लगी। लम्बा क़द, तावदार मुखड़ा, चमकदार आँखें उन पर लम्बी पलकों की झालर, रसीले होंठ इतनी प्यारी सूरत और काँटा बनकर डँस रही हो—"गन्दी मोरी की ईंट!" उसने घबरा कर कहा। लेकिन इससे तो चुभन और भी तेज़ हो गयी। वह चारपाई

पर लेट गया। लेकिन चोट इतनी गहरी थी कि लेटने से सुकून न हुआ। उसने आँखें बन्द कर लीं। लेकिन ज़माने भर में बदनाम गली की औरत सामने मौजूद थी। उसने उठकर भट्ठी सुलगायी और लोहे की पुर्ज़ियाँ आग में डालीं, लाल अंगारा हुईं तो एक पतरी निकाल कर सन्दान पर रखी–लाल अंगारा पतरी में से उसे बिल्लोरी बुलबुल का गुलाब-सा चेहरा नज़र आया। लोहा ठण्डा हो गया। उसने दूसरी पतरी निकाली। हथोड़ी से चोट लगायी। लेकिन बात न बनी। तंग होकर, वह दुकान थड़े आकर बैठ गया। चमकते-दमकते पेशावरी ताँगे पर मुश्तरी बाई को उसका यार यों फख्र से लेकर निकला जैसे लड़ाई में जीतकर लाया हो। उसके भी दिल में आया कि इसी आन-बान और जीत के अन्दाज़ में बिल्लोरी बुलबुल को लेकर निकले।

आज तो दरबारे सलाम के लिए जाने वाली डेरा दारनियाँ उसे अख़बार की स्याह-सुर्खियों की तरह बड़ी और साफ़ दिखाई दीं। उसने सारी रात बिल्लोरी बुलबुल के साथ गुज़ार दी और इधर बिल्लोरी बुलबुल ने एक पल के लिए दरवाज़ा न भेड़ा। दो-सोचें एक हो गयीं लेकिन जिस्म की दीवार बीच में खड़ी थी। उसका सेंडो होना ही उसके लिए दीवार थी। उसे मालूम था कि सेंडो कभी लंगोट का ढीला नहीं होता।

अगले दिन फीला कोचवान–लाला भगवान की कंटरी (देसी शराब का अड्डा) में से निकला और चिल्ला कर कहने लगा–"घड़ी अग्रमिश की आती है...जिन्दाबाद ...मुर्दाबाद!" फिर उसी वक़्त एक लीडर भी पैदा हो गया, जो लीडर कम खिलाड़ी ज़्यादा नज़र आ रहा था। उसने धुँआधार तक़रीर झाड़ दी और लोगों में ऐसा जोश ओ ख़रोश पैदा कर दिया कि उसके एक-एक लफ़्ज़ पर जान निछावर करने के लिए तैयार हो गये। वह चल पड़ा। अब लोग जुलूस की शक्ल में उसके पीछे चल पड़े। नारों का ठाठें मारता हुआ समन्दर उमड़ आया और लोग अपने ही बरपा किये समन्दर में फँस गये। जब ये लोग नारे लगाते हुए, लीडर की क़दर बढ़ाते हुए आगे बढ़े तो ख़ान मोहम्मद सेंडो भी उनके साथ हो लिया।

ये लोग चौक में पहुँचे तो लठ बन्द पुलिस नमूदार हुई और सख़्त बेरहमी से लाठियाँ बरसाने लगी। लोग बुरी तरह ज़ख़्मी हुए और सर पर पैर रखकर भाग गये। लेकिन वह अपनी जगह से न हिला, क्योंकि वह सेंडो था। पुलिस उसे पकड़ कर थाने ले गयी और सर्जेंट स्मिथ के सामने पेश करके हवलवार नबी बख़्श ने कहा–"इसे मार खाने का बड़ा शौक है।"

"क्यों?"

"और लोग तो एक-एक लाठी खाकर भाग गये। लेकिन यह डटा रहा।"

"क्या नाम है तुम्हारा?" सर्जेंट स्मिथ ने उससे पूछा।

उसने दोनों हाथ आर-पार करके बाजुओं की मछलियों को परख कर कहा, "ख़ान मोहम्मद सेंडो!"

हवलदार नबीवख़्श का बस चलता तो वह उसे सैंडविच बना देता। लेकिन सर्जेंट स्मिथ के सामने बेबस था। 38–साल का सर्जेंट स्मिथ बिना रुके उर्दू, पंजाबी और पश्तो रवानी से बोल लेता था।

सर्जेंट स्मिथ बोला—"वेल, सेंडो! तुम नेक हो, जवान हो, तुम में बड़ी जान है। इसे सँभाल कर रखो और लीडरों के बहकाने में आकर पुलिस की लाठियों में जाया न करो। तुम इन लीडरों को नहीं जानते। ये जेल चले जाते हैं और लोगों को मशीनगन के मुँह पर छोड़ जाते हैं। फिर लोग मर जाते हैं तो ये मगरमच्छ के आँसू बहाते हैं। ये लीडर तुमसे और बात करते हैं, हमसे और बात करते हैं। ये मुर्ग़-बिरयानी खाने वाले लीडर हैं। फर्स्ट क्लास में रहते हैं, तुम्हें थर्ड क्लास आदमी समझते हैं। सियासत इनकी हॉबी है, हाँबी। तुम्हें खेल-खेल में मरवा देंगे।"

इस पर ख़ान मोहम्मद सेंडो बोला—"हम लीडरों को नहीं जानते, हम सच को जानते हैं, सच पर जान देते हैं। अगर लीडर झूठ बोलें तो हम झूठ को सच बना देंगे।"

सर्जेंट स्मिथ मुस्कुराया, बोला—"ठीक है, ठीक है। शाबाश, शाबाश! तुम बहादुर हो कभी मेरी बात पर सोचना।"

सर्जेंट स्मिथ का रवैया यों ही नरम न था। लोगों ने फिरंगियों की सख़्तियाँ झेल-झेलकर उन्हें आजिज़ कर दिया था। अब वह सख़्ती के साथ-साथ नरमी का हथियार भी बरतते थे।

साथ ही टकाइयों की गली थी। बिल्लोरी बुलबुल तक ख़बर पहुँच गयी। वह दौड़ती-दौड़ती आयी। माथे पर पसीने के मोती चमक रहे थे, चेहरा तमतमा रहा था। वह थाने के लिए अजनबी न थी, थाना उसके लिए अजनबी न था। गली की हर औरत को कभी-न-कभी यहाँ आना ही पड़ता और इसी तरह थाने के हर आदमी को ड्यूटी देने गली में जाना ही पड़ता।

यह बोली—"जनाब जी! यह बहुत अच्छा है। इसने जीजे जांगली से गली साफ़ कर दी है। इसे छोड़ दें। यह बदमाशों का बेरी है।"

सर्जेंट स्मिथ बोला—"वेल, लेडी! तुम इसे लीडरों से बचा सकती हो।"

"बचा सकती हूँ! बचा सकती हूँ!!"

"न बचाया तो कोई लीडर इसके ख़ून से अपनी दुकान चमका लेगा।"

"मैं नहीं चमकाने दूँगी!"

फिर सर्जेंट स्मिथ ने ख़ान मोहम्मद सेंडो की तरफ़ देखकर कहा—"वेल, मेन! तुम बहुत अच्छे हो!"

और फिर हँसा, बोला—"तुम्हारी सिफ़ारिश करने वाली भी बहुत अच्छी है।"

बिल्लोरी बुलबुल उसे थाने से बाहर लायी और ताँगे में बैठाकर डॉक्टर के पास ले गई। ख़ान मोहम्मद सेंडो ज़ख़्मों से चूर था। जाते ही, चुपचाप बेंच पर लेट गया। और कोई होता तो चीख़-चीख़कर आसमान सिर पर उठा लेता। डॉक्टर ने फ़ौरन उसे बेड पर लिटाया और मरहम पट्टी करने लगा, इसके साथ-साथ बातें भी करने लगा। जैसे किसी राज़ पर से पर्दा हटा रहा हो, ऐसे बोला, "बिल्लोरी बुलबल भी सियासी लीडरों की सरपरस्त है। उसने भी एक बार किसी बहुत बड़े लीडर को पनाह दी थी जो पुलिस की गोली चलते ही भाग कर गली में आया और उसके चौबारे पर चढ़ गया था। फिर बेचारी बिल्लोरी बुलबुल ने दौड़-धूप की और एक नेक दिल डेरा दारनी से जाकर बुर्का माँग लायी। बुर्का डेरादारनी का, कपड़े अपने, जूती भी अपनी–यों पहनावा बदलकर लीडर को बाज़ार की तरफ़ रफू-चक्कर कर दिया। उसने तवर्रुक़ के तौर पर लीडर की उतरन सैंत कर रख ली। लेकिन उसका साज़-ओ-सामान छह माह के बाद वापस मिला। फिर महीने में चार दिन के हिसाब से वह लीडर उसका शुक्रिया अदा करने, उसके एहसान का बदला चुकाने की ग़रज़ से उसके यहाँ आने लगा तो उसने न चाहते हुए भी उसके कपड़े वापस कर दिये। उसके बाद जब वह और भी ऊँचा लीडर बन गया और ख़ूब पैसे आ गये तब बड़े-बड़े कोठों पर जाने लगा।" बिल्लोरी बुलबुल सिर हिलाती और डॉक्टर की ताईद करती रही। डॉक्टर जो अपने मरीज़ों के भीतरी और बाहरी हालात से पूरी तरह आगाह था समझाने के अन्दाज़ में बोला, "लीडर दो क़िस्म के होते हैं—असली और मिलावटी। लेकिन उसकी पहचान किसी-किसी को ही होती है। असली लीडर कोई-कोई होता है। मिलावटी लीडर हर कोई है, और यह जो हर कोई लीडर है, उसकी पसन्द की दो जगह हैं—बाई जी का कोठा, जेल की कोठरी!"

"बिल्लोरी!" आख़री पट्टी को बल देते हुए उसने हँस कर कहा—"ये दोनों आराम की जगह हैं।"

पट्टी बँध चुकी, बिल्लोरी बुलबुल ख़ान मोहम्मद सेंडो को लेकर जाने लगी तो डॉक्टर ने आख़री मिसरा कहा—

"लीडर आसमान से नहीं आते।"

"सच्ची बात है।" बिल्लोरी ने ताईद में कहा। फिर बाहर खड़े हुए ताँगे पर ख़ान मोहम्मद ज़ख़्मी को बैठा कर ले गयी।

● ●

ख़ान मोहम्मद सेंडो की ज़िन्दगी का यह पहला तजुर्बा था जिसमें अक़्ल का दख़ल न था। यह जज़्बात का करिश्मा था जिससे वह मुतमइन था। इस तजुर्बे से उसके जिस्म की टूट-फूट हो गयी लेकिन उसने परवाह न की। बदन में टीसें चल रही थीं और इसके साथ-साथ ज़ेहन में सर्जेंट स्मिथ और डॉक्टर की बातें।

बिल्लोरी बुलबुल ने तीन दिन सख़्त बेकली में गुज़ारे। ख़ान मोहम्मद सेंडो को आराम आ गया। उस अल्लाह की बन्दी ने आज तक दिल लगाकर, इतना परेशान रहकर किसी की खिदमत न की थी। जब वह तनदुरुस्त हुआ तब उसके भीतर का सेंडो जाग उठा। वह गरम-गरम नरम-नरम गुदाज लमहों को छोड़कर भाग गया। इस बीच गाड़ी महल्ले वाले उसके पुराने ग्राहक भी भाग गये थे। अलबत्ता प्यारे लाल की कंटरी वाले कोचवान अपने-अपने घोड़े ले उसकी दुकान पर हाज़िर थे।

सरेशाम जब बिल्लोरी बुलबुल उसकी दुकान पर आयी तब किसी क़त्ताला से कम न थी। चिट्टी-छलनी क़मीज़ में उसके नरम और इत्र लगे बदन की चाँदनी छन-छनकर बाहर आ रही थी। उसके बदन की लकीरों और गोलाइयों का कसाव ग़ैर-मामूली था। पुर्जा-पुर्जा, बहुत एहतियात और सफ़ाई के साथ एसम्बल किया गया था। दोनों एक दूसरे को देखते रहे, मुस्कुराते रहे। उन्होंने कुल्फियाँ खायीं। हमीदे खीठे वाले की दुकान का पालूदा पिया। फिर जब उसने भट्ठी सुलगायी तब बिल्लोरी बुलबुल ने धौंकनी सँभाल ली। वह चुप रहा। बिल्लोरी बोलती रही। डॉक्टर और सर्जेंट के ख़्यालात तफसील से बयान करती रही। सियासी लीडरों और सियासी मुहिम के ख़तरनाक पहलू और उससे होने वाले नुकसान को बयान किया। अपनी तान इस पर तोड़ी—

"मुझे अपने घर में डाल ले सेंडो। बड़ा आराम दूँगी।"

वह बेसाख़्ता हँसा।

"घर!" उसने क़हक़हा लगाया। "तू इसे घर कहती है? जिसमें लोहे और काठ कबाड़े के साथ एक चारपाई, दरी, तकिया, कम्बल, चादर, कपड़े, घड़ा, कटोरा और अंगड़-खंगड़ के सिवा कुछ नहीं है।" अलबत्ता दीवार पर कलमा शरीफ़ और खाना काबा के दो-कते ज़रूर रोनक़ अफ़रोज़ थे जिन पर चमेली के हार पड़े थे और जिन्हें वह हर रोज़ साफ़ किया करता था। सर्दियों में दुकाननुमा वर्कशॉप में अन्दर सो जाता। गर्मियाँ बाहर थड़े पर सोकर गुज़ारता। बिल्लोरी बुलबुल इस वक़्त बड़े क़ातिलाना मूड में थी। ऐसी औरत का मुक़ाबला आसान न था। उसने सँभल कर कहा–"मौलवी जी से पूछकर बताऊँगा।"

"वाह रे, वाह! मैं तुझसे पूछती हूँ, तू मौलवी जी से पूछेगा। रोटी भी मोवी जी से पूछकर खाता होगा।"

वह जैसे कहीं और चला गया था। बिल्लोरी बुलबुल जल-भुनकर चली गयी।

दो दिन यों ही गुज़र गये। बिल्लोरी बुलबुल उसके पास न आयी। वह मौलवी जी के पास गया और छूटते ही बोला—

"गश्ती से निकाह हो सकता है मौलवी जी?"

"ज़रूर हो सकता है बरखुरदार! सवाब का काम हैं अगर तुम किसी बुरी औरत को गुनाह के गढ़े से निकाल कर नेकी की राह पर ले जाओ तो तुम्हें सवाब मिलेगा।"

सवाब की बात सुनते ही उसकी रगों में सनसनी दौड़ गयी। सवाब के लिए उसने लाठियाँ खायी थीं और दर्द महसूस न किया था।

वह देर तक मौलवी साहब की बातें सुनता रहा। उन्होंने मियाँ बीवी के ताल्लुकात और एक दूसरे के हक़ के बारे में उसे बताया।

जब अहले महल्ला को पता चला कि मौलवी साहब ने गश्ती से निकाह को जायज क़रार दे दिया है तो उनमें ग़म ओ ग़ुस्से की लहर दौड़ गयी। दीना तनूरिया और लहूरिया मजमा लगाकर बकने लगे—"ऐसा ही सवाब होता है तो मौलवी जी आप ही क्यों सवाब नहीं लूटते?"

जब ख़ान मोहम्मद सेंडो ने लोगों को इकट्ठे होकर टर्राते देखा तो वह लम्बे दस्ते वाली हथौड़ी लेकर निकला और दूर से चीख़कर बोला—"ठहरो! तुम्हारी माँ का सिर। एक-एक का खोपड़ा खोल दूँगा-कुत्ती दे पुत्तरों! जिसने भी मौलवी जी के ख़िलाफ़ बात की, उसे फट्टर कर दूँगा।"

उसकी आवाज़ थी कि बिजली की कड़क-सारा मेला तितर-बितर हो गया। बाज़ार सूना हो गया। लेकिन फिर एक जुलूस—'ज़िन्दाबाद', 'मुर्दाबाद' के नारे बुलन्द करता आया। आज़ादी के मुहिम का एक बहुत बड़ा लीडर शहर में आया है। लोग स्टेशन पर उसका इस्तक़-बाल करने के लिए जा रहे थे। आज़ादी के नारों में कुछ ऐसी कशिश थी कि ख़ान मोहम्मद सेंडो सब कुछ भूल गया। वह जुलूस के रैले में शामिल हो गया। दीना, लहूरिया और कितने दूसरे लोग भी आ मिले। वह जुलूस पूरे जोश ओ खरोश से मंज़िल की तरफ़ रंवा था।

ख़ान मोहम्मद सेंडो ने अपनी दुकान भी बन्द न की। वह जुलूस के साथ ऐसा गया कि फिर कभी लौट कर न आया।

–अनुवाद : **प्रमोद पाण्डेय**